ヴィルヘルム・ディルタイ

―精神科学の生成と歴史的啓蒙の政治学―

鏑木政彦 著

九州大学出版会

目次

凡例

第二章　精神の学から道徳政治学へ
――前期ディルタイの人間研究の展開(一八六四～七六)――

凡　例

*ディルタイからの引用箇所は、脚注ではなく、本文のなかに組み入れる。その際、次のように省略して記す。
(例)
Dilthey, Gesammelte Schriften, Bd. I, S. 9 →(I, 9)
Dilthey, Gesammelte Schriften, Bd. XX, S. XXX →(XX, XXX)
Dilthey, Das Erlebnis und die Dichtung, S. 60 →(ED, 60)
Der junge Dilthey. Ein Lebensbild in Briefen und Tagebüchern, S. 63 →(JD, 63)
Briefwechsel zwischen Dilthey und dem Grafen von Yorck, S. 123 →(BW, 123)
Dilthey, Schriften zur Pädagogik, S. 82 →(SP, 82)
Dilthey, Von deutscher Dichtung und Musik, S. 45 →(DM, 45)

*なお全集の箇所だけでなく、タイトルや年代を表記する場合は次のように表記する。
(例)
Dilthey, Wilhelm Scherer, 1886, Gesammelte Schriften, Bd. XI, S. 243 →(Wilhelm Scherer, 1886, Bd. XI, 243)

*その他の略記号は次の通り。
SW　F. Rodi and R. Makkreel(ed.), Dilthey. Selected Works, Princeton University Press, New Jersey, 1989-
HWP　Historische Wörterbuch der Philosophie, hrsg. von Joachim Ritter, Schwabe & Co. Basel, 1979-

*ディルタイ以外からの引用でも、頁数をあらわすS. ないしp. の記号を省略し、頁数のおわりに(ピリオド)を付している。

*引用部の〔　〕内は引用者による補足である。

*文献は、基本的に著者名と年代を脚注に記し、書名は巻末資料に掲載した。ただし一部の文献は注にのみ書名を記した。

ヴィルヘルム・ディルタイ

――精神科学の生成と歴史的啓蒙の政治学――

序論

一

思想史研究者というものは、研究対象となる人物のテキストをなにゆえ読むのかを絶えず問われているものであるが、このことはヴィルヘルム・ディルタイ（Wilhelm Dilthey, 1833-1911）という思想家を対象とする場合にとりわけ当てはまるように思われる。

戦後の日本でディルタイに関する研究書ないし参考書はしばらくの間三冊しかなかったという事実[1]が示すように、ディルタイはそもそも解釈されるべき存在とみなされることはほとんどなかった。この事実の背後には、ディルタイ像の自明化とそれにともなうディルタイ的問題の解消という事情があったように思われる。

ディルタイ像の自明化は、まずはハイデッガーとその受容によってなされたということができる。彼は、ディルタイの「哲学」の試み、すなわち「哲学の哲学」を、「哲学の人間学的廃止の高貴な形態」と評し、デカルト以来の人間を主体と解釈する近代哲学の一帰結であるとみなした[2]。ハイデッガーを受けて、精神科学における真理をデカルト主義から解放し、「哲学的解釈学」を唱導するに至るガーダマーは、ディルタイの解釈学の中に見られる普遍的認識の志向をデカルト主義の残滓として糾弾した。[(3)] 哲学研究におけるディルタイ像は、この二人によって決定的に影響を受け、ディルタイは克服されるべき段階の思想家に位置づけられることが多い。[(4)]

ハイデッガーの影響力はそこにとどまらない。『存在と時間』は、ディルタイ世代の価値観との先鋭な対決を意味するものであったのだが、その知的雰囲気はホルクハイマー、マルクーゼ、ルカーチにも伝播し、ディルタイ克服を目指したいわば統一戦線が張られた。[(5)] ホルクハイマーは、ルカーチとは異なって生の哲学に対してかなりの共感をもちつつも、ディルタイが追体験による歴史認識を唱えることに対して異議を唱え、歴史における主体と客体との同一性を認めるヘーゲル的同一哲学の変容した形態がそこに生き残っていると指摘した。[(6)] マルクーゼは、ディルタイの「ブルジョワ哲学」が、世界を精神の自己同一性から理解しようとするために現実から切り離され、閉鎖的なものになったと批判した。[(7)] ルカーチは、ディルタイの生の哲学をドイツ精神史における「理性の破壊」の一環として位置づけ、そのロマン主義的・非合理主義的思想契機と保守的政治イデオロギーを批判した。[(8)]

このイデオロギー批判の系列は文学史研究のなかに今なお引き継がれており、たとえば、ディルタイの文学史的考察がドイツ精神の実体化へと流れドイツ帝国のイデオロギーとして機能することに対するペシュケンの批判、[(9)] 精神科学を社会的共生の理性的組織体に作用すると規定していたにもかかわらず、「その実践的意図がずるずると後退し、彼の了解の学の観想的傾向がいよいよ後年に強まっていった」ことを、マルクスとの対比のもとに指摘するローゼンベルクの批判などがある。[(10)] また、法学史研究では、ナチ体験に対する反省に基づき、実証主義の優位に対する批判の一環として、ディルタイの生の哲学のもつ相対主義・非合理主義が批判され、[(11)] 歴史学では、ディルタイの歴史叙述には社会の構造分析がなく、歴史的人物に対する感情移入という無批判な方法がとられていると指摘される[12]。また社会学の哲学からの解放過程の中にディルタイを位置づけるリーバーは、ディルタイの歴史的個性概念に保守的性格をみている[13]。

このように、ディルタイは二十世紀の学問・思想の発展の足がかりを構築しその発展に多くの貢献をしながら[14]、その思想は、紹介したような批判を通じて過去のものとみなされるようになり、彼の追究した例えば歴史主義的思考の広がりにともなう相対主義の問題[15]は、歴史的事情の変化も加わって問われることが少なくなり、言うならば〈解消〉されたのである。しかしわれわれが忘れてならないことは、「二十世紀のさまざまな哲学思潮における真摯な努力の先駆者が十九世紀の人々だった」ということであり、「そこで出現した種々の問題は二十世紀の哲学者たちによって新たに提起されはしたが、独創性のことしか考えないこれらの哲学者たちは、まるで十九世紀が彼らのために何の準備もしていなかったように振る舞った[16]」という事情である。そこで問題は二つある。一つは、ディルタイ的問題が〈解消〉したという事態が示す思想史上の転換とは何であったのかということであり、もう一つは〈解消〉されて見えなくなったディルタイ的問題とはそもそも何であったのかということである。もちろんこの二つの問いは切り離すことができない。

本書はこれらの問いのための一つの考察であり、まず後者の問題に集中するために、右に述べたようなディルタイ批判の議論をいったん括弧に入れ、十九世紀思想史のコンテクストの中に様々な領域にわたるディルタイのテキストを位置づけて、全体的・統一的に解釈することを試みる。これは、哲学、教育学、歴史学、文学批評、精神科学方法論など領域ごとの考察を積み重ねる方法とは異なる。こうした領域区分の採用はそれ自体が今日の学問制度の視点からディルタイを分析的にみることを意味するのであり、これでは、ディルタイ的問題の〈解消〉の地点を共有する危険性をはらむことになると言わねばならない。右の問いに対するためには、何よりもディルタイ自身の学的モチーフに即するということが不可欠であると考えられるのである。

二

ディルタイは相反するいくつかのイメージをもたれている。ここでは、それらのイメージのよって来るところを主としてボルノーに拠りながら、戦前と戦後をそれぞれ三段階に区分して説明したい。

まず戦前である。ディルタイのイメージ形成の第一の段階は、ディルタイが生前公刊した著作――『シュライエルマッハーの生涯、第一巻』(一八七〇)と、『精神科学序説、第一巻』(一八八三)、そして主にそれまで執筆されていた論文を集めて出版し、広範に迎えられた『体験と創作』(一九〇六)――によって、哲学者というよりも鋭敏な歴史の解釈者としてのディルタイ像が形成された段階である。(17) ディルタイの死後、最初に発刊されたディルタイ全集第二巻(一九一四)、さらにそれにつづく第三巻(一九二一)、第四巻(一九二一)、第一巻(一九二二)が主として歴史的業績であったということもそうしたイメージの維持に一役買ったと思われる。(18)

第二の段階は、『精神的世界、生の哲学序説』という表題を付けた全集第五巻および第六巻(一九二四)によってもたらされた。ディルタイの娘婿でもある第五巻の編集者ゲオルク・ミッシュは緒論において、第一段階で見逃されていたディルタイの体系的な統一性を示した。これによってディルタイは、たんなる文芸史家ではなく、歴史的生の哲学者としての相貌において描き出された。しかし、この歴史的生の哲学者としてのディルタイに対して、ハイデッガーの『存在と時間』(一九二七)が事実性の解釈学をもって登場したとき、ディルタイの哲学は明らかに「乗り越えられた」(19)と思われたのであった。第二段階は、生の哲学と『存在と時間』の対立によって特徴づけられる。

この第二の段階と、次の第三の段階は接触している。『存在と時間』が出版された同じ年に、グレートイゼンの編集によって『精神科学における歴史的世界の構成――歴史的理性の批判の試み』と題された第七巻(一九二七)が発表された。これによりいわゆる後期ディルタイの解釈学的業績が発見され、従来のディルタイ像は変更を迫られたのである。前段階において、ハイデッガー哲学との対決を迫られていたディルタイ派の面々はディルタイの生の哲学に拠っていたのだが、しかしいまや、もう一つのディルタイ、つまりディルタイの中の解釈学的業績を踏まえ、現象学に対することができるようになったのである。この時期の代表的な作品がミッシュの『生の哲学と現象学』(一九三〇)とボルノーの『ディルタイ』(一九三六)である。[20]前者が主として生の哲学に軸を置いているのに対して、ボルノーは解釈学、特に生の概念の分析に力点を置いているが、いずれにせよこの第三段階は、解釈学的な後期ディルタイの発見によって特徴づけられる。

しかしながら、この時期のディルタイ解釈をめぐる対立がもっていた豊かな議論の可能性は、ディルタイを継承するミッシュやプレスナーの亡命のために充分な展開をみることなく断絶されることになった。しかもこれらの戦前の議論は戦後も長くとりあげられなかったが、それはおそらく、ディルタイ哲学につきまとう古めかしさ、特にこの時期に発表されたディルタイ全集が、ナチズムの哲学に利用されやすかった世界観学(第八巻)や国民主義を強調する教育論(第九巻)、プロイセンの歴史(第十二巻)および歴史家(第十一巻)を扱うものであったことが影響したものと思われる。以上が戦前の三段階である。

次に戦後である。戦後のディルタイ研究の出発点を画したのは、いうまでもなくガーダマーの『真理と方法』(一九六〇)の出版である。これによって、戦後のディルタイ研究はなによりもまず、解釈学という圏域で問題化されることになった。この問題は社会科学の方法論とも絡み、ハイデッガーの弟子であるガーダマーと、ディルタイの弟子ロータッカーの弟子にあたるハーバーマスやアーペルのあいだの論戦に発展した。[21]なおこの時期までにイギリスでは、ホッジスやリックマン[22]などによって分析哲学の潮流に対抗するためにディルタイがとりあげられ、またアメリカでは、パルマーの著作[23]がシュライエルマッハーから、ハイデッガー、ガーダマーへといたる解釈学的哲学の文脈の中でディルタイを扱っている。このように、戦後の第一段階は解釈学をめぐるディルタイ受容が中心であったということができる。

第二の段階は、ディルタイ全集が新たに公刊しはじめられた七〇年代である[24]。戦前に計画されたディルタイ全集は十二巻までであり、そのうちまだ公刊されていなかった第十巻『倫理学体系』が一九五八年に公刊され、さらにシュライエルマッハーに関する遺稿をも収めた『シュライエルマッハーの生涯』の完全版がレデカーの手によって第十三、十四巻として出版されたが、ディルタイの数多くの遺稿はなお残されたままだった。ところが、六〇年代の論争におけるディルタイの再発見・再評価を契機に、ディルタイ全集の続刊が決定されたのである。新しいディルタイ研究の潮流を導いたのは、この七〇年にはじまるディルタイ全集続刊の編集者——U・ヘルマンとH・ヨーアッハ——である。K・グリュンダーの総監修のもと、遺稿をも含めた厳密な原典批評を用いた正確な編集という方針のもとに、第十五巻から第十八巻までが七〇年代に出版された。

この時期の代表的なディルタイ研究書は、まずヘルマンの『ディルタイの教育学』(一九七一)[25]であり、これはディルタイ解釈の「歴史的転回」[26]を画するものといわれる。その先鞭はヘルマンの師であるグロートホッフによってつけられていたが[27]、それを包括的に実行したのがヘルマンであった。彼はこの著作の中で、従来のディルタイ解釈、とりわけ全集第九巻の資料の問題性を指摘し、ディルタイの教育論は歴史的にあらためて解釈されなければならないとした。さらにヨーアッハの『行為する人間と客観的精神』[28]は、彼自身が編集した全集十八巻の遺稿類の分析を通して、ディルタイの精神科学を「行為する人間の科学」として、晩年の「生の範疇」に代表されるディルタイの生の哲学的な解釈にかかわる活動的な人間に定位した人間学として解釈した。要するに、この戦後の第二期は、戦前から主流をなしている解釈学のディルタイか、あるいは実践的生の科学、行為する人間の科学のディルタイか、つまり後期ディルタイか前期ディルタイか、という二つの有力なディルタイ像が対立するにいたった、ディルタイ解釈の「歴史的転回」の時期なのである。

第三の段階は、八〇年代である。出版されることなく終わった『精神科学序説、第二巻』の草稿を中心とした全集第十九巻『人間・社会・歴史に関する学問の基礎づけ』（一九八二）が出版されると、フッサールの『論理学研究』を読む以前からディルタイがフッサール的な問題を先取りしていたことが明らかとなり、これにより、「ディルタイ・ルネサンス」とよばれる機運が世界的に盛り上がったのである。[29]この時期の代表的なディルタイ研究は、ローディの弟子であるH・-U・レッシングの『歴史的理性批判の理念』（一九八四）[30]である。この著作は、新しい資料に基づいて、ディルタイの中期までの歴史的理性批判のプログラムの構造と実践を明らかにした。

全集第二十巻が一九九〇年に、第二十一巻が一九九七年に出版された九〇年代は資料がますます豊富になる一方で、研究の細分化が進展し比較思想的な研究や特定の論点に限定したモノグラフが多くを占めるようになっている。[31]これは、ディルタイ全集の内容の広闊さを考えればある意味で致し方のない動向であるとも思われるが、本書はこうした動向とはいささか異なった方向をとる。

前項末尾において記したように本書は、今日制度化されている学問の分類基準からいったん離れてディルタイの内的統一性の解釈を試みるが、本書はそれを「歴史的啓蒙の政治学」として捉え、それを彼の精神科学論の生成過程に即して分析することを目指す。それは、ディルタイの全体像を描く試みと言うこともできよう。全体像というのは網羅的というのとは異なって、学的モチーフと多様な学問領域にわたって書き残されたテキストを有機的連関のもとに描き出したものという謂いである。

三

ディルタイの全体像を描く試みとしての本書は、ディルタイの生涯に即した構成をとる。ディルタイの生涯の区分と本書の章分けが対応する。

ヴィルヘルム・ディルタイは、ライン河下流のほとりのビーブリッヒの町に、一八三三年十一月十九日に生まれた。[32] ナッサウは、ルター的なプロイセンとカトリック的なラインラントに挟まれたカルヴァン派の公国であり、父はナッサウ公付きの牧師であった。この年の二年前には哲学者ヘーゲルと歴史学者ニーブールが世を去り、この年の前年にはゲーテが死去したばかりであったが、さらに三四年にはシュライエルマッハー、三五年にはW・フンボルトが亡くなっている。ディルタイの生まれた時代がドイツ古典哲学の終焉期であるというのは一つの象徴のように思われる。のちに彼は、この時代のフマニスムスの文化的遺産を科学と産業の時代において保守する管理人として、その精神科学論を発達させるのだが、まさにここにディルタイの精神の本質をうかがうことができる。このディルタイの性格は、彼の生誕百年にあたる一九三三年に、その生誕を記念する祝典が行えなかったという事実が照らし出しているところでもある。[33]

ディルタイ家は牧師職の家柄であり、ディルタイもまたそれにならって、一八五二年からハイデルベルク大学で神学を学びはじめた。ディルタイはここでクーノ・フィッシャーに接しヘーゲル哲学を学んだ。しかし、フィッシャーが一八五三年「彼の汎神論に対する保守的な宗教的反対のゆえに、聖職者によって免職させられたこと」への反発[34]と、ベルリンの都会的な雰囲気のもつ魅力のために（JD, 8f.）、五三年にはベルリン大学へ移り、徐々に神学から哲学へと専攻を変えていった。ベルリンではトレンデレンブルクのゼミでアリストテレスを学び、またベック(A. Böckh)の古代学、ニッチ(C. Nitzsch)、トヴェステン(K. Twesten)の神学、ランケの歴史学の影響を受けた。[35] 一八五五年、ヴィースバーデンのラント教会の神学試験を受け、ついでベルリン大学の哲学試験を受け、合格した。五六年の十一月から翌年のイースターまで、フランス語ギムナジウムの教師を、五七年の四月から翌五八年の春まで、ヨアヒムスタール・ギムナジウムの教師を勤めたが、その後は父親からの支援を受けながら、匿名で記事や批評を執筆することによって生活の糧を得た。

ディルタイは、ギムナジウムの教職にあった時期からシュライエルマッハーの婿であるL・ヨーナスとともにシュライエルマッハーの遺稿の研究に取り組みはじめ、ヨーナスの死去後は彼にかわってシュライエルマッハーの書簡集出版の仕事を引き継いだ。一八六〇年には「シュライエルマッハーの解釈学の真の功績」を問題とするシュライエルマッハー財団の懸賞論文に応募し、賞を得た(いわゆる『受賞論文』)。その後、博士号獲得のためシュライエルマッハー研究と古代キリスト教研究に取り組んでいたが、眼病などの予期せぬ事態もあって当初の構想を変更し、受賞論文など数種の論文を含む『シュライエルマッハーの倫理学の原理について』によって一八六四年に哲学博士を獲得、その中の『道徳意識の分析の試み』によって大学教授資格を得た。これによりディルタイはベルリン大学の哲学教師の資格を得、私講師となった。

以上、研究を開始し、学位論文を完成する直前まで、つまり一八六三年までの時期を、本書では「ディルタイ初期」とし、第一章において取り扱う。この時期のディルタイは神学という学問の枠を越え歴史へと研究の対象を広げていった。本書はこの時期をディルタイの思想的課題の自覚期として位置づける。

教授資格を得たディルタイは、はじめベルリンで私講師を勤め、論理学や哲学史を講じるなかで自己の学問論の構想を徐々に膨らませていき、またヨーナスから引き継いだシュライエルマッハー書簡集第四巻を一八六五年に完成し出版するにいたった。しがない私講師の身分であったディルタイは、私講師仲間と一緒に「自殺倶楽部(Selbstmörderclub)」に属し、「学問的政治的な焦眉の課題」を討論し、うまくいかない「招聘関係」を話題にしていたというが、(36) ついに一八六七年の四月、バーゼル大学に員外教授として招聘される。もっとも、ベルリンの水になれたディルタイにとって、バーゼルはドイツの中心地から余りにも離れた土地であった。(37) ディルタイはプロイセンを恋しがり、ニーチェのボン時代の恩師でもある義兄のウーゼナーも義弟をボン大学に呼ぼうと画策したようである (JD. 251 ff.)。しかしながらディルタイは、一八六八年にボンではなくキール大学へ、さらに七一年に当時はプロイセン領にあったブレスラウ大学へ異動した。この時期のディルタイは、バーゼル大学で心理学の講義をはじめたこともあって、当時の生理学的心理学に大いなる興味を抱き、J・ミュラーやH・ヘルムホルツに捉えられ、同僚のヒス (W. His) の生理学を聴講し、解剖学の教示をも受けたという (JD. 283 f.)。バーゼルからキールに移るにあたっては、ふたたびシュライエルマッハー研究に移る決心をし (JD. 284)、同地にいるあいだに『シュライエルマッハーの生涯、第一巻』を公刊した。ブレスラウ時代には、のちの『精神科学序説』(一八八三、以下『序説』と略記)につながる研究をはじめ、その成果の一端として『人間・社会・国家に関する学問の歴史の研究について』(いわゆる『七五年論文』)を発表した。

以上、博士号を獲得した一八六四年から『七五年論文』の続編を構想した一八七六年までを、本書では「ディルタイ前期」とし、第二章において考察する。この時期は、『序説』にいたるまでの精神科学の生成・発展の途上の時期である。歴史研究から哲学の方向に進みはじめたディルタイは、当時の発展しつつある自然科学に多大な興味関心を寄せる一方、ドロイゼンの『史学論綱要』(一八六八)にも触発されながら、自然科学的方法の一元的支配に抗する精神科学の論理学に着手する。本書はこの前期を精神科学の形成期として位置づける。

『七五年論文』の続編の構想の後、ディルタイは『序説』の下仕事に取り組みはじめ、ベルリン大学哲学部にロッツェ(H. Lotze)の後任として招聘された一八八二年の翌年、『精神科学序説、第一巻』という形で発表した。ディルタイは、その後も第二巻のために精力的に仕事を進めるが、結局それを完成させることができず、かわりに『記述的心理学』(一八九四)などの他の業績を残すこととなる。

以上、『序説』を中心とする精神科学の基礎づけに精力的に励んだ時期を本書は「ディルタイ中期」とし、その範囲を一八七七年から一八九六年までとする。一八七七年はディルタイの哲学的思索の友となったヨルクとの交際が始まった年でもある。その交際はヨルクの亡くなる一八九七年までつづく。ヨルクとの思想的交流によって特徴づけられる中期は、第三章と第四章で取り扱う。「中期ディルタイ」は、精神科学の前期的形態をより洗練しながら、その学的基礎づけの試みのために主として心理学に依存した時期である。また、精神科学論をたんに哲学的方法論の次元でのみあつかうのではなく、歴史や教育学などの個別的精神科学を展開した時期でもある。本書はこの時期をディルタイの精神科学論の展開期として位置づける。

本書は、ヨルクの死去する一八九七年からディルタイの亡くなる一九一一年までの時期を「ディルタイ後期」とし、第五章で取り扱う。この時期のディルタイの特質は、実証主義や歴史主義の浸透にともなう思考や信念の無政府状態、すなわち相対主義とニヒリズムに対抗して、啓蒙の理念を精神科学によって達成しようとする歴史的啓蒙の意図を明らかとすることである。彼はそのための基礎的な作業として、カントの純粋理性批判にも匹敵すると自らみなした「歴史的理性批判(Kritik der historischen Vernunft)」、すなわち歴史的社会的現実を認識する理性の能力の限界の考察に専念してゆくのである。もちろんこの課題は、すでに中期までのディルタイが精神科学論の確立のために追究したものであるが、後期ディルタイは、歴史的認識の反省をする理性それ自身の歴史性への反省へと深まっていく点において、高齢においてなお一歩の前進を目指したということができる。しかし、その試みは完成をみることなく終わり、考察の多くは断篇として残されることとなる。本書はこの後期をディルタイ精神科学の可能性に満ちた混迷期とみなし、その哲学のアポリアのよって来る所以の究明を目指す。

以上は、ディルタイの生活史に即した本書の構成の説明である。[38] しかしディルタイ思想の究明は、そのおかれたコンテクストの理解なしには不可能である。そこで本書は、第一章に先立って十九世紀思潮の展開についての予備的考察を置くことにした。

註

(1) 茅野良男、一九五五年、西村晧、一九六六年、尾形良介、一九七〇年。近年、久方ぶりにディルタイ研究書が公刊され(水野建雄、一九九九年)ディルタイ研究は徐々に盛んになりつつある(舟山俊明・伊藤直樹、二〇〇〇年、「特集 ディルタイと現代」『理想』六六六号、二〇〇一年、西村晧・牧野英二・舟山俊明編、二〇〇一年)。また二〇〇二年より法政大学出版局からディルタイ全集の邦訳が刊行される計画が進行中である。

(2) マルティン・ハイデッガー「世界像の時代」(一九三八)、ハイデッガー全集第五巻『杣径』一二〇頁。[Heidegger Gesamtausgabe I. Abteilung Bd. 5 Holzweg, 99.] たしかにハイデッガーのディルタイ像が歪曲をともなうものであったことは、ボルノーやミッシュによってかなり以前から指摘されてきた(Vgl. ボルノー、一九七七年 [Bollnow, 1936.], Misch, 1930.)。もっとも次の二つのことは指摘しておかねばならない。第一に、ディルタイの哲学的な重要性をはじめて指摘したのがハイデッガーであるということ(『存在と時間』第二部第五章の中の次の一節——「根本において以下の分析で唯一問題になるのは、今日の世代にとってさし迫った問題となっているディルタイの諸研究をわがものにすることを、その一部分であれ草分け的に促進することである」)、第二に、ボルノーやミッシュの評価が、当時の資料的な制約もあって、主としてデイルタイ晩年の業績に依拠するものであり、その意味ではハイデッガーと同じ側面のディルタイを扱ったものであるということである。

(3) Gadamer, 1990 (1960), 222 ff.

(4) 例えば、新田義弘、一九九五年、二四一頁、同、一九九七年、一二頁を参照。

(5) 三島憲一、一九八一年を参照。

(6) Horkheimer, 1968, 273 ff.

(7) Marcuse, 1978. これは次の論文集に収録されている。Rodi u. Lessing(hrsg.), 1984.

(8) ルカーチは『理性の破壊』の中で、生の哲学を非合理主義に単純に結びつけ、この非合理主義がナチズムへの道を切り開いたという単純な見方のなかにディルタイを位置づけた。かくてディルタイはゲルマニスティクの「面汚し」だとよばれる。Lukács, 1962 (Werke, Bd. 9), 363-386.

(9) Peschken, 1972. 129.

(10) ローゼンベルク、一九九一年、一七六頁。

(11) Bauer, 1968, 39.

(12) シュミット「ディルタイ」(ヴェーラー編『ドイツの歴史家』第二巻)。

(13) Lieber, 1965.

(14) ハイデッガーやガーダマーの業績も、ディルタイなくしては切り開かれなかったと言われる(アンツ、一九八七年、六八頁)。また、ディルタイの個別的精神科学の業績なくして、たとえば精神科学的教育学も、ドイツ社会学の発展も、いまみられるような形にはならなかったであろう。Vgl. Wirkus, 1996. u. Acham, 1985.

(15) Oexle, 1996, 66 ff.

(16) オルト、一九九九年、九六頁。

(17) ボルノー、一九七七年、一頁。

(18) ディルタイ全集の発刊順序については巻末資料IIを参照のこと。

(19) ボルノー、前掲書、四頁。

(20) Misch, 1930. ボルノー、前掲書。

(21) Habermas, 1967, 1968, Apel, 1976.

(22) Hodges, 1944, 1952, Rickman, 1961.

(23) Palmer, 1969.

(24) ディルタイの全集の公刊の前提には、六〇年代に、いわゆるディルタイ学派の長老たちがそれぞれの生涯を閉じ、遺稿の公表に差し支えのある事柄が取り払われたという事情もあった。Vgl. Rodi, 1983.

(25) Herrmann, 1971.

(26) Zöckler, 1975, 182 ff.

(27) Groothoff, 1966.

(28) Johach, 1974.

(29) 高橋義人、一九八六年。

(30) Lessing, 1984.

(31) たとえば次を参照。Stegmaier, 1990, Tuttle, 1994, Bambach, 1995.

(32) 以下のディルタイの生涯の叙述は、主として次による。Groothoff u. Herrmann, Wilhelm Dilthey—Persönlichkeit und Werk, in: SP. 334–365.

(33) ディルタイは当時の権力者が声高に非難していた市民的リベラリズムの代表者と映っていたために、その生誕記念の祝典を行うことのできるような雰囲気はなかったという。ボルノー、一九八五年、一頁以下を参照。

(34) Kluback, 1956, 7.

(35) いずれもシュライエルマッハーの影響を受けた神学者である。

(36) Rothacker, 1920, 137. 当時のディルタイをとりまく学問的雰囲気は、「変革の時代の精神」(Wilhelm Scherer, 1886, XI, 243) が支配していた。その精神は、第一章でふれるように、まずは自然科学の隆盛によって色づけられ、自然科学から影響を受けた英仏の経験論哲学・実証主義(ミル、コント、バックル)に影響されていたが、しかし他方で、ドイツロマン主義に発する歴史的学問の発達にも刺激を受けていた。ディルタイは、このようなベルリンの知的雰囲気に置かれたことをのちに幸いであると振り返っている (Rede zum 70. Geburtstag, 1903, V, 7 ff., Vorrede, 1911, V, 3 ff.)。

(37) 当時バーゼル大学にはディルタイのライバル、ブルクハルトがいた。一八六七年のバーゼルから父に書き送った手紙にはこうある。「驚くべきことに、ブルクハルトのような人物が突然、自分はなんらの希望ももってはいない、ヨーロッパは老いてしまった、われわれの文化は終わりつつある、などと言い出しました。実際、こうした考えが現代に対する無知によるのではないとするならば、去年のベルリンを体験していないからにほかなりません」(JD. 237f.)。「去年のベルリン」とは、ちょうど普墺戦争とその勝利にともなう憲法闘争の終了を意味すると思われる。このような「プロイセン主義者」のディルタイが「私はブルクハルトがとても気に入りません」というのは当然であろう。ランケの後任としてベルリン大学から招聘を受けたにもかかわらずそれを拒否したブルクハルトと、プロイセンによるドイツの国民統合に期待するディルタイとの相違は大きい。ちなみに、ブルクハルトに対して尋常ならざる尊敬と好意と思い入れをしたニーチェは、六九年にバーゼル大学に就任する。ディルタイはその前年にキール大学へ移っているために、ディルタイとニーチェがバーゼルでともに生活することはなかった。ブルクハルトは、自分に共感をよせるこの文献学者に対しても打ち解けない態度しか示さず(レーヴィット、一九九四年、二五頁)、ディルタイはこのニーチェを論敵として批判することになる。

(38)　レッシングは、『歴史的理性の批判』において、本書が初期と前期に区分している時期(一八五二～一八七六年)を一括して「歴史的理性批判の途上」とよび、本書が中期としている時期(一八七七～一八九六年)を「歴史的理性批判」の時期としている(Lessing, 1984.)。彼の著作は九七年以後を扱っていないが、それを第三の時期とすれば、三段階に区分していることになる。本書はレッシングの第一の時期をさらに初期と前期に分ける点において異なるが、これは叙述上の要請によるところが大きく、基本的にレッシングの発展段階に一致するものである。なおレッシングの議論はヨーアッハ(Johach, 1974)の分析とも重なり、西村・牧野・舟山(二〇〇一年)もこれを踏襲している。ディルタイ思想の発展段階の区分については諸説あるが、それは繰り返しや矛盾が多く見られるディルタイの言説それ自体によるところが大きい。いずれにせよ、時期区分の根拠は結局各時期のもっとも重要な特質を何と見るかという解釈者の意図によって決せられ、各時期の重要点の判断は、ディルタイ思想の背景にある時代をどう見るか、そのなかでディルタイの思想の意味はどこにあるかという全体的な評価によって導かれる。したがって時期区分の妥当性は、結局本書そのものの妥当性によってはかられるだろう。

予備的考察

一　「絶対的観念論」とその後[1]

哲学史や政治学史においては、しばしば「ヘーゲル以降」という言葉が特別の意味をもって語られる。その意味するところは何であろうか。

シュネーデルバッハは、ヘーゲル哲学を「絶対的観念論」と規定し、その特質を三つ挙げている[2]。第一は、絶対者における存在と思考の弁証法的統一である。ヘーゲルによれば、絶対的なものは理念であり、「理念は理性として、理念的なものと現実的なものとの・有限なものと無限なものとの・心と体の統一として……捉えることができる[3]」。実在的な世界から乖離した理性を批判することによってヘーゲルは、カント的な悟性によって固定化孤立化された世界を否定し、これを生き生きとした動的な統一性のもとに捉えるのである。理性は、現実に内在し現実のうちに生起する、だからこそ「理性的であるものは現実的であり、現実的なものは理性的である[4]」と言われる。この現実と理性の弁証法的統一が失われるとき、現実は理性によって聖化され強権的な権威として確立されるか、あるいは理性は現実を否定する暴力へと転化することになる。

第二の特質は、絶対者における真善美の統一である。ヘーゲルは、真善美を絶対的な理念への移行のなかに位置づけることによって、「形而上学と倫理学、理論哲学と実践哲学をひとつの体系のなかに統合する[5]」。この命題は、真理の認識と意味の理解とが同時に起こるということを意味する。もっともこの場合の理解とは、先入見を前提とする解釈学的循環のもとにおける開放的な理解なのではなく、絶対的理念によって閉じられたシステムのなかで測られる合目的性としての意味の理解である。真善美の一体性とは、言い換えれば、事実性と意味との統一である。この一体性が崩壊したとき、事実的認識は意味を見失い、意味の理解は現実から乖離することになる。

第三は、哲学が、哲学的な体系(システム)としての絶対者の学問でなければならないということである。「〈絶対的なもの〉の学は、必然的に、体系(システム)でなければならない。なぜなら具体的なものとしての真なるものは自らのうちで自らを展開しつつ統一へと収斂し、……統一性としてのみ存立するからである[6]」。それぞれの体系は完成度に応じて真なる体系の契機として存在し、それらの諸体系を諸契機として包摂する絶対的な学の体系が存在する。それぞれの学知は、全体の体系のなかにおかれてはじめて学知たりうるのである。体系(システム)としての学知は、たんなる知識の網羅(Summe)や根本命題から導かれる知識の集積ではなく、自己完結した絶対者の全体性(Totalität)の契機として存するのである。こうした体系の全体性が、ヘーゲル哲学の他の二つの特質である現実と理念、事実性と意味との統一を保証する形式であった。この学の全体性が失われるとき、学は全体との連関を失って、意味なき事実性の追究か、事実的裏付けのない観念的穿鑿に陥ることになる。

「ヘーゲル以降」の学問・科学の歴史とは、以上の三つの帰結を、ヘーゲルを忘却しながら進む道であった。「〈観念論の崩壊〉と繰り返し呼ばれる事態とは、実のところ、右派と左派とのヘーゲルの遺産をめぐる後継者争いの後、ヘーゲル以後の意味における学問・科学（Wissenschaft）を営むために、時代精神がそもそも哲学から離反したということにほかならない[7]」。シュネーデルバッハによれば、ヘーゲル哲学は克服されたというよりも、むしろ嫌われ忘れられたのである。もっとも絶対的観念論の崩壊が実質的にはその忘却であるとしても、それにともなう危機の招来であることにかわりはない。新しい科学は、何らかのかたちでこの危機への対応を迫られたのである。

二　心理学的実証主義と哲学の危機

ヘーゲル以降の学問・科学の動向として指摘しなければならないのは、自然科学の発達とその刺激を受けた哲学の実証主義化である。

ヘーゲルの弟子たちにとって、学の体系を提示した師の後に残された仕事は、個々の学問領域を完成させるということであった。心理学を引き受けたローゼンクランツ（K. Rosenkranz）が、エルトマン（J. E. Erdmann）とともに、心理学と哲学ならびに主観的精神の学を同一視し、それらを人間学・現象学・心霊学（Pneumatologie）に分割したにもかかわらず、体系には異議を挟むことはなかったのに対して、ミシュレ（B.K.L. Michelet）は、構成や用語において当時受け入れられていた経験科学の考え方を取り入れた[8]。自然科学者に「彼［ヘーゲル］の自然の体系は、少なくとも自然科学者にとってはまったくばかげたものに思えた[9]」と言われる傾向に対抗する必要があったのである。このように、ヘーゲル学派内においても徐々に経験心理学的な傾向が生じ、絶対的観念論の解体・忘却が進んでいったのである。そこで支配的となったのは心理学主義や社会学主義などの様々なイズムであったが[10]、ディルタイとの関係がもっとも深いのは心理学主義である。心理学主義の傾向は主として二つの方向——自然科学的心理学の方向と唯心論的な方向――から推進されたように思われる。

自然科学的心理学者の代表者としてここでは、ミュラー（Johannes Müller, 1801-1858）とヘルムホルツ（Hermann von Helmholtz, 1821-1894）を取り上げてみよう[11]。ミュラーは知覚が感覚からいかにして生じるかという問題を神経に関与する力から究明しようとして、生理学的心理学の基礎を築いた人物であるが、特に哲学史との連関において注目されるのは、彼の特殊神経エネルギー説である。それによると、「神は、われわれの神経系がそれ自身の状態を感じたときに、外界についても何らかのことを学べるような知識を神経系に授けたのである。神経系に生じる感じが持つ前者の（内部に向けられた）側面が……感覚であり……この感じが持つ後者の（外部に向けられた）側面が知覚である[12]」。このようにそれぞれの感覚神経が固有の感覚的質を生み出すというのが特殊神経エネルギー説の要点である。デカルト的生命観では運動の引き金となる刺激は神経系の外部にあると想定されるが、ミュラーのこの考えによればどんな生物の運動にも自律的なものがあり、外界の刺激がなくとも運動が生じるのだということになる。このような感覚知覚の主体性を神経系の究明という生理学によって基礎づけようとしたのがミュラーの業績であるが、その背後には「物理的な違いと心理的な違いが等しいこと、そして物理的な違いが心理的な違いに反映されることを説明[13]」しようとするスピノザ的信念があり、それは神経系を構成する物質には物的でない力、生命原理が宿っているとする生気論者としてのミュラーの信念に合致するものであった。しかし、ミュラーの生気論的性格はその弟子ヘルムホルツ以降排除されていき、特殊神経エネルギーは純粋に物理的な状態とみなされるようになる。動物の運動はすべて反射に基づいているというデカルト派の考え方が踏襲されて、カエルの運動神経を用いて神経の伝導速度を計測するヘルムホルツの実験が行われ、このような実験を通し、神経の精密な測定によって心理現象の測定も可能になるのではないかと徐々に考えられるようになったのである。視覚と聴覚に関する広範な実験を行ったヘルムホルツが『音響感覚論』(一八六四)ならびに『生理学的光学要綱』(一八六七)[14]をまとめ、心身問題のような形而上学的問題から離れて現象と実験に基づく心理学を打ち立てたのはミュラーの死後のことであった。ちなみに、若い頃にミュラーのもとに学び、ヘルムホルツの研究助手をして、やがて実験心理学の創始者とよばれることになったのがヴント(W. Wundt, 1832-1920)である。すでに紹介したように、ディルタイは六七年から翌年にかけてのバーゼル時代にミュラーやヘルムホルツの自然科学に集中的に取り組んだが、この同じ時期に彼が説明と理解について講義していたことは注意されなければならない。ディルタイの精神科学論は生理学的心理学への集中的取り組みのなかから生み出されてきたのである。

ところでディルタイに強い影響を与えた生理学的心理学は、ミュラー以降の実験生理学的性格が示しているように、たとえ明示的には否定しようとも、潜在的には唯物論的な性格をもっていたということができる。この唯物論的趨勢は科学者自身にも危機感を抱かせ、例えばヘルムホルツは次のように述べたと伝えられる。「われわれの世代はスピリトゥアリスムス(唯心論)の形而上学の圧制に苦しまなければならなかったが、これからの若い世代は、おそらく、唯物論的形而上学に対して、自分自身を守らなければならないだろう」。「唯物論が形而上学的仮説であることを忘れないでほしい。……このことを忘れると、唯物論は、科学の進歩を妨げる独断となり、すべての独断と同じように、不寛容の暴力に堕落するだろう[15]」。自然科学的心理学の有するこの唯物論的傾向に抵抗しつつ哲学の固有性を擁護するのが、唯心論的心理学である。

自然科学者が実験という感覚的経験によって現実を手に入れようとしたのに対して、唯心論的心理学者は精神の経験により現実にふれようとした[16]。彼らは実証主義を批判しながら真の経験の世界を明らかにしようとすると同時に、形而上学的思弁をも否定し精神の経験の学を打ち立てようとする。生理学的心理学は複合的観念を単純な観念からなるものとし、また単純な観念を感覚されたものの記号的表現であるとして、感覚及び感覚の受容器官である感官の研究によって心理学の扉が開かれるとするが、しかしそれは、経験された私ではあっても、経験する私ではないのではないか。問題は後者であって、それは反省・内省により直接に把握されるものなのではないか、と唯心論は問うのである。[17] メーヌ・ド・ビラン (Maine de Biran, 1766–1824) はこの反省の直接的把握を「実験心理学」と名付けた。[18] 本書で唯心論的哲学者をあえて唯心論的心理学者とよぶ理由はそこにある。そもそもドイツよりもむしろフランスにおいて強い伝統を有する唯心論ではあるが、ここではヘルバルトの後任としてベルリン大学哲学教授となり、ディルタイの前任者であったロッツェ (Hermann Lotze, 1817–1881) を瞥見しておきたい。ロッツェはミュラーの生気論を攻撃する一方でランゲの「魂なき心理学」にも反対し、心理の生理学的側面を認めつつ、なお神から与えられた魂の存在を認める。[19] このような彼の考えの背後にはフェヒナー (Gustav Th. Fechner, 1801–1887) の「精神物理学 (Psychophysik)」がある。ミュラーと同年に生まれたフェヒナーは、感覚を間接的に量化する方法を用いて刺激の大きさとその結果として生じた感覚の強さとを数学的に関係付け、実験心理学の嚆矢とも言える業績を残した人物である。彼はミュラーと同様にスピノザ主義に傾き精神と身体の二重側面説を強調した。宇宙の機械論的な側面のみを問題とする「夜の見方」に、宇宙の心的原子の側面をも明らかにする「昼の見方」を対置させることによってフェヒナーは、唯物論的一元論に対抗したのである。ロッツェは、このフェヒナーを受け継ぎながらミュラーを批判し、独自の仕方で哲学と心理学を結びつけようとしたのである。フランスの唯心論と比較してドイツのそれは形而上学と生理学的心理学の強い影響下に置かれ、精神の経験の独自性についての反省があまり強くは現れない。ドイツ語圏の唯心論的哲学が精神の経験の独自性を、またそれに基づいて哲学の擁護を唱えるのは、古代哲学研究と結びついたときである。

ディルタイの哲学の師、トレンデレンブルク（Adolf Trendelenburg, 1802–1872）はヘーゲルの観念論的弁証法と実証主義・唯物論との双方を批判し、哲学のアイデンティティを古代哲学、なかんずくアリストテレス哲学に求めた。トレンデレンブルクの核心的概念は、目的概念を含んだ有機的自然観であり、この「有機的見方（organische Ansicht）」によって哲学は、自然科学の分析的な視点とは異なる全体的な視点を確保し、相互に有機的に連関し・目的を内在し・最終的には神に依存する全体として「現実」を把握するというのである[20]。トレンデレンブルクの全体観を、神との結びつきという方向に進めてトミズムに至るのが、弟子の一人ヴィルマン（O. Willmann, 1839–1920）であり、これに対して、超越神を排除して作用連関・構造連関としての全体的現実の理解の方向に進んだのがディルタイであった。

ところで、十九世紀後半の思想の展開の中で無視できないのがトミズムの復興である。トミズムの特徴は、反自然主義・反唯物論、認識における実在論の立場、形而上学の可能性への信頼、思考形式に対する存在形式の優位の確信にあるが[21]、本論で示すようにディルタイはこのトミズムと対照的な思惟を展開している。これは彼の宗教的感覚に負うところが大きいように思われる。序でふれたように、プロテスタントの牧師の息子でありながら正統的信仰から離れたディルタイが、なおプロテスタント信仰に価値を見出すときに強調するのは、自己の根底から生じ、自己を規定する宗教的経験の現実性であり（VII, 266, V, 385）、彼はそれをルターの体験の本質としている（II, 58）。ディルタイが「完全にして現実的な知性」（VIII, 172）を再建しようと企てるに際して基盤とするのは、この人間の根底からの経験である。ところで、このような人間の心的経験を捉えようとする学問の営みのなかで、ディルタイにとってライバルとして現れたのがブレンターノ（Franz von Brentano, 1838–1917）であり[22]、自分の試みを別な形で成し遂げようとしているように見えたのが『論理学研究』のフッサール（Edmund Husserl, 1859–1938）であった。哲学の危機の時代におけるディルタイ思想の位置は、これらの哲学者との関係の究明をもってより鮮明に浮かび上がるだろう。

三　諸科学の専門的自立化

純粋哲学の領域とは異なり歴史哲学や国家哲学の領域においては、歴史の現実の進行そのものが理論に影響を与える。ヘーゲルの歴史哲学は独自の仕方でフランス革命までの歴史を総括し、新たにドイツ国家の歴史的展望を示したわけであるが、その歴史的展望が現実の歴史の進行を説明することのできない理念とみなされるにつれ、歴史哲学にかわって未来を科学的に予測すると称する社会学が登場し、また過去を実証的に明らかにする歴史学が科学として専門化するにいたる。ディルタイの精神科学論の特質はこれら実証的諸学の批判的摂取から生じる。

(一)　歴史学的実証主義[23]

十九世紀の学問にもっとも大きな影響を与えた歴史的事件は、いうまでもなくフランス革命である。新たな学問の成立に関わった者は革命を、伝統を断絶させヨーロッパ文明に危機をもたらしたものとみなした。彼らの学問はこの危機に対応する試みであった。例えばフランス革命による歴史の危機を震撼として経験したブルクハルト (Jacob Burckhardt, 1818–97) は、歴史的持続の契機を持ち込むことによって危機の経験を克服しようとし、ドロイゼン (J. G. Droysen, 1808–86) もまた、人間存在の歴史性そのものに人間の歴史への関心を基礎づけることによって歴史を取り戻そうとした[24]。いずれも危機によってもたらされた状況に歴史学的に対応しようとするのであるが、それは、実証主義的社会学のような、進歩の目標に位置づけられるユートピアによるものではなく、過去との連続性を回復させることによる危機への対応なのである。もちろん、ドロイゼンとブルクハルトでは接続しようとする過去は大いに異なる。ドロイゼンの場合[25]、ドイツの国民国家的統一という主導的関心が歴史認識の条件となる一方で、その過去認識を通じて現在における国民的自覚をよび起こすという形で過去と現在とが接続されるのに対して、ブルクハルトの場合には[26]、有意義な生を可能ならしめる文化の否定として政治的社会的行為が捉えられるため、接続されるべき過去は政治的国民的過去ではなく偉大なるヨーロッパ的人間の原像である。両者の相違はたんに政治的立場の相違だけではなくその文化観の相違に由来する[27]。歴史学的方法が守ろうとする過去はこのようにそれぞれの立場によって違ってくるが、問題は歴史観の相違にかかわらず歴史学が背負うその固有の方法論的特質である。この問題は近代歴史学の創始者とされるランケ (Leopold von Ranke, 1795–1886)[28] においてすでに意識され、ランケに学んだディルタイの中心的課題ともなるのである。

周知のように、ランケの史学史上の重要性は伝統的な歴史叙述を歴史学 (Geschichtswissenschaft) として確立した点にあり、その方法論的特質は原史料主義・史料批判・客観主義に要約される。有名な「それは本来どうであったか[29]」、また「私は自分自身を、いうならば抹消し、ただ事実をして語らしめ、そこに働くさまざまな力を現出させることを望むだけである[30]」と語るランケのそれである。ところがランケは、ニーブールに対する批判の中で歴史を成り立たせるためのもう一つの思想にふれている。それによれば、ニーブールの経験主義的個別研究は普遍的なものを軽視するという誤りを犯しており、このため、細部の中に踏み込んで自己を見失う危険性をはらんでいる。ランケの客観主義は、したがって、細部への沈潜によってのみ調達できるものではない。重要なのは個別的な事象を普遍的な関係のもとでとらえるということであり、このことをランケは印象的な汎神論的思想――もっともランケ自身は汎神論的という規定をヘーゲルの歴史哲学に対して用いているが[31]――によって表現する。「各時代は神に直接するものであり、その価値はそれから派生してくるものが何であるかにかかるのでなく、それが存在そのもの、当のそのもの自体のなかに存するものである」[32]。それ自体として価値ある歴史的個体は、それぞれ神につながることによって全体のなかに包摂され、この全体への包摂において個体性の根源的な価値は基礎づけられる。もちろん、このような全体をアプリオリに前提して個別的事象を究明する哲学的な道は断念されねばならないが、しかし歴史的発展の全体像を「予見（Divination）」[33]において把握することを通してはじめて歴史的個体の総体的な実在に通じることが可能なのである。この個別と全体との往復運動の中に、歴史学固有の認識方法である理解という問題の、ランケにおいて自覚された形態を読みとることができる。

ところで、ランケはこのような歴史的個体の思想によってフランス革命に対峙した。彼は革命を、政治社会的な変動としてではなく啓蒙主義に感化された思想の動きとして解釈し、革命的動揺を、歴史における精神的持続力の断絶として否定的に評価した。啓蒙主義は理論によって歴史を断罪する理論の専制支配であり、全ヨーロッパの文化とキリスト教に対して危機をもたらすものにほかならない。この革命の恐怖に対してランケは、ドロイゼン、ブルクハルトにも共通する歴史の持続力に対する信念によって、またその信念を保証する歴史学によって対抗するのである。このようにしてランケは、次節で論じるコントとは違った仕方で、フランス革命後の社会の動揺に対抗する保守的対応を打ちだしたのであるが、ここでとりわけ重要なことは、ランケが歴史的持続力と啓蒙主義を対置し、後者を伝統から切り離された非歴史的な力であると規定した点である。なぜなら、これによっていわゆる歴史主義とよばれるものの意味内容が反啓蒙として規定される傾向が生じたからである。

シュネーデルバッハは歴史主義発生の現場に遡り、啓蒙思想の普遍的人間本性という思想に形而上学をみた歴史主義を非合理主義的反動とみなすことは正当でないとし、むしろ歴史主義こそ啓蒙的合理主義のなかにある非合理主義的な要素(形而上学としての普遍的人間理性)を確認し、その克服をはかる啓蒙そのものであるという。[34] 従来歴史主義は、歴史研究における実証主義、その認識論的・道徳論的応用としての歴史相対主義の意味で理解され、このためにまた、普遍的理性の側につく啓蒙思想と対立的に理解されることが多かった。そうした対立の起源には既述のような歴史主義者自身の反啓蒙的姿勢が大きく関わっていたことは言うまでもないが、しかしそうした対立の次元だけからみると歴史主義の理論的可能性に目が届かなくなる可能性がある。たしかに歴史の科学化にはイデオロギーがともなった。[35] しかし、歴史の科学化において取り組まれた理論的問題そのものはイデオロギー的対立を超えてなお残り続ける。ランケの弟子でもあったディルタイは、この理論的問題への取り組みから社会学的実証主義に対抗する道具を得てくるのである。

(二) 社会学的実証主義

歴史学と同様に社会学も、革命による危機的状況を克服するというモチーフをもって誕生した。しかしながら、歴史学が歴史的連続性の回復、歴史的世界のその独自性の擁護によって危機に対応しようとするのに対して、社会学は歴史の中に科学的法則を導き入れることによって革命的危機を終息させようとするものであった。革命によってもたらされた近代の歴史の本質は、危機にほかならない。[36] 一度の破壊は、絶えざる破壊の可能性を歴史のなかに呼び入れてしまったからである。したがって歴史は、もはや歴史的持続力の安定性によって維持されるようなものではない。これが、社会学的認識の出発点である。[37] 周知の通り、フランス革命は伝統的な共同体的秩序を破壊し、理性に基づいて新たな秩序を形成しようとしたのだが、それによって社会は、他者についての共同体的な自明性を失うにいたった。「社会科学 (science sociale)」[38] は、この失われた人間の共同体的紐帯の新たな確立を実践的動機としてはじまったのである。[39]

共同体的全体性を志向する社会学の出発点に位置づけられるのは、サン・シモンである。一八一三年に書かれたサン・シモンの『人間の科学に関する覚え書き』[40]では、人間の科学を観察と結合させることで実証主義的な性格を身につけさせ、国民教育のなかに取り入れて主要教科となすことが必要であるとされている。[41]この学問の理念はサン・シモンの弟子であったコントにも継承されたが、二人がこのような理念を掲げたのは、歴史の危機を終息させる歴史の運動法則を探求しようとしたからである。自然が自然法則に支配されているように、歴史を支配している歴史法則を科学的実証的方法によって究明し、それを社会に応用すれば、歴史的変動は終わる、というわけである。かくて社会学的実証主義は、社会の運動を把握する「社会的物理学」となる。社会学は、科学的啓蒙と技術的操作による「歴史の喪失」、「歴史との決別」、内在的な「歴史の完成」を不可避とするのである。[42]

このように歴史的危機を終息させうる理論としての社会学、社会的物理学は、ある種のユートピアの理論であると言うこともできよう。この思想系譜はハックスリ(Henry T. Huxley, 1825–1895)の通俗的な科学的ユートピアからスキナー(Burrhus F. Skinner, 1904–1990)の行動主義的ユートピア[43]にまで通じる十九世紀の時代精神――スキナーは二十世紀の人物であるがその精神は十九世紀を継ぐものである――の現れであった。「十九世紀は、〝あらゆる世界のうちの最良の世界〟に向かい、まっすぐにまちがいのない道を歩んでいるのだとまじめに信じていた」[44]のである。

ディルタイは、歴史の法則によって歴史を完成させ危機を克服しようとするこのようなユートピア的思考とは無縁である。それどころかコントやスペンサーの実証主義的な社会学を批判した彼の『精神科学序説』は当時のドイツ反社会学派の「経典」であったと言われるほどであるが、[45]このような彼の姿勢には、ミュラーやフェヒナーから学んだ精神物理的統一体としての人間という見解が反映している。精神物理的統一体としての人間は、神経系の媒介を通して自然過程から影響を受けると同時にそれに働き返すという性質をもっている。この反作用は合目的的な行為として現れ（I, 17f.）、たしかに自然の制約に依存はするが、その制約は精神的人倫的諸力によって徐々に弱められてきたがゆえに、その合目的的な行為の世界は自律的なものとみなしうる。このようにして自然から相対的に自立した行為の世界とみなされる歴史の探究は自然科学から自立した方法によらなければならないとされ、こうしてディルタイは、十九世紀の実証主義的心理学に大きな影響を受けながら、師であるランケの歴史的精神を受け継ぐのである。逆に言えば、歴史的世界の独自性の認識があればこそ、実証主義の精神的歴史的世界への応用という要求に対して批判的距離を構えることができたわけである。

しかし、これはディルタイ思想の一面にすぎない。他方でディルタイは、歴史学派に対して学の基礎づけの欠如を批判し、J・S・ミルの思想を批判的に摂取してもいるからである。したがって、歴史と反歴史の立場を分けディルタイを前者に分類することでは彼の精神史的位置づけの問題は解決しないのである。ここで注目すべきことは、歴史学派と社会学派が反革命をとる際に思想的根拠地とする、前者における汎神論的歴史の全体性と、後者における社会の有機的全体性とを、ディルタイがともに批判し、独自にシステム（System）や組織（Organisation）、さらには構造（Struktur）という全体論的視点をとることである。たしかにディルタイもフランス革命以後の個と全体との調和という課題を歴史学派や社会学者と共通に有しているが、彼はその実践的関心を歴史的社会的学問の方法論として追究するのである。

ところで個と全体との調和という実践的モチーフは、周知のように、決してディルタイ独自の課題だったのではない。それは、それこそ哲学の普遍的なテーマでもあるが、十九世紀においてはとりわけ学問の方法論と社会の構成原理という二つの次元で問題となっていたのである。ディルタイの精神科学論の特質は、この議論の系譜のなかに位置づけることによってよりいっそう明瞭となる。

四　個と全
――科学論と政治論の類比――

十九世紀に驚異的な発達をみた自然科学、及びそれをモデルにした諸科学には、二つの思想的な契機が混在していた。それは、経験された事象を説明するために立てられた原子論・機械論という仮説と、真に確実なるものだけの記述に徹しようとする実証主義の二つであり、両者は、たとえば実証主義者マッハが原子論を批判したように、相対立する可能性をもっていた。しかし、このような対立の契機の存在にもかかわらず、両者は経験主義を基本にするという点において共通し、協力可能なものであった。人間の精神現象についても、経験主義が前提とする生理学的レベルにおける心的要素の連合という仮説に対して、物心二元論を排して要素一元主義から心的現象の記述の徹底を唱えるマッハ的な実証主義からの批判はあったわけだが、しかし実験によって検証される心的要素それ自体の働きを実証主義が否定できるわけではなかったという点において、経験主義的な研究と実証主義的な議論とは提携しつつ進んだと言うことは許されよう。[46] しかしながら十九世紀には、以上の経験主義的・実証主義的思想系譜と対立する、全体論 (Holismus) の系譜も根強く存在したのである。

全体論という概念は、南アフリカのスマッツ (Jan Christian Smuts) によって二十世紀になってから用いられたものである。スマッツの用例は十八世紀末から十九世紀のドイツ思想のある傾向を概括するために「全体論」という用語が形成されたことを示すのだが、[47] 現代の思想史研究家は古代以来の有機体論をも含めて「全体論」という言葉を使用している[48]。ここでは全体論を、有機体論を含めた包括的な概念として、有機体論を、全体論のうちでも特に全体の有機体的性格を強調するものとして、それぞれ用いることにする。

そもそも生物学的な概念であった有機体の概念[49]を、宇宙、社会、魂に適用することはプラトン以来の長い伝統があるのだが、近代にいたってこの概念はシェリング(F. W. J. Schelling, 1775–1854)によって新しい意義を吹き込まれた。彼は、事物を有機体の原理であるとする自然科学的機械論の原理ではなく、「有機体が事物の原理である」とする有機体論の立場をとる。「事物が有機体の原理なのではなく、逆に有機体が事物の原理なのである」[50]。この立場は、固定的な体系としての機械論と非固定的な体系としての有機体論とを区別しながら、全体的な自然観察において両者の対立は有機体論が機械論に対して優先するという形で解消すると考える。有機体概念によって自然を捉えることにより、シェリングの自然哲学は、自然の内的構成を、その産出性、発展性、自律性において扱うことになるのである。シェリングの有機体概念はドイツ・ロマン主義の自然哲学に受容され、やがて近代科学の機械論に対抗するロマン派の自然哲学の中に受け継がれ展開されていくが、十九世紀の実証主義科学体制のもとでその命脈は断たれる。宇宙論的有機体論のその流れを典型的に表しているのは、ロマン的医師たちの運命[51]である。彼らは、生命や人間に対する根源的な問いをもちつつ、人間の健康の全体性を視野においたのだが、外因性の病気に対する研究が進むと同時に科学の体制が整っていく十九世紀の経過の中で、時代遅れの思弁とされ排除されていった[52]。

しかしドイツには、シェリング以前に、非形而上学的な道を歩んで有機体の世界に分け入った詩人ゲーテ(J. W. Goethe, 1749–1832)がいた。シェリングの自然哲学に好感を抱きつつもゲーテは、自然哲学が自己の理念に強制されそれに背く現象を取り上げないために、自然についての経験を萎縮させたと批判する[53]。かくてゲーテは、近代自然科学的思考様式に対抗するだけでなく、ドイツ・ロマン派的自然哲学とも異なる独自の自然学を構想することになる。それがゲーテの非形而上学的な形態学（Morphologie）である。

ゲーテは雑誌『形態学に寄せて』の創刊号の裏扉に「有機的自然の形成と変形」と記したが、その直観的認識こそがゲーテ形態学の特質であった[54]。ここで注意すべきことは、有機的自然の形態には、いわゆる自然物のみならず文化や歴史における形態も含まれることである。ゲーテの形態学における直観は、精神科学と自然科学とが分離する以前の直観なのである[55]。細分化された科学、自然科学の分析的方法、これらを拒否してゲーテは、生ける自然、有機的自然のあるがままの直観をめざした。このような形態学の構想は、機械的自然観への対抗にとどまらず、およそ哲学なるものへの反発にも由来する。彼によれば、哲学的学説は意見（Meinung）にすぎず、対象との齟齬をはらまざるをえぬ代物である。ゲーテは、哲学以前の状態、すなわち自然との分離以前の状態へ戻ることによって、生き生きとした生命感を取り戻そうとするのである。したがって、あえてゲーテの反哲学をも哲学と名付けるならば、ゲーテの哲学とは「形成された哲学者とその学説を、それが精神の営みであっても、形成と変形に従う自然の現象のように、一つの精神的全体からの発展として条件付け、組織化する」「一つの全体の立場」[56]に立つものである。ディルタイが共感したのは、シェリングの哲学的有機体論ではなく、ゲーテの形態学の方であった。

ところで有機体論は、アリストテレスがポリスと市民との関係を説明する原理として用いたように[57]、そもそも政治的な含意をもつ概念であった。全体としての身体から切り離された手や足が活動できないように、全体から切断された部分は、部分として存立しえない。部分は全体の中ではじめて部分たりうるのであって、存在根拠という点において全体は部分より先なるものである。ギリシア的有機体説は、アリストテレス哲学が十三世紀のヨーロッパにおいて復興されてから、中世の政治社会思想の主流となっていった。このアリストテレス以来の国家と有機体との類比は、ホッブズの「社会物理学」によって攻撃されながらも、ドイツにおいては長らく伝統的政治学のなかに保存され、十八世紀末のロマン主義によって新たに活性化された[58]。十九世紀における全と個との科学論的対立が政治論的対立に結びつくのは、こうした背景があるからである。

従来ロマン主義的な「国家の有機体的概念」は、啓蒙の「国家の機械論的概念」への攻撃を意味するものとして、したがってまた反動的・反革命的な観念として扱われてきた[59]。たしかに、社会契約説の機械論的国家観は解放的であり、国家有機体説は保守的であるという傾向を語ることはできるかもしれない。しかし、それはあくまでも傾向である。機械論的国家観が家父長制的な国家の保守的議論として用いられることもあったし、逆に初期ロマン主義の有機体的メタファーを用いた国家論が国家否定論としてのラディカルな意味を担っていたということも指摘できるからである[60]。個と全体との調和というモチーフにおいてゲーテ的形態学に共感を寄せ、歴史学派と実証主義の双方を批判するディルタイ学問論の政治的意味は、こうした事情を踏まえて究明されなければならないと思われる。

そこであらためて十九世紀のドイツ思想を理解するために、機械論と全体論との関係をパターン化して整理しておきたい。

近代の機械論的自然科学は本来宗教的世界観のなかの一サブシステムとしての自然の説明原理として登場した。機械論的自然観が理神論などと結びついてこのサブシステムの説明としての地位にとどまる限り、宗教的世界観は近代的機械論を受容しうる。しかし、フランス啓蒙思想のなかの唯物論のように、機械論的自然観がサブシステムとしての地位から独立し、自らを全体システムの原理とみなすようになると、それは明確に宗教的世界観と対立するにいたる。さらに、機械論的自然観が優位を占めるようになると、意味供給の全体論的体系が傷つけられ、そこに生じる意味的真空状態を満たそうとしてさまざまな全体的世界観[61]が登場するにいたる。意味供給的な全体論が機械論的な自然科学の排除に傾くという逆向きの運動が支配的になることも理論的には考えられるが、十九世紀のヨーロッパでそのようなことをなしえたのは一八六九・七〇年のヴァチカン公会議で「教皇無謬説」を採用したカトリック教会のみであったろう[62]。実際に多くみられたのは、近代的機械論・経験主義・実証主義の拡大浸透に対する全体論的な反動であるが、この反動は決してドイツだけにみられたものではない。次のウィリーの文章は十九世紀初頭のイギリスについて述べたものである。「この時期は新精神が漂いはじめ、霊的な欲求とか見えざる現実とかが存在するのだという意識が活発化してくる時代であった。これは直前の世代の宗教・倫理・政治・美学の教説には見られないものであった。前代の乾いた表層的な合理主義によっては到底充たされない、いっそう豊かで深い満足をもたらすはずの、人間経験の全域についての一つの解釈を、この新精神は求めていた」(傍点引用者)[63]。

　先にもふれたように、従来この「新精神」のもつ政治性は、ナチズムにつながる思想的萌芽として危険視され、忌避されてきた。しかし筆者は、ドイツ思想研究者アン・ハリントンの次の言葉に基本的に賛成する。「あらゆる全体論的・生命主義的・目的論的自然観を、ロマン主義からヘーゲル、ニーチェ、ヒットラーへの堕落にまっすぐ通じる一本道、大きな〝理性の破壊〟の一部であると想像すること、これに抵抗することが重要である。そのような［全体論を理性の破壊の一環と見ようという］主張や誘惑は……一般にモダニティの歴史的葛藤に対しても、またその葛藤に対する反動・評価としての反機械論的……代替的科学思考に対しても公正ではない。たとえば、D・ポイケルトは、ワイマール文化の研究書の中で、ドイツ知識人のあいだにあった近代の帰結についての不安の印象がどれ程見られるのかを強調しているが、それは風変わりな〝アンチ・モダニスト〟……だけでなく、われわれがモダニストの群のなかにはっきり位置づけるであろう知識人の文書のなかにも見えるのである」(傍点引用者)[64]。

　ウィリーの文章に述べられたような知識人を支配してきた不安感・危機意識がもっとも先鋭な形で唱えられたの

は、ワイマール時代のドイツであろう。ポイケルトの言うように、この時代には近代主義者・反近代主義者を問わずそうだったのであり、この不安に対して、さまざまな有機体論や全体論の言説が生み出されたのである。注意すべきは、このことが決してドイツ固有の現象ではなかったということ、[65] また今なお頻繁にみられるものだということである。[66] 筆者は、近代的不安と全体論的慰撫というこの事実が、近代という時代を読むための一つの重要な観点を提供していると考える。[67]

ディルタイの思想は、この不安に対する思想であった。一方でディルタイは、歴史学派につながり、啓蒙思想の浅薄と言われる合理主義を批判し、生き生きとした生の哲学を唱えることによって、次代の思想家に反合理主義への切符を用意した。他方で彼は、啓蒙思想の系譜を受け継ぎ、形而上学を廃止して経験に基づく因果法則的認識の獲得を通した歴史的世界の漸進的改革に期待した。ディルタイの精神科学論は、歴史学派的なものと啓蒙思想的なものとの特異な綜合という形をなしていたのである。問題は、そうした綜合がいかなる論理によって実現していたのか、また、保守とも革新とも捉えかねるその実践の論理がいかなるものであったのかである。

註

(1) この考察において、大いに参考としたのは、Schnädelbach, 1983. である。
(2) Ebd., 18ff.
(3) Hegel, 1830, Werke 8, 370. (214)
(4) Hegel, 1821, Werke 7, 24.
(5) Schnädelbach, 1983, 19.

(6) Hegel, 1830, Werke 8, 59f. (14)

(7) Schnädelbach, 1983, 21.

(8) Scheerer, Psychologie, in: HWP, Bd. 7.

(9) ボークス、一九九〇年、一二二頁。なおこれはH・ヘルムホルツの言葉である。

(10) Schnädelbach, 1983, 126.

(11) 以下の生理学者、心理学者に関する記述は主として、シュルツ、一九八六年、リーヒー、一九八六年、ボークス、一九九〇年、リード、二〇〇〇年による。

(12) リード、二〇〇〇年、一三八頁。

(13) 前掲書、一三九頁。

(14) Hermann von Helmholtz, Die Lehre von den Tonempfindungen als physiologische Grundlage für die Theorie der Musik 1863, 1865 (2. Aufl.); ders., Handbuch der physiologische Optik, 1867.

(15) リーヒー、前掲書、二五〇頁。

(16) 増永洋三、一九八四年、i頁。

(17) 北明子、一九九七年、二二二〜三頁。

(18) 前掲書、二三八頁。

(19) Röde, 1996, Bd. II, 329.

(20) Ebd., 334.

(21) Ebd., 422.

(22) ブレンターノは、一時カトリックの司祭にまでなるが、やがて教会から離脱した。この経歴は、ディルタイが神学試験を受け牧師になるが、その職を辞めるという経歴に似ている。両者はまたトレンデレンブルクに学び、心理学の基礎づけという作業に従事し、哲学史、倫理学、美学、宗教、認識論の各方面について研究したという点でも似ている。

(23) 歴史学における実証主義という場合、自然科学の方法を歴史学に応用するバックルの立場などを指すことが多い。この場合、バックルを批判するドロイゼンやディルタイなどドイツ歴史学の正統派の流れは、実証主義に対抗する歴史主義として位置づけられる(例えば、岸田達也、一九七六年)。しかし、歴史的相対主義としての歴史主義を精神科学的実証主義とよぶシュネーデルバッハの用語法もある(シュネーデルバッハ、一九九四年、二四頁)。このように歴史をめぐる実証主義は多様であることに留意されたい。

(24) Wittkau, 1992, 26f.

(25) リューゼン「ドロイゼン」(ヴェーラー編『ドイツの歴史家』第一巻) 一三九～四〇頁。

(26) リューゼン「ブルクハルト」(ヴェーラー編『ドイツの歴史家』第二巻) 三四頁。

(27) Vgl. Hardtwig, Jacob Burckhardt. Trieb und Geist—die neue Konzeption von Kultur, in: Hammerstein (hrsg.), 1988.

(28) 以下のランケ論は主として、Vierhaus, Ranke und die Anfänge der deutschen Geschichtswissenschaft, in: Faulenbach (hrsg.), 1974. および、ベルディング「ランケ」(ヴェーラー編『ドイツの歴史家』第一巻) による。

(29) Ranke, Geschichte der romanischen und germanischen Völker von 1494 bis 1514, Leipzig, 1824, in: Sämtliche Werke, 33/34, VII.

(30) Ranke, Englische Geschichte vornehmlich um 17. und 18. Jahrhundert, 1859-68, in: Sämtliche Werke, 15, 103.

(31) ランケ『世界史概観』(鈴木成高、相原信作訳) 岩波文庫、一九七二年 [Über die Epocher der neuern Geschichte, Leipzig 1888.] 三九～四〇頁。

(32) ランケ、前掲書、三七頁。

(33) ベルディング「ランケ」(ヴェーラー編『ドイツの歴史家』第一巻) 七六頁。

(34) Schnädelbach, Über historische Aufklärung, in: ders., 1987. および、シュネーデルバッハ、一九九四年、三三頁。

(35) イッガース、一九九六年、二五頁。

(36) モルトマン、一九六八年、二七一頁。

(37) 十八世紀の啓蒙思想のなかにみられた実証主義が批判的・革命的なものであったのに対し、十九世紀の社会学的実証主義が保守的な性格をもつのも、フランス革命の経験が影響している。十八世紀の批判的実証主義が、わずかな例外を除いて個人主義的アトミズムをとるのに対して、アトミズムへの解体を経験した革命後の保守的理論家は、伝統的な生活様式・有機的社会の紐帯の価値を強調し、革命を批判したのである。この有機的社会の紐帯という観点のもとで、バークや、ボナール、ド・メストルなどの保守主義者と、サン・シモン、フーリエなどの「空想的社会主義者」、ならびに実証主義者コントは一括して論じることができる。保守主義者が伝統的諸制度を積極的に評価するのは、それが権威の問題に対する正当なる答えであるとみなされていたからであるが、サン・シモンはまさにそれを新たに組織化しようと試みたのであるし、コントはそれを実証主義のみが達成できるものと考えたのである。もっとも、保守主義者が古い科学観に基づいていたのに対し、実証主義者は新しい自然科学的方法を採用する点において、両者は異なっている（スウィンジウッド、一九八八年、四二〜四五頁を参照）。

(38) science sociale という言葉を用いたのはコンドルセである。これが英訳され、the social sciences という複数の表現となった。Cf. McDonald, 1993, 187.

(39) 宇賀博、一九七六年、および一九九五年。

(40) Saint-Simon, Mémoire sur la science de l'homme, 1813. ただしこの書物は一八五八年に公刊されるまで弟子たち以外の人に知られることはなかった。

(41) Kon, 1968, 4.

(42) モルトマン、一九六八年、二七一頁。

(43) リーヒー、二二〇頁、および四八三頁以下。

(44) ツヴァイク、一九七三年、一七頁。

(45) 西村稔、一九八七年、二六九頁。

(46) ただし、マッハの位置は微妙である。彼は物心二元論を否定するという点においてジェームズ、ベルクソン等に通じる位置を占め、次に論じる全体論の系譜に属すゲシュタルト心理学にも影響を与えるが、その一方で、B・F・スキナーの行動主義にも影響を与えている。リーヒー、前掲書、二一〇頁を参照。

(47) Goerdt, Holismus, in: HWP, Bd. 3.

(48) ジェイ、一九九三年、四三頁以下。

(49) 以下の記述は主として、Sheerer, Organismus, in: HWP, Bd. 6、河本英夫、一九九〇年、長島隆、一九八九年による。

(50) Schelling, Von der Weltseele, eine Hypothese der höheren Physik zur Erzählung des allgemeinen Organismus. 1798, Schriften von 1794–1798 (ND 1975) 554.

(51) フーフ、一九八四年。

(52) 河本英夫「ロマン的医師たち」（『ドイツロマン派論考』（大澤慶子訳）国書刊行会）一九八七年 [R. Huch, Gesammelte Werke, Bd. 6, Köln 1969.] を参照。

(53) Goethes Werke, Weimar 1887–1919 (Repring), IV Abt. Bd. 13, 77.

(54) 高橋義人、一九八八年、一六八頁。

(55) Piepmeier, Morphologie, in: HWP, Bd. 6.

(56) 土橋寶、一九九六年、四六頁

(57) アリストテレス『政治学』(山本光雄訳) 岩波文庫、三五~三六頁 [Politica, I, 2, 1253a20-29.]

(58) ジェイ、一九九三年、四六頁。

(59) Aris, 1936, 290.

(60) Beiser, 1992, 236f.

(61) その一例はレイシズムである。最初に政治的人種主義を唱えたのはドイツ人ではなく、イギリスのディズレイリ (B. Disraeli, Coningsby, 1844) であり、またフランスのゴビノー (J. A. de Gobineau, Essai sur l'Inégalité des Races Humaines, 1853-1855.) であった。イギリス人チェンバレンがドイツで汎ゲルマン主義と反ユダヤ主義とを結合して人種主義を唱えたのは十九世紀末のことであった (H. S. Chamberlain, Die Grundlegung des 19. Jahrhunderts, 1899)。人種主義の登場の早かったのは先進国の英仏であったが、英仏よりも後進国ドイツにおいて人種主義が大きく浸透した。このことは本文の主旨に矛盾しない(アーレント、一九七二年、の第二章も参照のこと)。英独の比較に限定されるが、十九世紀のイギリス社会の方が明らかに当時のドイツ社会よりも宗教色が濃く、神学の拘束力が強かった(野田宣雄、一九八八年、特にその第一章)。それだけ既成の宗教的全体論的な意味供給がイギリスの方が豊かで、ドイツの方が貧しかったのであり、この貧しさの分だけ、人種主義のような全体的世界観の侵入の余地があったと考えられる。

(62) もちろん、カトリック教会の中にもロアジー (A. F. Loisy, 1857-1940) などの「近代主義」は存在した。

(63) ウィリー、一九八五年、二頁。また、ウィリーが引用しているJ・S・ミルの言葉にも注意。「〈ドイツ的-コウルリッジ的〉教説は、十八世紀哲学に対する人間的精神の反逆を表している。それが存在論的であるのは、他方が経験論的であったからであり、保守的であるのは他方が革新的であったからであり、宗教的であるのは他方が多分に不信仰に陥っていたからであり、具体的かつ歴史的であるのは他方が抽象的、形而上学的であったからであり、詩的であるのは他方が即物的で散文的であったからである。」(J. S. Mill, Dissertations and Discussions, 1867, Vol. 1, 403.)

(64) Harrington, 1996, xxi. なおハリントンが挙げているポイケルトの著作は、Peukert, 1987. ハリントンが批判するのは、次のような従来の代表的な研究である。Lukács, 1955, Stern, 1961, Mosse, 1961, Viereck, 1965, Sontheimer, 1968.

(65) 「自己保存に捉えられた原子的個人の契約による国家」という社会契約説に対する「精神的個人主義と共同体主義」の

思想をドイツ・イデオロギーとよんでドイツ特有の現象と見ることは、あくまで限定的になされるべきである。たしかにそのような観点によって、十九世紀末から今世紀はじめにかけてのドイツ知識人の西欧に対する発言の多くを理解することができるようになる(Dumont, 1994, 20.)。しかし、それをドイツ的なものと規定することは、それこそドイツの知識人が陥ったイデオロギーに巻き込まれることでしかない。重要なことは、そのようなドイツ的なもののイデオロギーが産出される状況や条件を解明することであり、またそうしたイデオロギーが支配的であったなかで、どれほど現実にふれる議論が産み出されていたのかを考察することなのである。

(66) 例えば、中村雄二郎は、近代科学が無視してきたものは「一つの〈生命現象〉そのものであり、もう一つは対象との〈関係の相互性〉あるいは相手との交流である」とし、それによって「有機的なまとまりをもった宇宙」つまり〈コスモロジーの原理〉と「事物の多様性」としての〈シンボリズム〉、および「身体性」を備えた行為としての〈パフォーマンス〉が失われてきたとする(中村雄二郎『臨床の知とは何か』岩波新書、一九九二年、五頁)。

(67) 拙稿、一九九三年を参照されたい。

第一章　宗教的啓蒙と歴史の科学
――初期ディルタイの思想的課題(一八五二～六三)――

現在一般に手に入れられるディルタイの一次資料のなかでもっとも初期のものは、一八五二年の日付の付いた日記である(JD, 1ff.)。この年、ディルタイはギムナジウムを卒業してハイデルベルク大学に進学した。法学を学びたい気持ちをもちながら(JD, 303)、代々牧師であった家庭の意向にそって神学部に進んだ青年が抱いていた第一の思想は、永遠なるものの幻想性であった。「われわれは死すべきものの中に不死なるものをみ、現世的なもののなかに超俗的なものをみ、われわれはまちがいを犯し、空想し夢をみ、それ故にまた高貴なる魂はみな夢から目覚めて、自分が夢の空想の遊びによって近くに寄せたとみるものへと自らを引き上げることを、熱心で確固とした、覚醒した行動の中で求めるだろう。偉大で、深い魂の持ち主はみな、愛するものであるが、しかし愛のなかに永遠の充足を見出すものはないのである」(JD, 1)。愛を幻想の中に位置づけながら、しかし愛の理想をこの世で実現しようとする魂に偉大さを認めるこの人物は、そのままでは矛盾と葛藤に圧倒されるほかないであろう。しかし、この人物には矛盾を超克するもう一つの思想があった。それは、世界の統一、多様のなかの統一という思想である。それを彼は音楽のたとえで語る。「リズム、ハーモニー、そしてメロディー、つまり音楽全体は、その形式的な法則に従った、多様性における統一の表現である」(JD, 1, Vgl. XVIII, 202)。

多様のなかの統一の喪失・世界の分裂が世界苦(Weltschmerz)をもたらす。この分裂を推進する歴史の勢力は、十八世紀と十九世紀初頭の個人主義である。「十八世紀と十九世紀初頭は、個人主義の時代として、徹底的に病理学的な文学を生み出さなければならなかった。その中で、人類の普遍的な生(Leben)、つまり理想を実現しようとする個人主義の努力は、時代がまだ成熟していないがために、理想を生活(Leben)のなかで概念化する努力でしかないが、それは、痛みを伴う死の病となった」(JD, 2)。病理学的文学としての啓蒙的文献は、問題の所在を明らかにはできても、その解決を示すことはできない。この痛みから逃れようとするために、諸個人の一体性への憧憬が生じるが、それには、ほぼ国民的な区切りに合致した二つの方向があらわれた。若き思想家が挙げるのは、フィヒテ的な哲学体系の道と経験論哲学の道である。しかし、それらのいずれにも彼は満足しない。彼をひきつけるのは、むしろ「理想を生活と和解させることに成功した」詩人、すなわちゲーテである(JD, 5)。「彼は、精神の運命とも言うべきものを有し、永遠の理想を生のなかに探究した。たとえ全き芸術家としてではなくとも、全き人間として」(JD, 5 傍点引用者)。ゲーテの生活史は、精神が理想のなかに調和を求める努力を表しており、彼の詩は、哲学が長年の努力のあとでようやく概念において把握するもの――「生と理想の一致、永遠の同一性、歴史の生における世界理性の実現」――をすでに予感において獲得している。

この詩的汎神論の思想が、若きディルタイの感受性を規定していた。しかし、彼が学ばねばならないのは、伝統の重荷によって硬直した神学であった。

第一節　ディルタイの宗教意識

一　キリスト教史研究と神学批判

ディルタイの学的経歴の出発点を「神学から哲学へ」と規定することは、いくつかの留保をともなって許されることである。一つは、神学からの転換が、彼の宗教的志向の消滅を意味するのではないということ、もう一つは、哲学への転換が、歴史的研究と一体のものであるということである。(1)

たしかにディルタイは、伝統的な正統主義キリスト教への信仰は有しておらず、キリスト教神学を捨てねばならない内的必然性を抱え込んでいた。彼にとって、正統主義キリスト教の知的形態である神学は特別な真理を有するものではなく、そこにあるのは他の宗教者においても存在する「一般的で永遠の真理」だけである (JD, 36 [1856])。キリスト教の独占的な正しさを、彼は認めてはいなかった。しかし、それはキリスト教のなかにある真理を否定するということではない。彼は、独自の宗教意識によってキリスト教的真理の更新を果たそうとするのである。(2)

一八六〇年以前の断片のなかに記されている「高慢な教義学者」に対する批判は、「真のキリスト教」についての言明を伴って、次のように記されている。「真のキリスト教の本質的な要素は、諦念 (Resignation) である。高慢な教義学者はこれをないがしろにした。彼らは、その空虚で不条理な形式によってあらゆる謎を解こうと願っているのだ。またうぬぼれた教会人。彼らはその共同体のなかで、あたかもあらゆる方面においてもはや疑うことのできない完全なる生の入り口に立っているかのように振る舞っている」(XVIII, 208)。

世界と生の「謎」に対する謙虚なる「諦念」こそ、「真のキリスト教」である。しかし当時のキリスト教神学、なかんずく教義学の学的態度は、それとは異なっていた。それらは、世界の謎を、たとえば彼岸世界を持ち出すことによって解消してしまう。「彼岸や超感覚的知識に対する性急さ、これはわたしには全く厭わしい」(JD. 152. [1861])。[3] 今やこうしたキリスト教神学は全く人間生活から切り離され、倫理的行為を指し示す規範性を喪失し、「学校神学」と化している (Laienbriefe über einige Weltliche Schriften 1. Weltliche und theologische Literatur, 1862, XI, 59)。ディルタイの神学批判の矛先は、その実践的生活の指導能力の欠如に向けられている。のちに述べるように、これは倫理学や教育学における批判でも一貫する。ディルタイの精神科学の構想は、この欠如をいかに克服するかという課題に対する答えなのでもあった。

「学校神学」に対してディルタイは、自己の進むべき「諦念」を本質とする真のキリスト教的精神による神学の方向性を次のように述べる。「キリスト教は体系 (System) ではなく、宗教的生の実在性 (Realität) であり、教義学は絶対的な真理の発見ではなく、こうした宗教的な生の記述である」(XVIII, 60)。シュライエルマッハーの『宗教講話』の影響の濃い宗教理解に、チュービンゲン学派の歴史研究の態度を加えたディルタイは、従来の教義学を否定し、新しい宗教的実在の歴史的記述を土台にして「新しい体系的神学(組織神学)の構造が基礎づけられねばならないだろう」(XVIII, 60) と述べる。宗教的直観と歴史研究というこの両者を媒介して、新たな体系を構想するというこの学問の方向性を、彼は「新たな理性批判」(JD, 80) とよぶ。

このことは、研究構想という形をとって具体的に述べられている。ディルタイがハイデルベルク大学からベルリン大学へ転学した一八五三年、最初の研究計画としたのは、一八七〇年のW・シェーラー宛の手紙によれば「教会史と教義史を西欧のキリスト教的世界観の歴史研究に結びつける」(JD, 281) ことであった。このような構想は、キリスト教とギリシア思想との綜合というモチーフ（JD, 41［1857］）によって導かれた。しかし、一八五九年の日記には、キリスト教会の成立に関する歴史研究のほかにシュライエルマッハーの解釈学に関する研究が課題として挙げられるにいたる（JD, 84, 95）。そして一八六〇年には「西欧のキリスト教世界観の歴史」と「体系と体系学との発生の歴史的（心理学的）理解からの哲学的・宗教的（詩的）精神による批判的研究」という課題を挙げ、この圧倒的な量の研究対象に対して抱く恐れの感を述べながら、ディルタイはそれが「歴史的・哲学的世界観に基づいた、新たな純粋理性批判」（傍点引用者）という目標に結びつくものであると述べるのである（JD, 120, Vgl. 80）。

ディルタイが古代キリスト教の歴史研究からシュライエルマッハー研究へと幅を広げていったのには、外的事情があった。序でふれたように、彼はシュライエルマッハーの書簡の編者であるヨーナスの手伝いをしていたのだが、一八五九年にヨーナスが突然死去、その跡を継いでシュライエルマッハー書簡集の編集にたずさわることになったのである。しかし、そうした外的事情以上に重要なのは、シュライエルマッハーの宗教理解とディルタイのそれとの近さであり、また古代キリスト教研究から感じていた解釈という課題の困難さの自覚であると思われる。ディルタイは、自分が取り組む歴史対象との遠さを嘆息しつつ次のように述べている。「キリスト教を扱う歴史家が出会うのは、全くのところ、本当の［神々の秘密を漏らした罪で地獄の池につながれた］タンタロスの苦しみである。かつて事態をかくあらしめていたあらゆる感情の動き、感情の状態、努力が研究者のなかに再び起こってくるほどまでに、その研究の対象によって捉えられ、またそれに親和性を感じられるなら、その者はなんと幸福なことか。［古代ギリシアとの一体感を感じとることのできた］ヴィンケルマンはなんと幸福なことであるか。しかし、わたしは［原始キリスト教という］この迂遠な素材から内的生を汲み取るために、無益な格闘をするばかりである。わたしが、いずれはかの時代の精神をわたしのうちにおいて生き生きとよみがえらすことができるかどうか、分からない」（JD,

152 [1861])。

宗教的生の実在性の記述をもくろむディルタイを思えば、この嘆息は絶望的な響きをもって聞こえる。ディルタイの古代キリスト教史の研究テーマはアレクサンドリア学派とグノーシス主義であったが (JD, 110 [1860])、いくつかの論文を残しながら、[4] 結局目を患って、多量の史料を処理しなければならないこの仕事を彼はあきらめざるをえなくなるのだが (JD, 180 [1863])、しかしこのような古代キリスト教研究を通して彼は、歴史的世界の理解の困難さとその解釈学的課題を自覚したように思われる。一八六〇年以前の断篇には「他者の感情の状態を追体験する (nachfühlen) ことは、まったくのところ、可能なことではない。しかし、われわれは他者の表象を再生する (reproduzieren) ことはできる」(XVIII, 209) と、一八五九年の日記にその再生の営みは「構成 (Konstruktion)」に対する「探究 (Untersuchung)」の道であると、記されている (JD, 87)。ここでの「構成」とは、フィヒテ、シェリング、ヘーゲルに見られるような、概念を通じて根本的なイデーを獲得しようとする方法であるのに対して「探究」とは、そのようなイデーへの到達をあきらめ、「長い人生の最後において、事物の深みへと通じる探究の多様な導管の穴を開くこと」に、「旅路の途中で死にゆくことに満足をする」道である (JD, 87)。

探究の旅路の途上で死にゆくことに満足しようという意気は、たしかに、ディルタイの生涯を貫く意志である。彼の困難をきわめる学的探究の過程を、われわれはハーマン論からたどっていこうと思う。

二　J・G・ハーマン論

歴史研究のなかから理性批判への関心を芽生えさせつつあったディルタイが、ハーマン論 (Johann Georg Hamann, 1858, XI) を執筆しているというのはきわめて興味深い。[5] ディルタイの最初のシュライエルマッハー論(一八五九年)に先行するこの論文は、ドイツ・ロマン派および啓蒙思想に対するディルタイの最初の思想史像を示す資料でもある。

ハーマン論におけるディルタイの主導的問題関心は、啓蒙の精神とキリスト教の精神との葛藤であり、またそれによってもたらされた「新たな宗教心」(XI, 1)の問題である。「宗教改革を生み出し、生のあらゆる諸関係を捉え変容せしむる全人的宗教的内面性をルターにおいて把握した民族は、他のどこよりも遅れてキリスト教の啓示信仰を解体した」(XI, 1)。しかし、啓示信仰を解体し、悟性に適合した宗教理解を獲得したあとには、「宗教心の内面的活動性(die innere Lebendigkeit der Religiosität)」を主張する運動が周期的に起こってくるものである。理性の侵攻のあとには、内面的心情による反動が、いわば不可欠な付随物であるかのように絶えず生じてくる。ルターの精神をよみがえらせようとする敬虔主義がその例である。この理性と心情の作用・反作用の過程のなかでドイツ人は、啓示宗教としてのキリスト教から徐々に自己を引き離していった。こうして「市民社会と福音的キリスト教との新たな結びつき」、「新たな宗教心」(XI, 1)が生み出された。

理性の時代に対する批判としての内面的宗教は、一方では伝統的な教義学の概念から自らを切り離し、他方では「啓蒙された国家」(XI, 2)にも反対する。理性をもって社会を発展させようとする機械的機構としての国家に対し、新たな宗教性は、「生き生きとした生(Lebendigkeit)を実現する新たな文化という理想」へと向かう(XI, 2)。この「生き生きとした生」、「心情の活動性」は、合理主義とは異なって、「即自的かつ対自的に、生活の規則(Regel des Lebens)を伴っていない」(XI, 2)。生活の規則のかわりに用いられるのは、善や美の尺度ともなる「神に向かう生活という宗教的理想」(XI, 2)である。このような新たな宗教心につながる一群の人々――ヘルダー、ヤコービや若きゲーテ――の先駆者が、ディルタイによれば、ハーマンなのである。

ディルタイは、ハーマンの伝記に即しつつ彼の思想を紹介しているが、大きな論点は二つである。一つは、世界を起源とその寓意（Allegorie）の展開として解釈するハーマンの思考方式である。もう一つは、ヒュームおよびカントとハーマンの思想との関係である。

まず寓意的解釈について瞥見してみよう。ハーマンにとって宗教とは、ディルタイにとってと同様に、思弁的体系ではなく「事実性（Tatsächlichkeit）」(XI, 2) であった。それは抽象的思考の彼岸に起源をもっており、その価値と妥当性は抽象的思考の支配に服するものではない。抽象的思考とは、言語や歴史などの具体的なものから切り離された抽象的な真理を想定し、たとえば言語を、そのような抽象的真理を表現するための記号とみなす思考のことである。しかし、ハーマンにとって宗教とは、そのような抽象的なものではなく、言語・歴史・自然と不可分の、事実性そのものなのである。[6] したがって宗教的な真理は、聖書のみならず、自然や歴史、世界万象そのものと結びつけられ、解釈されなければならない。この、世界万象をいわば神の言葉として解釈するハーマンの思考方式を、ディルタイは「寓意的解釈（allegorische Interpretation）」(XI, 12) とよぶ。[7] 注目すべきは、ディルタイがこの思考方式に含まれる「循環（Zirkel）」(XI, 12) に注意を促している点である。この思考方式は、万象の中に神的理念を見出すものであるが、それがまさに神的理念と言えるためには、その思考がすでに神的理念を知っていなければならない。しかし神的理念は万象のなかにしか見出されないのである。

ディルタイはこのような循環を、ハーマン思想の弱みではなく、悟性的認識に対抗して感性的認識を強調するハーマン思想の強みとみる。悟性的認識は、言語的なもの(たとえば聖書)と、その意味する理念的なものを区別し、前者を通して後者へと近づいていく普遍的認識を思い描いているが、それは夢にすぎない。なぜなら、理念的なものは言語的なものと切り離して存在することはできない、つまり事実性そのものだからである。ハーマンにおいては、言語的なものは文書に限られず、自然や歴史も神の言葉として捉えられた。したがって、神的理念を探究する道は、現実離れした理念的空想、形而上学的神学にはなく、むしろ世界の諸物の連関の探究に求められる。こうしてハーマンは、「起源的なもの、直接的なものを歴史的に理解するための道を切り開いた」(XI, 2傍点引用者)[8]のである。「彼がこの根源的で全き人間の生をみるのは、一定の歴史的状況においてである。オリエントに、聖書に、彼にとっては根源的でもっとも真実な詩があり、唯一まことの宗教があった」(XI, 29)。

以上の観点は、人間理解にも反映する。神的理念が自然と歴史の中に寓意的に表現されているように、自然と歴史の中におかれた人間の本質もまた、人間と諸事物との関係の中に表現されている。ところで世界に存在するさまざまな諸物の連関の総体を結びつけるものは神であり、人間もまたさまざまな諸事物という媒介物を通じて神と連関している。こうして人間をも含む万物は神との連関のもとにあり、神もまた万象との連関において自己を保持しているのである。当時グノーシス主義を研究していたディルタイは、このようなハーマンの思想を「流出論(Emanationslehre)」とよんでいる(XI, 13)。

神との関係がこのように捉えられた人間の課題とは、この神との結合を生きた形で感じることである(XI, 13)。ハーマン思想の中心は、こうした神と人間との結合を予感させる宗教、言語、詩の発生の現場、その根源的な場面における人間把握である。このために、そのような神と人間との結合を損なう抽象的合理主義的な思弁は、ハーマンの攻撃の標的となる。そこでわれわれは第二の問題点、ヒュームとカントとの関係に移ろう。

しばしばロマン主義の源流とみなされるハーマンの思想は、実はヒュームとの密接な関係をもっている。ディルタイによればヒュームは、論理的演繹や不可謬の直観によって真理を保証するのではなく、信こそ知識の基盤であるとした(XI, 19)。これを受けてハーマンは、感覚的なものの知識の基盤である「信(Glaube)」を非感覚的なものについての「信仰(Glaube)」へと拡張した。ヒュームが外界に関する知識の基盤について語った「信」から懐疑主義を導いたのに対して、ハーマンは「信仰」を基盤にして「宗教的生の自律性のみならず、哲学の宗教への編入、つまり神秘主義的思考」を導いたのである(XI, 19)。このようにしてハーマンの神秘主義的思考は、経験論から、啓蒙思想批判、抽象的合理主義批判の道具を、別の論者の言葉を借りれば「兵器」(9)を手に入れた。なぜなら、一切の認識の基盤に信があるならば、啓蒙主義的な自律的理性などというものは幻想にほかならないからである。それどころかハーマンにすれば、それはたんなる幻想ではなく、信仰的な次元をないがしろにするがゆえに、危険な幻想である。神の言葉としての自然と歴史という「形象のなかにこそ、人間の認識と幸福の宝のすべてがある。これを把握することは、抽象的な悟性にはできることでなく、自己の力の根源的全体性を身につけた者のみができるのである」(XI, 28)。こうしてハーマンは啓蒙思想、なかんずくカントを、その理性の不毛性ゆえに批判するのである。

しかしきわめて興味深いことは、ディルタイが、ハーマンによるカント批判よりも、むしろハーマンとカントとの類似点に注目していることである。まず第一に、カントもハーマンも、ヒュームとの関係において独自の思考の足場を築いたという点が指摘される。ヒュームはカントを独断のまどろみから目覚めさせて、超越論という立脚点へと進め、ハーマンを従来の神秘主義から解放し、新しい神秘思想へと進めたのである(XI, 17f.)。「一人［カント］はもはやものの本質ではなく思考の本質それ自体を捉え、もう一人［ハーマン］はもはや神の本質ではなく宗教的生の本質を捉えた」(XI, 18)。つまり、両者ともヒュームを通じて、彼方を思考するのではなく此方を思考するように転換させられたのである。カントの超越論哲学を、啓蒙の哲学とよぶならば、ハーマンの新しい神秘主義は啓蒙された神秘主義ということができよう。

第二の点は、二人の「心理学」である。ディルタイによれば、「人間の精神にねらいを定めた両者の探究において、彼らは無邪気にも古き心理学を利用した。こうして二人は誤った図式化に陥った」(XI, 18)。「古き心理学」とは、感情と悟性とを純粋に分離する心理学のことであり、ディルタイによれば、この心理学を基盤として一方は理性に、他方は感情に依拠するがために、両者とも十分な歴史的研究を切り開くことができなかったのである。感情を重視した啓蒙思想家ルソーも「一つの自然状態を案出して、ホッテントットやスパルタ人やラドローヌ諸島住民にまつわる寓話をそこに書き込んだ」が、それは「自然の名のもとにせいぜいディドロ程度のことしか考えていなかった」(XI, 28f.) ものとされ、歴史的世界の把握に役立たないとみなされている。感情を評価するというだけでは歴史を把握することはできない。感情を含めた人間の心的全体を歴史の解明と結びつけるための方法が必要なのだ、というのである。ディルタイの「心理学」とはこの方法のことなのである。

共感と批判とが混じりあったこのハーマン論は、当時のディルタイの思想的関心を浮き彫りにしている。まずは、啓蒙を経過したあとの宗教的学問への関心である。「啓蒙された国家という機械に対抗する」(XI, 2) ものとしての啓蒙された神秘主義は、宗教的生そのものの基盤としての心情 (**Gemüt**) に復帰しようとする。ここから、宗教に関する学問は、理性の限界内の宗教哲学でも、いわんや正統神学の教義学とも異なって、心情を基盤とする学問として再出発しなければならないことになる。これが「古き心理学」に対する新しい心理学の課題である。

ディルタイの次の関心は、ハーマンが宗教を事実性として捉えたことに対するものである。この事実性には、解釈の循環性という問題がともなった。この問題は、周知の通り、ハイデッガーへと通じる解釈学的問題であるが、ディルタイがすでに最初期からそうした問題に関心を示していたことは、覚えておいてよいことだろう。ディルタイの解釈学はしばしば事実性の解釈学にいたらなかったことが批判されるが[10]、われわれはむしろ、早くから事実性の解釈学に気づいていたディルタイが、あえてそこへ進まなかったことを考えるべきなのだと思われる。ディルタイのハーマン論にみられ此岸的生の心理学、事実性の解釈学は、しかしハーマンのような寓意的解釈に満足することはできなかった。そこには、自然をはじめとする現実的なものに対する冷めた感覚が働いていたからである。

三　自然学と自然科学
——ゲーテとディルタイ——

オルトも指摘しているように、ディルタイはキリスト教史研究に従事しているさなかに、まったく異なる学問への関心をも示していた。それらを列挙すれば、統計学、心理学、人類学(人間学)、政治学、地理学、自然学などである。(11) ハーマンに魅力を感じるディルタイの精神は、事実を記述することを旨とするこれらの学問、つまり記述的学問 (beschreibende Wissenschaften) に対しても強い関心を示した。若きディルタイもまた、当時の反形而上学・経験重視の思潮のなかで、思弁的な体系を忌み嫌い、現実そのものを欲したのである。「人間は大地のうちに生き、絶えず大地から問いへと駆り立てられるのであり、決して超越者のうちに生きることはない。超越者のうちに生きるように見える場合でも、人間にとって超越者はたしかにいつもこの世に顕現しているのである」(JD, 152f. [1861])。

ディルタイの現実に対する関心はこの「大地」に由来するものであり、それはとりわけ自然に、しかも近代自然科学のみならず、ギリシア以来の自然学の系譜にもつながるのである。初期の評論のいくつかには、アリストテレス的自然観に関するディルタイの言明が残されているが、この点に関しては、ベルリン大学での彼の哲学の恩師トレンデレンブルクがヘーゲルを批判してアリストテレス主義の復興を唱えた人物であったことが想起される。ギリシアは決して過去の遺物ではなかったのである。

さて、ディルタイは自然について次のように述べている。「自然への愛は、ドイツ民族（Volk）の性格のなかにある根本的な特質である」（1862, XVI, 345）。このようなドイツ人の自然愛を科学的な自然研究へと高めた人物が、「ドイツの自然科学の定礎者」（XVI, 345）、アルベルトゥス・マグヌス（Albertus Magnus, ?～1280）である。ディルタイは彼を、アリストテレス、アレクサンダー・フォン・フンボルト（A. von Humboldt, 1769～1859）と並べ、彼らはそれぞれの時代の相違のためにそれぞれの課題を違った形で理解していたが、「内奥の努力と意欲において、決して倦むことなき活動において、彼らの自然愛において、等しい」（XVI, 345）と述べる。トマスの師であるアルベルトゥス・マグヌスは、神の認識は、一つは「心情（Gemüt）」によって聖書から、もう一つは「悟性（Verstand）」によって自然から可能である（XVI, 347）とし、悟性による自然認識を信仰の範囲内で認めたが、自然学の分野に関しては、教父よりアリストテレスを好み、アリストテレスから「自然の一体性」という根本思想を受け継いで、「世界を遺漏なき神的全体として記述しようとした」（XVI, 347）と指摘される。

このギリシア的自然学に関わる記述は、「フェスター教授の講演」を一般向けに紹介したケプラー論（Johannes Kepler und die Harmonie der Sphären, XVI, 1862）にもみられる。フェスター教授の講演の内容は、「ケプラーの法則がギリシア哲学のなかで形成された思弁的な前提にいかに依存するものか」を説明するものであった（XVI, 348）。コペルニクスやニュートンなどの天文学者の学問的な意義は比較的明瞭であるが、「ケプラーの名前を聞くと、不明瞭で不毛な普遍理論と、いっそう難しくはあるが納得することのできる正確な発見が思い出され」（XVI, 348）、この二側面をどのように理解することができるのか、というのが問題であった。ケプラーのこの二側面をある英国の科学史家は「不明瞭で不毛な普遍理論」という雑草を刈っていたら「正確な発見」という花を家に持ち帰ることのできた草刈り人夫にたとえたが、ディルタイによればそれは真実ではない。「英国人には、ドイツ精神(der deutsche Geist)は分からなかった。ドイツ精神においては、媒介なき共存(unvermitteltes Nebeneinander)は存在し得ないのである。まさに花そのものから実が生じたのだ。ケプラーのイデアリスムスから彼の法則の厳格さが生まれたのだ」(XVI, 349)。ケプラーにおける草と花との結びつきを偶然とする見方に対して、ディルタイはそのあいだに媒介・結合をみ、草と花以上にその関係が明瞭である花と実のたとえでケプラーの理論を説明する。ケプラーの思想の花は、その不明瞭な普遍理論、つまり彼のイデアリスムスであり、その「最奥の内容は、空間のハーモニー、万象のハーモニー」(XVI, 349)である。そこから、ケプラーの惑星の運動に関する法則という実が生み出された、とディルタイは紹介するのである。

自然の一体性、万象のハーモニーというギリシア人の経験に由来する自然観を、ディルタイがドイツ的なものとよぶのは、こうした経験の最高の表現がゲーテであったからである。アルベルトゥス・マグヌス論とケプラー論の前年に、ディルタイはR・フィルヒョウの講演に対して『自然探究者としてのゲーテ』という文章を書いている(XVI, 1861)。この中でディルタイは、詩人(Dichter)としてのゲーテが、イタリア旅行のなかで自然探究者(Naturforscher)にかわり、その自然の直観をメタモルフォーゼ(変態)とティプス(原型)によって説明する理論を完成させたことを紹介している。ディルタイは、ゲーテにおける自然の直観と詩的直観との結びつきを強調し、それらのなかでは「現実的なもの(das Reale)と理想的なもの(das Ideale)との一体性」(XVI, 336)が保たれているとし、これがゲーテ形態学のイデーであると紹介している。

こうした形態学的イデーに対するディルタイ自身の共感は、有名な『体験と創作』(初版一九〇五)に収められたゲーテ論においてさらに明らかとなる。この論文は、そもそも一八七八年にラツァルスの編集する『民族心理学言語雑誌』に発表されたものだが、再版(一九一〇)において大幅に改稿された。したがって、現在手に入れることのできる『体験と創作』には、七八年当初の思想が見られないわけであるが、しかし初期におけるゲーテ評価がどのような方向へ発展するのかを確認する資料とはなるのである。[12]

ディルタイは、ゲーテの詩的想像力の秘密が自然の直観にあることを明かして次のように述べる。「詩的想像力はゲーテに自然と芸術の秘密を解き明かした。彼の利害を離れた自然観が芸術的創造と同類のものだったように、その対象たる自然も彼にとっては、彼自身のなかに働いていた想像の力の体験の中に開かれた。自然は、彼の目には、規則に適い目的に即して作用する力として、すなわちメタモルフォーゼ、向上、原型的形式の構成、全体の調和のなかにあらわれる力として、映った。それゆえ芸術は彼から言えば、自然のかような働きの最高の発現でなければならなかった」(ED, 138)[13]。現実的なものと理想的なものとが一体となった原型と、そのメタモルフォーゼによる現実の記述、これが初期と同様後期においても形態学の核心であるとされる。このゲーテの形態学的イデーは、自然のみならず、歴史的作品にも応用された。「ゲーテにとって歴史的に観るということは、実は生に関する思索を過去のなかにまで延長すること、人間およびその状態の普遍の形式を把握すること、最後に、生そのものを全く普遍的に解釈することである」(ED, 164)[14]。このような歴史観の基礎には、ゲーテの独特の経験があった。「現実を知覚し体験し理解することがいついかなる場合にも、彼[ゲーテ]の経験 (Verfahren) の基礎であった。そこを支配していたのは直観する態度 (das anschauende Verhalten) であり、それは全体の部分に対する関係において進行する。それは、学問においては対象的な思惟 (gegenständliches Denken) としてあらわれ、ポエジーにおいては、現実をそれに内在する法則に従って高めることとしてあらわれる」(ED, 171)[15]。しかしそれは歴史としては、十分に展開されなかったとディルタイはみる。「個々の存在およびその発展の絶えず繰り返される形式を捕捉することが彼［ゲーテ］の精神をすっかり支配しているので、人類とその進歩や固有価値としての国家およびその権力などは、彼には空疎な抽象であり、幻影であると思われた」(ED, 164) がゆえに、歴史の全体的連関についてゲーテは無頓着であったとディルタイは考えるのである。ただし、その直観的な方法も「伝記的な表現にかけては最高の能力をもたずにはいなかった」(ED, 164) のであり、その最高の事例として『詩と真実』が挙げられるのである。

こうしてディルタイは、とりわけ伝記に活用されうるゲーテの芸術家的歴史観を高く評価するが、歴史の全体的連関に眼が閉ざされている点については次のように述べるのである。「歴史的対象は、それを含んでいる全体の中からのみ理解される。それの因果的な関係およびそれの意義は、歴史家が普遍史的連関をいつも頭に入れていることを要求する。歴史家は対象をそれ自身独立せるひとつの世界として自分からある距離に移し、それに対して偏見のない態度をとるようにつとめなければならない。かくしてはじめて、歴史のあらゆる部分を貫流している歴史的な動向が、歴史家の眼にはっきりと見えてくる」(ED, 163)。しかし「このように歴史的世界を観察者から引き離すことに対して、ゲーテは歴史的対象に対する人間の自然な関係に固執する」(ED, 163 f.)。自然な関係とは「歴史的対象のなかに自分の生活経験のすべてを無造作に投げ入れ、それを現在の対象にする」(ED, 164) というものであるが、これがために進歩に対するゲーテの歴史眼は曇らされる。ディルタイによれば「精神の進歩がどこかに指摘されうるものとすれば、それは自然の認識にあるわけだが、ゲーテの『色彩論の歴史』はその歴史の歩みの中に「……昇ったり降ったり、進んだり退いたりすること」しかみていない」。ゲーテには「自然認識の進歩の段階を決定する必然性を見る眼はまるでな」く、「同じことは時事に関する叙述においても」(ED, 164)[16] 当てはまるというのである。

要するにディルタイは、近代の科学の成果が問題とされる地点においてゲーテから距離を取り始めるのである。「自然における内面と外面も、事象と事象の意義との分離も、自然と精神の区別も、存しない」と見るゲーテにおいては、「一つの全体として部分のなかに生き抜く自然の働きは、全体の部分に対する関係のなかに進行する直観的思惟の手続きと一体である」(ED, 174)[17]から、対象的把握は対象との一体性を意味するものとなる。それは「有機的自然科学(die organische Naturwissenschaft)においてはきわめて生産的で独創的であるが、数学的自然科学は全く手の届かぬ縁のなきもの」(ED, 174)となってしまう。これがためにゲーテは「機械的自然科学(die mechanische Naturwissenschaft)を憎み、これと戦い、しかもその止めがたい進歩を抑え得なかった」(ED, 174)[18]。このことは中期の『序説』にもみられる批判点であるが(I, 372)、ディルタイはこれをゲーテの歴史的宿命とみて、それを超え出ようとする。その際彼は、ゲーテの色彩論の物理学的な部分は支持し得ないとしながら、それがヨハネス・ミュラーの「生理学的光学創始の出発点」となったことに注意を促している(ED, 174)[19]。ここに、ディルタイの方向性が示されている。彼の進む道は、近代自然科学とゲーテ的自然学のあいだにあるのである。

以上、主として晩年の『体験と創作』第二版に基づきながらディルタイのゲーテへの関心をたどってきたが、ここでは、ディルタイの現実感覚に含まれるゲーテ的性格の行き着く先を確認しておきたかったのである。地上的な現実に向き合うディルタイはゲーテの直観的認識を高く評価しながら、他方で近代科学による認識の成果を投げ捨てるということはない。ゲーテ的な形態学的理念と、近代自然科学の思想、そして、すでにハーマン論で指摘した事実性の解釈学の思想的端緒、これらが、相互にかかわり合いつつ、明確に体系化されないままにディルタイのなかで雑居状態をなしていたのである。

第二節　ディルタイの歴史観

ゲーテ的な汎神論によって正統的キリスト教に距離をおき、超越的なものではなく地上的な現実へと向き合うディルタイは、一なる自然に対するゲーテの直観的把握に学びながら、同時に彼を批判して学問としての歴史に不可欠な二つの点を指摘していた。一つは、全体的な連関のもとに歴史事象を観ること、もう一つは、歴史的事象に対して距離をとることである。こうした歴史思想の萌芽は、しかし初期の段階からみられるのである。

一　バックル批判
――実証的歴史学批判と歴史における真理――

英仏の実証主義者のうちで、おそらく一番最初にディルタイが批判の対象としてとりあげたのは、バックルである（Englische Geschichte, 1861, XVI, Geschichte und Wissenschaft, 1862, XVI）。一八六一年の批評は、バックルの『英国文明史』[20]ドイツ語翻訳の第一巻に対する書評であり、翌年のものは、第二巻を加えた書評である。

ディルタイはこの書評の前にすでに別所において、自己の歴史に関する思想を次のように表明していた。「ある時代を支配しその時代に特定の刻印を残した理念と所与との、外的ならびに内的な連関の認識は、歴史研究の第一の目的である。しかしながら歴史は倫理的にも作用しなければならない。というのは、歴史が目覚めさせる理念は、個人をしてその個別化からより大きな組織のなかの活動的な分肢へと引き上げ、組織立てられていない大衆を国民へと形成し、国家において統一せしめるからである。……歴史のなかで啓示される偉大な理念は、その担い手として歴史によって見出される偉大な人格のなかで直観されるときにこそ、その倫理を直接に精錬し高める力を持っていることを示すであろう。偉人の行動から子どもは、人間を認識するための基礎となる純粋で清新な感激を生み出すのである」(Zur Biographie des Freiherrn vom Stein, 1860, XVI, 91 傍点引用者)。

ここでディルタイは、歴史研究の二側面を指摘している。一つは歴史の事実連関の究明という側面であり、ランケ譲りの歴史の客観主義である。しかし、この事実連関は現在から切り離されたものとしてあるのではなく、現在との内的連関のうちにある。これが歴史の倫理的教育的、ひいては国民的作用の側面である。特にここでは歴史的偉人についてふれられているが、このような人物本位で精神的なものを強調する歴史観はドイツ史学の特徴でもある。しかしそこには、師トレンデレンブルク譲りの独特の共同体主義とでも言うべきものがあったように思われる。一八六〇年にディルタイはトレンデレンブルクの『倫理的基礎の上に立つ自然法[21]』に対する書評で次のような思想を紹介している。法を倫理から解放して命令の諸体系として理解しようとする考えの困難さが自覚されるようになってくるにつれ、法を倫理という地盤の上に位置づける試みがなされるようになってきた。その試みの一つがトレンデレンブルクのものである。トレンデレンブルクは、法とその権威を倫理的目的との関係から導こうとする一方で、倫理を有機的な世界観のなかでのみ可能なものであるとした(XVI, 383)。倫理の原則は現実から切り離された世界にあるなにものかではなく、「即自的な人間存在すなわち人間という理念の深さと歴史的発展の豊かさとのなかにある人間存在そのもの」(XVI, 384)だというのである。「個々人は、客観的な人間すなわち歴史的国家の組織に関して、そしてついには歴史のなかで発展する人類の実体に関して一員となる限りにおいて、歴史的存在なのである[22]」。アリストテレス研究者トレンデレンブルクは、「人間はポリス的動物である」という言葉のポリスを歴史的共同社会へと読み替えることによって人間を歴史的共同体のなかで倫理性を身につけたものとして捉えている。

この点は、後にふれるように、ディルタイにも共通するのであり、こうした人間観が先の歴史観の一つの起源となっているように思われる。

しかしながら、歴史学派的な歴史観や、トレンデレンブルク譲りのある種の共同体主義を指摘するだけでは足りない。ディルタイの特質は、このような伝統史学の影響のなかにありながら、「精神科学における実証主義の受容」[23]に大きく関わっていたことにある。前項で述べたように、科学的実証主義への理解ある態度を伴ったディルタイは、歴史的実証主義の意義を基本的には認めるのである。ただし彼は、実証主義の精神世界への適用の仕方については厳しい注文を付けた。その典型的な表現が彼のバックル批評なのである。

ディルタイによれば「人間の行為を物語ること、またその物語を聞くことは、人間精神に固有の要求」(XVI, 100)であり、このような物語としての歴史の働きは、芸術や科学によっては満たすことのできないものである。ところが、バックルが批判するのは、まさにディルタイのこの歴史なのである。ディルタイによれば、バックルの主張は、歴史のなかの法則性を探究し、それによって将来についての予測を可能とすること、つまり歴史の自然科学化である(XVI, 101)。その主張の根底にある歴史思想は、歴史を支配するのは原因と結果の必然性の法則であり、神の摂理や偶然ではないということである。「われわれはこの根本思想を、抽象的にみればたしかに正しいと思うが、しかしこれは、歴史記述の素材である個別性において歴史を記述するためにはわずかな実りしかもたらさない」(XVI, 101)。たしかにディルタイは、社会的歴史的世界のなかを作動する法則を認め(Wilhelm Scheler, 1886, XI, 237)、形而上学的問題を拒否して歴史研究のための経験的な土台を探究した。しかし彼は、歴史的必然性という一般的思想によっては個別的な歴史を物語ることはできないということを強調するのである。

自然的事象と歴史的事象との分割は、第一に、歴史の領域においては自然の領域におけるよりも偶然の占める領域が大きいこと、第二に、自然的事象が繰り返し検証できる事柄であるのに対して歴史的事象は二度と繰り返すことのない一回限りの事柄であり、またその過程は自然のようには観察することのできない人間の内面的過程であること(XVI, 103)が関わっている。ディルタイがバックルを批判するのも、バックルがこの点を無視したためであった。例えば、バックルの「大衆」に関する仮説は、ディルタイによれば「個人、つまり地上で力ある者の行為を観察から排除し、大衆の行為において表現される社会の状態を唯一の歴史研究の対象とする」ものであるが、これは「かつて学者が打ち立てたもののうちでもっとも救いようのない仮説」である(XVI, 103)。なぜならば、ロンドンにおける自殺者がほぼ毎年平均して二四〇名になること、婚姻数と穀物価格に一定の関係が認められることなど、そこで究明される事柄は結局「ある特定の社会状態ではある一定数の犯罪が発生し、ある一定数の人間が自殺を図り、ある一定数の婚姻が結ばれるに違いない」(XVI, 104)という結論を引き出すだけでしかないからである。そこでは規則的なことが究明されるのとは対照的に、歴史における偶然的なこと、一回限りのことは無視され、無意味化される。しかし「精神の領域において比較的どうでもよい」(XVI, 104)のは、むしろ規則的に繰り返されるものの方なのである。

とはいえ、ディルタイはバックルの試みのすべてを無意味とみなしたのではない。社会科学的認識が広がることのもたらす可能性にディルタイは期待していた。しかしそのような認識は、歴史とならんで存在するものであって、歴史にとってかわるようなものではないと彼は考えているのである。では、バックル的な社会科学的認識と異なる歴史の領域に固有な真理とは何であろうか。ディルタイにとってそれは、歴史という全体の因果連関と個別的な出来事の関連である。「バックルが説明しているように、ロンドンで自殺者の数が冬よりも夏に多くなるということは、繰り返されるかもしれない規則性にもかかわらず、真理ではないのである。なぜなら、われわれは他の重要な事実とそれとを因果関係のなかに関連づけることはできないからである」(XVI, 105)。われわれは、ディルタイの言う歴史の真理を意味と言い換えることができよう。意味こそ全体と部分の関係だからである。冒頭で引用した、歴史を物語るということの価値は、全体と部分・共同体と個人の関係を明らかにすることが物語においてはじめて可能となることにその根拠を置いているのである。この点で文学的な歴史の作者として傑出した人物、マコーリ(Thomas B. Macaulay, 1800–59)に対するディルタイの批評(Zur Charakteristik Macaulays, 1860, XVI)は彼の歴史の物語思想の一面を照らし出している。ディルタイによれば、歴史を科学化しようとするバックルとは反対に、マコーリは史料を用いて過去のイメージを形成するにあたって想像力(Phantasie)を最大限に発揮した歴史家である(XVI, 5)。そもそも歴史記述に完全なるものは存在し得ないが、その不完全さをいかなる方法・関心によって補うかによって歴史家のタイプは分かれる。「読者にとっての重要性を自由に判断することによってあらゆる特徴を組み立てる」「批判的収集家(der kritische Sammler)」、「出来事の材料から概して原因となるものだけをとりあげる」「実用家(Pragmatiker)」、「政治的倫理的な根本命題を解明することに向かう」「実践家(Praktiker)」、「歴史の全体概念から出来事の本質と現象を区別し、後者(現象)を本質の抜け殻として捨て置く」「哲学的な歴史家」である(XVI, 15)。この分類によれば、バックルは哲学的な歴史家として批判されるだろう。これに対しマコーリは、上述の分類のいずれにも属さず、「まず第一に全体の作用を生み出す真理の一部がわれわれの目の前で上演される」ことを「最善の歴史的作品」とみなす「芸術家(Künstler)」である。ディルタイは、マコーリの想像力豊かな歴史記述を尊重しつつも、その叙述の一面性、歴史的連関を捉える力の弱い点を指摘し(XVI, 23)、歴史家の範疇の外の芸術家とするのである。

ならばディルタイにとって理想的な歴史家とは、マコーリのように想像力豊かであって、しかも的確に歴史的連関を捉える能力ある人物といえよう。おそらくその理想に近かった人物がライバルのブルクハルトである。

二　ブルクハルト批判
――歴史を成り立たせる連関――

ディルタイによれば、歴史の物語は因果的連関(der kausale Zusammenhang)という参照枠のなかに諸個人をおさめなければ成り立たない。ところがブルクハルトの歴史記述は、あまり妥当性のない普遍的な概念や一般的な状況に集中するために、事件の時間的因果構造を解体する傾向がある、とディルタイは指摘する(Die Kultur der Renaissanse in Italien, Ein Versuch von Jacob Burckhardt, 1862, XI, 72, 73)。一般的にブルクハルトの歴史学は、概念を通じた抽象ではなく直観による象徴を通して歴史を描くといわれ、『イタリア・ルネサンスの文化』は、時間的な順序や歴史的な発展にそった叙述を排除し、イタリア・ルネサンスというこの時代を一つの全体として象徴的に描こうとしたと評される[25]。ディルタイが把握するブルクハルト歴史学の特質は、現在でも指摘されていることと大きな違いはない。ただし、ディルタイがブルクハルトの一般概念に対して批判を加えているという点については補足が必要だろう。

例えばディルタイが指摘するのは、近代人としてのベンヴェヌート・チェリーニ(Benvenut Cellini)についての次のようなブルクハルトの記述である。「この人(ベンヴェヌート)は、すべてをなしえ、またすべてをあえてなし、自分の尺度を自分のなかにもつ人間である。好むと好まざるとにかかわらず、このような人物のなかに近代人を識別するための原型が生きている」(XI, 75)[26]。ディルタイによれば、このような人間像の記述は、ギリシアのソフィストや、中世の領主をも表現してしまうのであり、したがってこの近代人の概念は、近代的個人を描くどころか、かえって歴史的差異を解消し、歴史の構造を解体してしまいかねない (XI, 72)。たしかにディルタイは、ブルクハルトをして「現象の一般概念への還元と断続的に現れる一般概念への不信の間で揺れ動いている」(XI, 73) とし、一般的概念に逃げ込むばかりであるとはみていないのであるが、しかし「ヘーゲルでさえ、ブルクハルトがいくつかの段落でやった以上の恣意的な一般概念によるお遊びはほとんどすることがなかったであろう」(XI, 75) と辛辣な言葉を書き付けてもいるのである。

歴史哲学をあれほど嫌ったブルクハルトの歴史を批判するのに、その概念の一般性を取り出すというのは、ブルクハルト批評として正しいことだろうか。この点に関してコメントする能力を筆者は欠いているが、ここでわれわれが問題にしなければならないのは、ブルクハルトではなく、このような批評をしたディルタイの意図がどこにあったのかを精確に理解することである。上の「近代人」の例を取り上げるならば、ディルタイにとって歴史記述において重要なことは、歴史的個性をその特質にふさわしく表現し(つまりソフィストと近代人は区別されなければならない)、それぞれの個性がいかに歴史的に組み合わされているのかを描くこと(歴史的連関を把握すること)である。つまり、歴史的個別性を表現する概念と歴史の全体を貫く因果的連関との結合こそ、ディルタイが求めたものであると思われる。ただしこのことは、出来合いの因果的連関に事象を当てはめるということではなく、事象そのものと向かい合うなかで見出されることなのである (Vgl. Friedrich Christoph Schlosser, 1862, XI, 161)。

すでに前項において記したように、概念と連関の結合は、歴史の意味の問題に関わる。歴史の意味は、現代へとつながる歴史的全体と、ただ一回限りの歴史的出来事との関係から生じる。バックルは、この因果的連関を規則性という名の法則に還元したがために、歴史における意味を見失った。ブルクハルトのイタリア・ルネサンスの記述は、想像力に満ちて生き生きとしたイメージを描くことに成功したが、歴史の全体における因果的連関の記述に欠けるために、歴史的な意味が見通しにくいものとなっている。これが、ディルタイの批評の要点であると同時に、この当時の彼の歴史観の核心であると思われるのだが、ブルクハルト論ではなおこの点は明瞭な表現に欠けている。この点はシュロッサー論を通してより鮮明となるであろう。

三　シュロッサー批判
——個体性の原理と普遍史の葛藤——

フリードリッヒ・クリストフ・シュロッサー（Friedrich C. Schlosser, 1776-1861）は、カントの影響を受けた自由主義者であり、一八一七年よりハイデルベルク大学の歴史学教授を務めた人物である。一八四三年から五七年にかけて出版された彼の『ドイツ人のための世界史（Weltgeschichte für das deutsche Volk）』全十九巻（さらに一九〇一年から四年にかけて二十巻が出版された）はひろく普及し、ドイツ市民層の歴史像の形成に大きな役割を果したが、すでに生前から忘れられはじめていたという(27)。このシュロッサーの亡くなった翌年に彼の業績の跡をとどめるべく執筆されたのが、ディルタイのシュロッサー論（Friedrich Christoph Schlosser, 1862, XI）である。

歴史家シュロッサーの特質としてディルタイが挙げるのは、その精神性の豊かさである。シュロッサーの歴史叙述にみられるのは「生に対する開かれた深い視野、歴史の研究、倫理的調和を抽象的概念のなかではなく心情に満ちた全体のなかに見ようとする直観的精神の求め」（XI, 125）であり、「文書の精神抜きの再生（eine geistlose Reproduktion der Schriften）」（XI, 126）ではなく「文書を書いた者の思想が精神の中で結合する内的形式の再生」（XI, 127）である。シュロッサーは、ヴォルテールやギボンなどの「物質主義的歴史記述（die materialistische Geschichtsschreibung）」の気質に対立し、シュライエルマッハーやフィヒテと同じ精神に満たされ（XI, 125）、「道徳的個人主義（der moralische Individualismus）」（XI, 131）の立場に立つ歴史家とされる。

シュロッサーのもう一つの特質は、この道徳的個人主義と結びつくドイツ自由主義、すなわちドイツ的啓蒙思想から生じる。シュロッサーは、歴史の捉え方においてヴォルテールと相違したが、政治的問題に関わるなかで歴史叙述が人間精神の陶冶のためであるというヴォルテールの思想をカントを通して持つにいたり、歴史家の最高の目的は「自民族の政治的ならびに倫理宗教的教育」（XI, 132）にあるとして、とくに「中産層」（XI, 139）の政治的判断能力の向上のために歴史を用いようとした。この歴史の啓蒙的役割への期待がシュロッサーの第二の特質である。

シュロッサーの思想を支えたのはカントである。ディルタイによれば、カントは崇高なる善意思の主体としての人間と経験的な人間との対立つまり理想と現実の二元論を、「個人としては完全には発展をみないが、類（Gattung）としてのみ発展する」という歴史論によって解決した（XI, 140）。この思想によって人間は「その道徳的課題を文化の継続の中でのみ達成する」「歴史的存在」（XI, 140）とみなされるようになった。歴史的存在としての人間の本質を解明する「哲学的歴史」は、「類としての人間の生それ自体を対象」（XI, 141）とし、歴史を「体系（システム）の連関（die Zusammenhang des Systems）」として考察する。かくて歴史は、たんなる個別的なものの寄せ集めではなく、また神的なものの実現でもなく、人間の視点から有意味とされる全体として把握されるにいたったのである。このような視点を獲得することによってカントは、歴史を「人類の意識的な開化（Kultivierung）」の行われる「実践」の舞台とし、この実践の世界において「人間の非社交的で制御不可能なエゴイズムを通して統一的な道徳的世界が生み出される」ことを「自然の意図（Naturabsicht）」（XI, 141）[28]であるとみなした。

シュロッサーは以上のカントの思想にしたがった（XI, 141）。それゆえ、カント的な二元論とその克服のための「自然の意図」なる神義論が彼の普遍史の構想を特徴づけることになる。十八・十九世紀の歴史家が概して歴史と政治を直接結びつけたのに対して、シュロッサーは歴史を直接に政治的な目標と結びつけず (XI, 144)、ツキディデス以来の政治史優位の伝統に対立して、普遍史を文化史として描こうとした。すなわちマキアヴェッリやギゾーらの政治的歴史家とは異なった「経験領域」に育ったシュロッサーは、「歴史の過程の中に自己のもっとも奥にある生を再発見」しようとする意思に導かれ (XI, 144)、人間の内面的な文化教養の発展史として普遍史を構想したのである (XI, 148)。その普遍史の課題は「人類の歴史の叙述を通したあらゆる経験の結果として、人類が絶えざる革命を繰り返して発展した」こと、すなわち「より完全なるものへと発展した」ことを示すことである (XI, 154)。「失われることのない道徳的政治的生活の進歩」(XI, 155) を歴史的に検証することによってカントの「自然の意図」を確認することがその課題なのであった。

物質主義的な歴史記述を避け、人間の内面的道徳的力の発展をもって人間の歴史の進歩とみなすシュロッサーの啓蒙的進歩史観の原理は、この時期のドイツ自由主義の原理でもあった。その第一の原理は、政治的自由は厳格な道徳性のある時代にのみ発展することができるということであり、したがって国家は「機構 (Mechanismus)」からなるのではなく、倫理的な力を持つ個人からなるということである (XI, 156)。第二は、個人の自由を守る立憲君主制である (XI, 157f.)。シュロッサーが自由ということによって強調したのは個人が自己意識を保持できるということであるが、それは立憲君主制においてのみ可能であるとされる。こうしてシュロッサーは、国家の変革を支える自由なる個人と個人の自由を守る国家との相互関係を認めたうえで、個人の自己意識に優先権を置く道徳主義的自由主義の立場に立つのである。

以上のような自由の普遍史とそれに結びついた自由主義は、ディルタイによれば、意思や知性によってのみ世界を捉え想像力を過小に評価するために、歴史の因果関係をきわめて制限された範囲でしか考察することができないという欠点をもつ(XI, 162)。個人は意志的行為や知的手段を講じて道徳的倫理的自由をより多く獲得し、それによってより高い自己意識の発展を目指す、これがシュロッサー的普遍史が個人を評価する枠組みである。歴史的事象はすべてこの枠組みの中で原因や結果として整理され、説明されることになる。つまりそこでは「現象そのものを捉えること(Erfassung der Erscheinung selbst)」が不可能となるのである(XI, 150, 161)。

こうしたシュロッサーの限界をディルタイは、十九世紀の歴史的精神との比較から「個体性の原理(principium individui)」(XI, 152)に対する感覚の欠如として指摘している。たしかにシュロッサーは人間の道徳的内面性を強調するが、それは理性的次元にとどまるものであり、例えば宗教はその道徳的な次元でしか理解されていない。しかし、歴史的個体を動かすものは、無意識の力、深みに存在する情念の力である。「ホメロスなしでは、アレクサンダーは存在しなかった」(XI, 152)。ところが、シュロッサーのギリシア史の中には、神話や芸術についての考察が見られない(XI, 153)。これは、シュロッサーの歴史に道徳性という超越的な次元が導入され、ギリシアという個体性を動かす「内在的目的論(die immanente Teleologie)」(XI, 150, 153)が欠如しているためである。この内在的目的論とは、歴史的存在としての人間を歴史そのものから理解する方法とここでは理解しておこう。

シュロッサーの限界としてディルタイが挙げているもう一つの点は、彼が歴史の批判的考察方法を十分に利用しておらず、このため歴史叙述が主観的・恣意的となっていることである(XI, 146f.)。この点においてディルタイは、ブルクハルト批判において論じたように、歴史記述の客観性を要求していると思われる。しかしながら、そのディルタイは同時に「客観的な歴史記述」に反対し(XI, 144)、歴史的認識と行為とを結びつけたシュロッサーの啓蒙的試みの意義を認めてもいるのである。この一見したところ矛盾したディルタイの態度は何を意味するのだろうか。

おそらくディルタイが求めているのは、歴史的個体に対する感覚を保持しながら、しかもそれぞれをばらばらに取り扱うのではなく、連関を有する全体として取り扱うということである。シュロッサーの恣意性を批判したのは、それが特定の観点からの部分連関のみを取り上げ、現象の全体を捉えようとしないことに対する批判であり、それが批判されるのは、それでは歴史的認識と行為との結合が不可能となるからである。歴史のなかで行為する人間であるからこそ歴史の理解が可能なのであり、したがって歴史的連関を取り扱う視点は歴史内在的でなければならない。この批判を実行している見本として、ディルタイが論文の末尾で挙げているのが、ヴィーコとモンテスキューである (XI, 164)。ディルタイはここで彼らについて簡単にふれているだけであるが、個体性と全体的連関との双方に意を用いながら行われるべき歴史叙述の模範としてこの二人に共通しているとディルタイが考えたのはおそらく次の二点であり、そこに彼の歴史論の核心が現れている。

第一に、この二人はそろって「歴史的法則」(XI, 150) を追究する。もっともこれは、バックルとは異なる法則である。バックルの法則は、それによって歴史的事象を説明し、未来を予見するために使用可能な法則であるが、ディルタイがここで論じている法則は、理解の対象となるものである。一八六二年のこの段階において、ディルタイは明確に「説明と理解」という用語の区分を用いてはいないが、その萌芽はすでに「理解 (Verständnis)」(XI, 150)、「文書を書いた者の思想が精神の中で結合する内的形式の再生」(XI, 127) などの表現に現れている。

第二に、この「歴史法則の理解」こそ真の「歴史の哲学的把握」(XI, 150) である。もっともこれは、例えばヘーゲルの「歴史哲学」のようなものではない。後者は歴史的事象の経験に先立って哲学的構図が描かれ、そののちに経験される歴史的事象が当てはめられるものであるが、前者は歴史の哲学的構図抜きで、まずは歴史的事象そのものの把握が先行するのである。

以上がディルタイの歴史論の要点であると思われるが、しかしながら彼はこれをヴィーコやモンテスキューを論じるという形では発展させない。自然科学的真理とは異なる歴史的真実(バックル批判)を、歴史の連関として記述し(ブルクハルト批判)、歴史的個体への分析と普遍史的連関の構想との綜合を求める(シュロッサー批判)、このディルタイの歴史論の課題は別の学問的伝統との出合いによって導かれるのである。

四 ディルタイ解釈学の問題関心

周知のように、ディルタイ哲学は今日、解釈学的哲学の一つの起源とみなされているが、意外なことにディルタイ自身は解釈学的転回をはかったとされる後期においてさえも自分の試みを解釈学という言葉ではよんでいない。それどころか、ディルタイの著作で解釈学という言葉が使用されること自体きわめて少ない。ローディとマックリールはその理由として、ベックから文献学的解釈学を学んだディルタイには、解釈学(Hermeneutik)という言葉を精神科学の理解理論のために使用するのは狭すぎると思われたのではないかと推測している。(29) 現在では、精神科学というような誤解を含む表現よりも解釈学的科学という表現の方が好まれて使用されるようになっているが、ディルタイの時代はそうではなかったのである。いずれにせよディルタイは、解釈学に学びつつその歴史論を展開していったように思われる。ディルタイが解釈学にふれたのは実は初期のことであり、続く前期では理解論を展開し、いわゆる解釈学的な議論の地平をすでに切り開いているからである。

ディルタイの最初の解釈学的業績は、いわゆる受賞論文「初期プロテスタント解釈学との関連におけるシュライエルマッハーの解釈学の体系」(Das hermeneutische System Schleiermachers in der Auseinandersetzung mit der älteren protestantischen Hermeneutik, 1860, XIV) である。それによれば、いわゆる解釈学的学問 (die hermeneutische Wissenschaft) とよべるものは、プロテスタンティズムとともに始まった (XIV, 597)。使徒時代の遺産は、グノーシス主義との対決の結果、伝統的権威の保護のもとにおかれたが、聖職者と信徒との区別を打破した宗教改革によって、一般信徒に聖書解釈の可能性が提供されるにいたり、聖書解釈の自由が認められるようになった。この解釈者の複数化と解釈の自由化という事情のもとで、解釈のための学問が必要とされるにいたったのである。以下、ディルタイのシュライエルマッハー論に入る前に、その前提を概説書によりながら簡単に述べておこう[30]。

周知のように、プロテスタント神学における解釈学の特質は、ルターの聖書原理にあらわれている。ルターによれば、聖書はそれ自体において明確であるから、字義的な意味以外の意味をそこから取り出すことは不必要である。この考えにもとづいてルターは、字義的な意味の他にかくされた意味の解釈を目指す「寓意的解釈 (allegorische Auslegung)」と、またその解釈の正当性を保証する外部的権威である教会を否定した。ところが、ルターのこの考えは厳密な方法論的な反省が欠如していたため、実際には寓意的解釈は継続して行われたのである。こうしたなかで、解釈の方法を厳密に打ち立てようとしたのがルター派のフラキウス (Matthias Flacius Illycius, 1520–75) であった。

われわれは、ディルタイのフラキウス論においてもすでに解釈学的循環の問題があらわれるのを確認することができる (XIV, 602f.)。解釈学的循環とは、いうまでもなく、全体は部分から理解されねばならず、また部分は全体から理解されねばならないというものである。古代以来の寓意的解釈では、部分の寓意的解釈の妥当性は、テクストの外部から、場合によっては、コンテクストを無視して、教会の権威によって保証された。つまり、部分を解釈するための全体が、部分の解釈によらずに確保されていたから、解釈学的循環の問題は起こらなかった。これに対しプロテスタンティズムは、全体の真理の保証者としての教会を否定し、聖書原理を主張した。これにより、聖書全体の解釈は聖句それぞれの解釈に寄り掛かり、聖句の解釈は聖書全体の思想に照らされて行われることになった。これが、解釈学的循環の生じる背景である。

解釈学的循環を概念としてはじめて表現したといわれる、シュライエルマッハーの同時代人、アスト (G.A.F. Ast, 1776–1841) の解釈学は、この循環を解決するためにシェリングの哲学をモデルにし、解釈学的過程を次の三つの段階に分けた。[31] まず第一に、精神の一体性 (Einheit) の段階――「あらゆる精神的なものの一体性・同一性なしでは、また精神的なものの中にあるあらゆる事物の根源的な一体性なしでは、あらゆる理解は不可能であるように思われる」(XIV, 657)――、第二に、複数性の段階――先の一体としての精神が、時代や地域において相違をもって現れる――、第三に、一体性と複数性とが渾然一体となる全体性の段階である。このようにしてアストは、個別と全体との区別を解消し、個別を理解することにおいてすでに全体が与えられるとすることによって、解釈学的循環を解消しようとした。

ディルタイによれば、シュライエルマッハーはこのアストの解釈学を「霧がかった曖昧模糊としたもの」とよび、解釈の過程を分節化して、独自の解釈術を打ち立てたのである (XIV, 659)。「アストは、個々の作品をより高次の全体性としての世界史的段階に関係させる、これに対しシュライエルマッハーは、それを個性と言語に関係させる」(XIV, 700 傍点引用者)。つまりシュライエルマッハーは、個々の作品と普遍的精神との一体性によって解釈学的循環をとどめる方法を採るのではなく、個々の作品を心理的・文法的コンテクストから解釈する道、すなわち心理的解釈と文法的解釈を選ぶのである。文法的解釈とは、純粋に言語的な側面から対象を取り扱うものであり (XIV, 739ff.)、心理的解釈とは、表現行為を起こさせた生の契機のみならず、これらの言語使用が人間の生の更なる発展にいかに貢献するのかという問題を扱うものである (XIV, 775ff.)。この方法を採用することによってシュライエルマッハーは、解釈学的循環を不可避のものとして受けとめたのである。アストが循環を解消する道は、解釈者と解釈されるものとの精神の同一性・共通性に基づく理解の道であり、シュライエルマッハーが循環にとどまる道は、両者の差異を認める道である。

解釈学的循環の問題を深く自覚しつつ、その循環のなかにとどまることによって個別の意味の探究に向かったシュライエルマッハーの解釈学は、もう一つの重要な特質をもっていた。それは、文書のみならず、個々の発話や対話をも扱うということである（XIV, 693ff.）。これにより、シュライエルマッハーの解釈学は実践と関係を取り結び、解釈学的循環はそのなかで有意味に展開されるものとなったのである[32]。と同時に、このような日常生活の経験と解釈学が関係づけられることによって、解釈学はたんなる文献の解釈学から、一般的な生活経験の解釈学へと拡大する端緒をも得た。シュライエルマッハーが解釈学の歴史において重要な地位を占めるのは、このように絶対的な観念論に陥ることなくロマン主義の諸傾向を統合し、それを倫理や歴史の領域と連携させた点にあるのである。

以上の点は、ディルタイがシュライエルマッハーを評価する点である。しかしながら、彼はシュライエルマッハーの解釈学に批判をも加えている。ディルタイは、シュライエルマッハーの解釈学の哲学的基礎が無時間的・静態的な概念構造からなっていることを批判し、「歴史の過程にあらわれる多様な動機に訴えることによって文化を説明するあらゆる努力は、絶対的なものとその反定立のなかに基礎をおく説明の様式に道を開く」（XIV, 693）と述べている。シュライエルマッハーの歴史の説明原理が、絶対的なものの弁証法に傾いているというのである。マックリールとローディによれば、歴史を解釈するためにディルタイがよりふさわしい方法とみなしたのは、概念相互の弁証法的な関係ではなく、実際の歴史的個体と関係をもった解釈学、言い換えれば「概念の形成」ではなく「判断力の形成（Urteilsbildung）」（XIV, 692）を志向する解釈学である[33]。個々の場面においてそれぞれ独自の判断を下す歴史的個体からなる歴史は、判断する個体の理解を通してはじめて理解されるのである。

さて、以上の『受賞論文』からうかがえることは、われわれが前項まで論じてきた歴史における真理と実践の問題をすでにディルタイが解釈学の問題として思考していたということである。バックルの歴史論が許されないのは、それが個性的人間の特殊な判断というものを捨象するものだからである。歴史はむしろ、それを理解することによってはじめて理解できる。だから、歴史的世界を概念ではなく生きた人間からなる世界として描いているブルクハルトにディルタイは共感する。しかし、個性が一般的規定のなかで消失する場合には、彼を批判するし、シュロッサーに対しても、意志をもった歴史的個性の把握が単純すぎると批判するのである。

ディルタイは、右のマックリールの説明にもあるとおり、歴史的個体の判断形成の場面を通して、歴史的世界を理解する歴史の解釈学を提出しようとしている。ところで解釈学は、部分と全体との循環を、解釈を豊かにするために不可避のものと受けとめるものである。この関係がディルタイの歴史的個体の解釈学に当てはまるとすれば、歴史的個体は、歴史的全体、つまり普遍史のもとではじめて理解され、また普遍史は歴史的個体の認識によってはじめて豊かな相貌をみせるということになろう。しかしディルタイは、アストや、その哲学的土台を提供したシェリングの全体性の論理を、シュライエルマッハーとともに批判している。個体と普遍史との総合はいかに獲得されるのか。若きディルタイの探究はまだ始まったばかりである。

註

(1) ディルタイは大学での講義資格を得る以前の一八六一年に父宛の手紙で次のように記している。「お父さんがわたしと同じように、哲学的なものと歴史的なものとの結合のなかにわたしの存在とわたしの研究の核心があるということを感じとっていることは、わたしには大きな喜びです。わたしが抱いた最初の思想とここにいたる内的な動きとはギムナジウム時代に遡ることができます。神学はわたしにとってはいつもこれら二つのものを結びつける形式でしかありませんでした。年来わたしは、あたかも神学部ではなく哲学部に所属しているかのように勉学をしてきました」(JD, 166)。Vgl. Lessing, 1984, 35f.

(2) 一八九二年にディルタイはヨルク伯に宛てて、精神科学の自律性を自分が主張するのは、宗教的生を基礎づけるためにわれわれが向かうべき方向性を示し、宗教的モチーフ独自の妥当性を保証しようとするためであると書いている (BW, 139)。

(3) この時期のディルタイの宗教的気分を規定したのはショーペンハウアーであったと思われる。ディルタイの宗教思想的側面に光を当てたものとしては、齋藤智志「宗教的思索に対する生の哲学の寄与——ショーペンハウアーとディルタイ」『ディルタイ研究』第七号、一九九四年、が示唆的である。

(4) 全集におさめられているこの時期の論考は、Die Gonosis—Marcion und seine Schule, 1858, XV; Osterfest und Osterspiel, 1859, XVI. である。また、次のような神学事典の項目を執筆してもいる (XII, 209)。Artikel in Hrzogs Realencyklopëdie für protestant. Theologie und Kirche, 1. Auflage Bd. 8 (1857): Lapsi, Lerinum, Llorente, Loen, Lütkemann und der Streit um die Menschheit Christi im Tode; Bd. 9 (1858): Marcion, Gnostiker und seine Schule.

(5) ハーマン(一七三〇—一七八八)は、カントの円卓の友。独自の宗教的回心を経て、啓蒙主義に批判的となる。『ソクラテス回想録』(一七五九)、『文献学者の十字軍』(一七六二)などによって、ヘルダーなどロマン主義者に影響を与える。またカントの『純粋理性批判』に対する『理性の純粋主義へのメタ批判』(一七八四)を執筆している。川中子、一九九六年を参照。

(6) Vgl. D. Otto, Johann Georg Hamann, in: T. Borsche (hrsg.), 1996.

(7) 最近の研究によれば「寓意的解釈」というディルタイのハーマン解釈に対しては、一定の留保が必要である(川中子、一九九六年、七一頁以下参照)。

(8) このような歴史的研究への展開をもたらした点にロマン主義の意義を認めるディルタイの言明は、別の箇所では次のように記されている。「ロマン主義サークル、すなわちシェリング、シュレーゲル兄弟、ノヴァーリス、シュライエルマッハーらは、この歴史的科学の改造の担い手であった」(Carl Immanuel Nitsch, 1860, XI, 40)。ここで注目すべきは、ディルタイのいうロマン主義者の範囲である。五八年のハーマン論において問題となるのは、新たな宗教心であり、その担い手として、ハーマン、ヘルダー、ヤコービ、若きゲーテが挙げられている。それに対して六〇年のニッチ論では、歴史科学の改造の担い手としてのロマン主義者が取り上げられ、右に述べた人物が挙げられている。大ざっぱに整理すると、ロマン主義運動は新しい宗教心を告知することから始まり、そこから歴史的研究が深められていった、という図式なのである。そしてこのロマン主義の歴史研究の延長上に、いわゆる歴史学派が位置づけられる。

(9) バーリン、一九九六年、四六頁。

(10) 例えば、四日谷敬子、一九九四年、一七六頁以下。

(11) Orth (hrsg.), 1985, 8.

(12) ディルタイとゲーテの関係については次の論考を参照のこと。Landgrebe, 1928; F. Rodi, 1969; 高橋義人、一九八四年、一九九四年、土橋寶、一九八四年。

(13) ディルタイ『体験と創作』(柴田治三郎訳) 岩波文庫、上巻、二二九頁。

(14) 前掲邦訳書、上巻、二七一頁。

(15) 前掲邦訳書、上巻、二八三頁。

(16) 前掲邦訳書、上巻、二七〇頁。

(17) 前掲邦訳書、上巻、二八七頁以下。

(18) 前掲邦訳書、上巻、二八八頁。

(19) ここでミュラーの生理学的光学 (der physiologische Optik) とよばれているものは、特殊神経エネルギー説の特に視神経に関する議論を指すと思われる。Cf. Harrington, 1996, 45. ただしゲーテの色彩論を十九世紀の生理学的色彩論に近いものに分類することの問題点については、河本英夫、一九八四年、六五頁以下を参照。

(20) H. T. Buckle, Introduction to the History of Civilization in England, 1857.

(21) A. Trendelenburg, Naturrecht auf dem Grunde der Ethik, 1860.

(22) Ebd., 40f. なおディルタイの次の箇所 XVI, XVII も参照。

(23) Herrmann, Vorbericht des Herausgebers, in: XVI, XII.

(24) ディルタイはここでアレクサンダー大王の死を例にしている。その死をもたらす熱病のきっかけとなった水浴を、なぜそのとき、その場所でなしたのかということは、決して追究することのできない「偶然の領域」であるとディルタイは言う。

(25) 柴田治三郎「歴史家ブルクハルトの人と思想」(『ブルクハルト』(柴田治三郎訳) 中央公論社、世界の名著、第五六巻)。

(26) Jacob Burckhardt, Die Kultur der Renaissance in Italien, 1860, 1869 (2. Aufl.), in: Jacob Burckhardt Gesammelte Werke Bd.III, 227.

(27) Franz, Schlosser, in: K. Bosl u.a. (hrsg.), Biographisches Wörterbuch zur Deutschen Geschichte, München 1973–1975, Bd. III, 2512.

(28) カント「世界市民的意図における普遍史のための理念」(一七八四)(『カント全集第十三巻』(小倉志祥訳) 理想社、一九八八年) 一六頁。カントの「自然の意図」をヘーゲルの「理性の狡知」に似たものとして捉えるディルタイの解釈 (XI, 141) は、カントにおける理性観の発展の解釈として通例の一般の視点にそったものであると思われる。

(29) Rodi and Makkreel, Introduction, in: SW, vol. 4, 4.

(30) 以下の叙述は主として、Ferraris, 1996. および、麻生建、一九八五年、による。

(31) Rodi and Makkreel, Introduction, in: SW, vol. 4, 9.

(32) Ebd.

(33) Ebd., 10.

第二章　精神の学から道徳政治学へ

──前期ディルタイの人間研究の展開（一八六四〜七六）──

独自の詩的汎神論的な原体験を出発点とする歴史の解釈学──ディルタイが着手し始めた「歴史的理性批判」のプログラムは、検討されなければならない問題に取り囲まれていた。問題の核心は、ドイツ観念論にも引き継がれたゲーテ的な汎神論的現実感に、実証主義の時代に対応しうる論理的な言語を与え、それをもって、ゲーテやヘーゲルの曖昧さを克服し、精神的世界に関する科学にふさわしい普遍妥当性を確保することである。ここには、ディルタイが立ち向かわねばならない二つの思想があった。ひとつは、ゲーテ的な汎神論的現実感そのものを否定する経験主義・実証主義であり、もう一つは、科学的精神を否定しかねない思弁的哲学である。前者の代表が、コントやミルであり、後者の代表がシェリングやヘーゲルである。この二つの戦線におけるディルタイの議論を解明するためには、まずはディルタイの拠点となる「精神の学（Wissenschaften des Geistes）」（XX, 19）の構想をみる必要がある。

第一節　精神の学の構想

──精神科学の前期的形態──

博士号を獲得し、ベルリン大学の私講師として講義をしはじめたディルタイは、当初から精神の学についての体系的な試みをはじめた(Logik oder Theorie der wissenschaftlichen Erkenntnis, ihrer Formen und ihrer Methoden, 1864–68, XX)。もちろん、それらの論考は、完成された体裁のものではなく、講義案や草稿という形のものであり、まだ「精神科学(Geisteswissenschaften)」という用語さえ確定されてはいない。しかしディルタイはすでに、「外的経験(äußere Erfahrung)」と「内的経験(innere Erfahrung)」の区分に基づいた「自然科学」と「精神の科学」との二分法を提出し、後の課題に連なる問題を扱いはじめるのである。

一　『一八六五年綱要』と「厳密なる精神の学」の構想

この時期のディルタイの学問論の構想の枠組みを伝えるのが、いわゆる『一八六五年綱要』すなわち『哲学的学問の論理学と体系の綱要』(Grundriß der Logik und des Systems der philosophischen Wissenschaften, XX)である。この中でディルタイは、自己の哲学的探究の課題を明確に述べる。第一に、カントの認識論の根本問題──「いかなる手段によって、またいかなる限界内において、内的および外的知覚に現れる世界の認識は可能であるか」(XX, 19)──を、発達した実証科学、とりわけJ・S・ミルの『論理学の体系』(一八四〇)に即して検討すること、第二に、哲学を「精神の学」のなかの基礎的な学問と位置づけ、それを「学校の教科書的な分類から解放された精神の学が形成する個別研究との連関」(XX, 19) のもとにおくこと、第三に、哲学の究極的な対象である「自然の学と精神の学」とが合流する普遍的な「世界観 (Weltansicht)」、以上の三つである。この三つの課題のうち、前二者は、精神の学の認識の限界と、それを定める哲学の限界を追究する哲学の自省的認識論的課題であり、ディルタイの生涯を貫く中心テーマである。三番目のものは、ディルタイの学問を背後から支える形而上学的衝動に関わり、後期において世界観学という形で発展をみるテーマである。

このような哲学的な課題を追究するにあたって、ディルタイは従来の哲学的立場を三つに代表させ、それらとの関係から自己の課題を説明している。三つの立場とは、思考とその対象との一体性を前提とする教条主義 (Dogmatismus) と、ここから派生する懐疑主義、そしてカントの批判的超越論的哲学の立場である。

教条主義の代表としてディルタイが考えたものは、『一八六五年綱要』の前年の論理学講義 (Der Anfang des ersten Logik-Kollegs, XX, 1864) によれば、ヘーゲルの論理学である。「思考と存在との同一性の学説の動機から生み出されるヘーゲルの思考の系を、われわれはどのように評価するか」(XX, 7)。ディルタイは、それを研究の指導的な「格率」としては正しいと認めるが、しかし、これが学問の「原理」となってしまうことを批判する (XX, 7)。ディルタイは、ヘーゲルの絶対的論理学が、純粋な思考の展開と事象の本質の発展、つまり思考と存在を同一とする「同一哲学」であるとし (XX, 5)、その発展の論理である弁証法が、蒙昧な表象を啓蒙する思考の運動としては正当であることを認めつつ、しかし事象の運動の発展とそれとの同一性は、確証されざる前提にすぎないとする (XX, 14)。この点においてディルタイは、批判主義の立場、すなわち人間の認識能力の限界を見定める側に立ってヘーゲルを批判するのである。

存在と思考との同一性を説く教条主義に対して懐疑主義とは、それらの同一性は確証されないものとみる経験論の立場である。ディルタイは同一性への確信を研究の格率としなければならないと考えていたから、懐疑主義の立場も容認できるものではなかった。そしてディルタイは、ここでも批判哲学を対置するのである。批判主義は、存在と思考の原理的同一性もその蓋然的一致をも批判し、思考のおよぶ境界を確定し、それによって認識を基礎づける。この批判主義の精神をディルタイは最も高く評価するのである。

しかしディルタイは、批判主義すなわちカントを評価しつつも、カントにかわる「新たな理性批判」に取り組む意図をすでに表明していた (JD, 80 [1859], 120 [1860])。ディルタイによれば、精神の学は発達した実証科学に対応しうる新たな基礎づけを必要としているが、カントの純粋理性批判はその要請に十分に対応できていない。そこで、カントの精神を新しく発展をみた道徳科学の領域に適用することによって、「新たな理性批判」を展開することが必要なのである。ディルタイはすでにこの立場を、カントもハーマンもいずれも「古き心理学」の立場にあるために真に歴史的世界の探究を切り開くことができないとした初期ハーマン論の中で示唆していた (XI, 18)。私講師となったディルタイは、かつて表明した「古き心理学」に対する「新たな心理学」の試みを、道徳科学における認識論の試みとして遂行するのである。この心理学、認識論の試みは、中期に『精神科学序説』(一八八三) や『記述的分析的心理学』(一八九四) などの成果となって結実するが、『六五年綱要』ではまだ簡単な概要しか記されていない。しかし、それだけにディルタイ心理学の構想の核心を表現しているように思われる。

まず第一にディルタイは、「外的知覚 (äußere Wahrnehmung)」と「内的知覚 (innere Wahrnehmung)」の相違に基づいて外的世界と精神の世界とを区別する際に (XX, 25)、「外的知覚」で外的対象の働きを受け取る感覚を、「内的知覚」で心の内的働きを知覚する反省を意味しているように思われるが、これだけではディルタイが批判した「古き心理学」との違いが明瞭ではない。しかしながら第二にディルタイは、外的知覚と内的知覚の区別に基づいてその学問の分類論をたてる。この点において、ディルタイの「新たな心理学」の企図が明瞭に現れるのである。ディルタイは、外的知覚によって受け取られる外的世界についての科学を「自然科学」と、内的知覚によって受け取られる精神の世界の科学を――おそらくヘーゲルの「精神の学（Wissenschaft des Geistes）」[1]を意識しながら――「精神の学（Wissenschaften des Geistes）」とよぶ（XX, 25）。その上で彼は、「精神の学」の「一般的基礎学」として心理学と人間学を、精神の内容に関わる「精神の現実学（die realen Wissenschaften des Geistes）」として倫理学、法学および国家学、宗教哲学、美学を挙げる。ここで注意すべきは、哲学と歴史学の地位である。精神の学の基礎的な学問としての哲学は心理学および人間学の中に組み入れられる。つまり、哲学はその固有性を認められず、心理学化・人間学化されるのである。また歴史学は、「歴史的な所与の分析」（XX, 28）や「比較研究」（XX, 29）という点で精神の現実学の具体的な方法としての地位を占める。言い換えると、具体的歴史研究は、基礎学としての心理学の個別研究に位置づけられるのである。こうして、一般的基礎学としての心理学と精神の現実学としての個別的歴史研究との結合が構想されるのである。この点において、ディルタイはすでにこの時期から自然科学に匹敵しうる精神科学の構想をはじめていたと言うことができよう。「人間認識の基礎としての外的知覚と内的知覚――この基礎が認識の性格を規定する――自然科学の数学的基礎はその厳密な性格を特徴付ける――しかし自然科学は現象する事象の内的状態に進むことはできない――精神の学は内的状態を対象とする――しかしそれは数学が提供するような把握（Auffassung）の厳密な形式を欠いている」（XX, 21）。したがって、内的状態を対象とする精神の学に厳密な形式を与えることが課題となる。そのためにディルタイは、カントから学びつつ、カントが外的経験に与えた認識の普遍妥当性に劣らぬ厳密さを、内的経験による精神の学に与えようとする（Vgl. ca.1880, VIII, 174f.）。歴史的現実の解明のための基礎学としての地位を与えられる「新たな心理学」は、カントの純粋理性批判に欠如する歴史的現実の科学のための理性批判を遂行しようとするのである。

第三の特徴は、以上のディルタイの実証主義的な態度が、実践の精神と結びついているということである。ディルタイが「精神の学」の項目のもとで最後に論じているのは「精神の学の実践的使命（der praktische Beruf）」(XX, 31) である。ディルタイによれば、人間の理論的な課題としての「認識」は、徐々に人間の実践的な課題としての「発展」(XX, 31) に影響を及ぼすようになってきた。人間本性の「形成 (Bildung)」は「文化の主要な梃子」(XX, 31) であり、この人間の発展・形成は、法のもつ理想的な目標などによって、社会・法・国家のなかで条件づけられている。このような人間の共同体的理想形成の事業にたずさわるのが、「法学部の実践的な精神」である。この精神は、人間の発展に関わっているのであるから、単なる法学的知識からではなく「精神の学の全体から」導かれなければならない (XX, 31)。これに対して、成長する人間の「形成」にあたるのが教育学であり、「哲学部の実践的な精神」はここに代表される (XX, 32)。また、教育を終えた人間に対する働きとしては、ギリシアの美的教育や、近代の文化的国民における教会の倫理的宗教的教育があり、後者が「神学部の実践的精神」(XX, 32) の働く場であるとされる。

「精神の学」が個性の「発展」という動機を有していたことを確認することは重要である。「精神の学」は国家や社会をもその考察対象に含めるが、それらが問題になるのは人間の発展の諸条件としてなのであり、このために「精神の学」は、諸制度や共同体を個性発展という基準から批判する可能性を有していたともいえるのである。しかしこのことは、個性の神秘的形而上学的実体化を意味していない。「理念と必然的な結びつきをもつ弁証法としての歴史」を唱えたヘーゲル、「人間の状態の共存や(進歩の)連続の斉一性(法則)(Gleichförmigkeiten (Gesetz))[2]を発見する厳密科学としての歴史」を唱えたミルやバックル、そして「説明根拠を自らのうちに含む根本科学としての心理学に基づく歴史」を構想したラツァルスの民族心理学（Völkerpsychologie）[3]に対してディルタイは、「精神のあらゆる探究の連関が歴史の哲学のための実りある方法を可能にする」と述べ、具体的な探究の優先を主張し（XX, 31）、このような個別研究に基づいて普遍史・世界史を構想することが、「歴史哲学」[4]（XX, 30）の問題であると考えるのである。こうした視点からディルタイは、中期には「民族魂」や「民族精神」なる形而上学的実体を明瞭に批判するにいたる（I, 41）。このように、ディルタイの個体性概念は形而上学的実体とは区別され、その意味でも開かれた可能性を有していた。しかしながら、すでにふれた共同体主義の立場から人間の歴史的存在性が強調されると、人間と共同体の不可分性が導かれ、個性は現実の国家的連関へと拡大し、右に述べた個性による制度や共同性への批判という契機が弱まることになるのである。厳密なる精神の学のなかに含まれる個人と共同性の関係は、決して固定的ではなく、状況に応じて変化しうるものであった。

二　「精神の学」と実践哲学
――カントとディルタイ――

「精神の学」の第一、ならびに第二の特質として右に論じたカントを継受する厳密学という理論的精神と、第三の特質として論じた個性の教養形成という実践的精神は、ディルタイとカントの関係を考察することによっていっそう明瞭に浮かび上がる。

イナイヒェンによると[5]、従来のディルタイ研究におけるカントの扱いは、次の三つのパターンに代表される。第一は、クラウサーの見解[6]である。クラウサーによれば、「ディルタイの歴史的理性の批判は、……カントの『純粋理性批判』のたんなる補完ではなく、一方ではカント、他方では実証主義者、さらには歴史形而上学に対して試みられた根本的に新しい別種の理論である」。[7] この批判の原理的な新しさは、ディルタイが、カントの権利問題(Quaestio juris) の原理的困難性を指摘し、超越論的認識から経験的認識論に向かうことによって、『純粋理性批判』における認識の普遍性という問題に対して根本的な転換を果たしたところにあるとされる。

第二は、イナイヒェンに代表される見解[8]で、第一に反する立場である。イナイヒェンはディルタイの言葉を引用する。「批判的立場の帰結を引き出すこの［ディルタイの試みる］論理学は、カントによって先験的感性論、および先験的分析論と名付けられた研究、すなわち比量的思惟の基礎をなす過程の連関を引き受ける」(I, 117)。[9] 一八八三年の時点におけるディルタイのこの言葉は、カントの権利問題がなおディルタイの歴史的理性批判の判定基準をなしているということを意味する。したがってイナイヒェンによれば、「ディルタイのカント批判の帰結、つまり超越論的哲学から心理学への移行は、クラウサーの言うような成果なのではなく、妥当性問題の軽視に思われる」[10] のであり、ディルタイは『純粋理性批判』ではなく、むしろ『実践理性批判』との対決の中で自らの思想を構築してきたのである。

第三は、マックリールの見解[11]である。マックリールによれば、ディルタイの生涯にわたる企ては、カントの『純粋理性批判』をその『判断力批判』の美学的判断力の批判によって補完する試みである。マックリールによれば、ディルタイは後半期の論考の中で内的経験と外的経験とを結びつける第三の形式としての経験、マックリールの言う「反省的経験 (reflective Experience)」を示唆していたが、[12] マックリールはこれを『判断力批判』の超越論的反省と関係づけ、「ディルタイの著作の多くは、超越論的枠組みによって外界に法則的秩序を立法するというカントの考えに類似したことを、心理学的に行う努力として解釈するのがもっとも妥当である」[13] とする。

以上の三つの解釈は、図らずも三批判書すべてとディルタイとを関係づけうる可能性のあることを示している。

しかしここではディルタイとカントとの本格的な比較論をする準備はない。本書が提示したいのは右とは異なるもう一つのディルタイとカントの関連性である。

よく知られているように、H・G・ガーダマーによれば、批判期のカントはイギリスのモラル・フィロソフィにおいて重要な役割を与えられていた感覚や感情を、個別的で私的であるという理由によって倫理の基礎づけから排除し、それと共に「共通感覚」をも排除した。[14]「共通感覚」なきカントの道徳法則は実践的判断における媒介的構造が原理的に排除されており、その意味で脱政治化されている。つまり、カントの実践哲学では、認識における意識の自己同一性とパラレルに、思考の無矛盾性という論理的過程を根拠として意志の自己同一性が導き出され、このために、道徳法則は現実から切り離されたモノローグとして機能し、社会的実践における共同的な判断の形成などの役割を担うことは困難になるとされる。[15]

この問題に対して、カントが批判したスコットランドの哲学者T・リード (Thomas Reid, 1710-96) はコモン・センス実在説をとり、カントが人間の知識の限界を超えたところにあるとみなした信仰の問題はコモン・センスから疑うことなく導き出すことができるとしたが、[16]英語圏において用いられた「コモン・センス」に対応する言葉はドイツではほとんど用いられず、かわりに用いられたのが「精神 (Geist)」であった。[17]このとき「精神」は、カントで失われたと思われていた生の全体性を意味するものとして用いられた。ゲーテは「精神とは生の生 (des Lebens Leben) である」[18]と言い、フィヒテは「精神と生とは一つである。生なきものは絶対的に精神なきものである」[19]と、さらに「人間は精神をもつ限りにおいてのみ人間である」[20]と述べた。ディルタイもまた、「精神」の全体性、すなわち感情と理性の分断ではなくそれらの綜合としての精神の意味を回復させようとした。ただし、その際ディルタイはその手がかりをカントの批判期以前の哲学に見出したのである。

先にカントにおける「共通感覚」の欠如を論じた際にはふれなかったが、周知のようにアーレントは『判断力批判』のなかの共通感覚を公共的感覚であると捉え、「公平さ」「偏見のなさ」などの観念のなかに判断の媒介構造をみた。[21] ディルタイは、批判期のカントに対してはガーダマーと同じくカント批判の立場に立つが、前批判期のカントについてはーーアーレントのように『判断力批判』ではないがーーそこに共通感覚論の萌芽をみているのである。[22] いわゆる教授資格論文『道徳意識の分析の試み』(1864, VI) においてディルタイは、カントの『自然神学と道徳の原則の判明性に関する論文[23]』から引用ーー「真なるものを表象する能力が認識であり、善なるものを感じることのできる能力が感情 (Gefühl) であること、また両者は実に相互に混同されてはならないことは、ようやく現代になって洞察されはじめた」「善という解明することのできない感情が存在する」(VI, 13)ーーし、前批判期のカントは、批判期と同様に、道徳的判断は結果の経験から由来するものではなくアプリオリな綜合判断であると考えているが、しかし、批判期とは異なって、アプリオリな綜合は実践理性に存するのではなく、感情に存すると考えていると指摘する (VI, 13)。ところで感情とは、その外に立って把握することのできるものではなく、内的に経験されるものである。したがって前批判期のカントは、実践理性の命令としての道徳法則ではなく、内的経験において与えられる道徳判断(およびその集合としての道徳意識)を問題としていた。ディルタイは、カントの実践理性批判における「道徳的立法の形式としての普遍性、また善意の動機としてのこの「普遍性という」形式」のなかにカントの「誤謬」(VI, 17) があると述べ、むしろ前批判期のカントにもどり、内的経験に基づいて道徳意識を捉え、それを分析記述することをもって、その論文の課題とするのである。このようにしてわれわれは、カントーディルタイ関係における第四の関連性を指摘することができるように思われる。

この第四の関連性を示唆する教授資格論文によれば、道徳意識は「精神の世界 (die Welt des Geistes)」(VI, 8) の一システムである。「精神の世界とは、自然の世界のように、統一体として、分かたれることのない出来事の間断なき流れとして、現れる」(VI, 8)。物的世界がそれぞれの科学的視点からまとめられて、物理学的システム(体系)、化学的システム(体系)などに抽象されるように、精神の世界も諸学の視点からまとめられて、道徳や法、美学などのシステムとして抽象されるのである。人間の行為を対象とするシステムのうちとりわけ道徳は、「行為の動機」を通して「意志の実体」を示す点に特質がある(VI, 8)。行為は、その実体である意志を示すところの「素材」であり(VI, 9)、道徳判断とは「行為の観察」を通して行為する「意志の実体」(VI, 9)を発見することである。道徳意識とは「一つの精神のなかで生じるすべての道徳判断の綜合」(VI, 9)であり、したがって、「道徳意識の分析」とは、行為という素材を通して意志の実体の働きである道徳的判断の全体の分析記述を意味する。

ところで先に指摘したように、ディルタイは、前批判期のカントからアプリオリの総合判断の基礎として感情を読みとっていたが、この読解は次のような批判期のカントに対する批判につながる。ディルタイによれば、カントの道徳法則は善意志の無制約的価値と道徳法則の形式性という異なる二つの要素からなっている(VI, 16)。ディルタイによれば、「カントの計り知れない功績は、善意志の絶対的価値の発見にある」(VI, 17)。ところが「道徳的立法の形式としての普遍性……これはすべての道徳的行為の主体が実践理性であるという思想から生じる」のだが、「この一群の思想にカントの誤りが存しているように思われる」(VI, 17)。先の「意志の実体」とはカントの形式主義に欠如するものを埋めようとするものにほかならない。「実践理性も感覚も、各々が他のものから孤立させられるならば、意志の綜合の基礎をなすことはできない。……感覚は、理性に対して異質的であったり非理性的であることはできない。むしろ理性は、感覚のなかに、快不快のなかに、価値感情のなかに……存在していなければならない」(VI, 19f.)のである。道徳を道徳たらしめる「意志の実体」は、理性と感覚の一致点において存する。このような一致点を確保するためにディルタイは、「理性は形態化した目的としてわれわれの心 (Seele) の中で活動しているという仮説」を立て、ロッツェの「感情は印象の規準である」という思想のなかにある「抽象的思想と心理学研究」の出合いを承認するのである (VI, 20)。

後にディルタイはロッツェの心理学を古き形而上学の成分が残っているとして批判することになる (I, 404f.) が、ここにディルタイの基本的な思考の方向性は示されている。それは、理性や意志、感情を孤立させる形而上学から、それらを心的全体の連関において捉える心理学へ、というものである。精神という全体的な流れの中で意志が活動し行為する世界、これがディルタイの「生それ自体」(VI, 28) であった。したがってこの生は、たんに自然の生なのではなく、行為としての生である。このことは、実は教授資格論文冒頭のアリストテレスからの引用が示していることでもあった。「もっとも偉大なる哲学者たちは、その倫理的理論をもって、このような［世界苦から人間を救う］感化をめざして努力した。プラトンの哲学は、特に『ゴルギアス』と『国家』において……道徳的政治的改革をめざして努力した。アリストテレスは、道徳の全目標は認識ではなく生活 (das Leben) であると言っている(『ニコマコス倫理学』第一巻第三章)[24]」(VI, 1)。ディルタイはここで、『ニコマコス倫理学』の「実践 (praxis)」概念を「生 (Leben)」と訳している。[25] このようにディルタイにとって「生」とは、後の文学研究や世界観学によって想像されるようなたんなる主観的・内面的なものではなく、むしろ実践という行為的な生であったのである。

ディルタイの厳密学と実践学との接合の構想は、以上の「生」を基礎とする。ところがディルタイは、トレンデレンブルク譲りの歴史的共同性を経由することで、古代的「実践」を十九世紀的「生」へと変換する。彼は、理性を内に含む感覚の総和を「道徳器官 (moralische Organisation)」(VI, 20) とよんだ上で、論文末尾で次のように述べる。「われわれの道徳器官の内面的意味を人類に対してその内容にしたがって明確にするために、まず歴史と生活経験（Lebenserfahrng）とが歩み寄るのである。あらゆる人間研究は、これ以上高度で、これ以上困難な課題を知らない。〈何となれば、人類の本来的な研究は人間であるからだ〉」（VI, 55）。十九世紀ドイツ的な変容を被って、アリストテレス的実践は彼のあずかり知らぬ[26]歴史的生に変容し、また政治学を論じている文脈は、道徳の問題に移しかえられている。歴史と生活経験の出合いの場としての実践的生の根拠をディルタイは、前批判期のカントのなかから導いた「意志の実体」に求め、この人間精神の奥底から生じる行為的世界として歴史を捉えるのである。このようにしてディルタイは、カントではなお明確ではなかった歴史的世界の地平を切り開こうとするのである。

マンフレート・リーデルも指摘しているように、ディルタイは、自然科学と精神科学との区別が理論哲学と実践哲学との区別に取って代わりはじめる端緒を十七世紀の心理学・人間学に求め[27]、またその区分を正当なるものと認めた（I, 225）。このようにして彼は、カントが批判したモラル・フィロソフィとナチュラル・フィロソフィとの区別を学の正当な区分とみなす一方で、カントによる批判を受けて、モラル・フィロソフィを超える厳密な学を志向するのである。しかもそれは、歴史的世界の生の豊かさを理解するために、カントを超える課題として自覚されたのである。この課題のためにディルタイは、ハーマン論でカントに足らざるものと考えた「古き心理学」にかわる「新たな心理学」、歴史と生活経験とを接合する心理学の必要を唱えたのであったが、これは言うならば、歴史的生のための心理学であり、実践哲学に歴史科学化の道を供えるものであったのである。

実践哲学を変容させたディルタイの精神の学の意義はどのような点に求められるであろうか。リーデルは、十七世紀のモラル・フィロソフィの心理学の限界を超え出ていこうとするディルタイ精神科学のプログラムの歴史的意義を、次のように解釈する。すなわちそのプログラムは、新カント主義において無視された、理論理性と実践理性との間に精神科学の対象を構成するという認識に基づくものであり、精神と物体のデカルト的な二元論を超えて、物体とも精神とも特定できない「生それ自体」つまり、体験・理解・解釈の目的論的・解釈学的連関として与えられているものを対象とする精神科学の構想であった、と。[28] これによりディルタイの精神科学は、理論と実践との伝統的な関係にかかわる、新たな関係を構築するにいたった。端的に言えば、理論はそれ自体の目的である自由な活動として意義を失い、生(実践)から生じ、生(実践)のためのものとなったのである。

「精神の学」がのちに「道徳政治学（die moralisch-politischen Wissenschaften)」とよびかえられることは、精神の学の切り開こうとする地平を理解する上で重要であろう。ディルタイは、『道徳政治学の真理の秩序について』(XVIII, 10) というタイトルの断篇の中で、次のように述べている。「実践的な努力との関わりのなかで、道徳的実践的な科学が成長してくる。実践との連関がそれらの諸学の根本形態を規定する。それは、現実の認識と、実践的努力のなかで意志に思い浮かんでくるものの展開とが、相互に結びついているからである」(XVIII, 10)。このようにディルタイは、科学が実践から生まれることと、現実の認識と意志との結びつきを強調する。しかし彼は、この実践としての生の究明にあたって、現実の社会的連関、たとえば意志が社会的にどのように規定されているのかなどの問題を考察することはあまりできなかった。それは彼が、全体と個、理論と実践の伝統的範疇との格闘にまずは精力を注がねばならなかったからである。ディルタイの精神科学が社会や国家をその対象としていたにもかかわらず、社会科学として十分に展開されなかったのはそのためである。そのかわりに彼は独自の心理学的考察を進めることにより、現代哲学の端緒を切り開いたのである。

三　「精神の学」と「実質心理学」

『道徳意識の分析の試み』の中でディルタイは、心理学について次のように記している。「心理学的な法則は、純粋な形式法則である。それは、人間精神の内容を問題とするのではなく、その形式的な態度と行動を問題とする」(VI, 43)。このようなヘルバルト主義的な形式的心理学の法則は、経験的に検証される単純な事実しか証明できないのであり、道徳的命題という複雑な心的事実を説明することはできない。人間の心的現実は複雑な心的事実である道徳的命題などの内容によって彩られており、これを説明するためには、特定の外的経験を参照することなしにその真偽が判断されるアプリオリな綜合命題の存在を認めねばならないが、形式的心理学はこのための使用に耐えないのである (VI, 43)。ちなみにディルタイは、教授資格論文のこの部分 (VI, 42-44) を、一八九〇年の『倫理学体系』(X, 111-113) にもひきうつしており、この心理学の発想を彼は生涯を通じて基本的に維持しているように思われる。[29] のちに記述的分析的心理学とよばれることになるこの心理学は、『体験と創作』に収められた一八六五年のノヴァーリス論のなかで「実質心理学 (Realpsychologie)」(ED, 213)[30] とよばれ、「われわれの心 (Seele) の内容それ自体を秩序づけ、その連関のなかで把握し、できる限り説明しようと試みる心理学」(ED, 213) とされている。ノヴァーリスの心理学ともよばれるこの心理学は、一体どのようなものなのであろうか。

ディルタイはノヴァーリスの思想を要約して次のように述べる。「われわれが本当に知っているのは、自分自身を知っているものだけである」(ED, 212)[31]。ディルタイはこの思想のなかに、自然の世界と精神の世界との原理的相違を認め、ここに、自然科学をモデルとする科学に対抗するもう一つの科学の原理を見出した。「完全に明瞭なのは、われわれがわれわれの自我のアナロジーにしたがってしか把握することのできない世界は、自我の根本性格たる理性からは説明されず、意志・情緒または想像力として少なくともひとしく根元的にほとばしり出る自我、われわれ自身にも秘密であるこの自我の沸騰する深奥から説明されるという否定的な認識である」(ED, 212f.)[32]。人間を自我の深奥から把握しようとするこの学問が実質心理学であり、これは人間の歴史を理解する基礎であるとされる。「実質心理学すなわち人間学は、人間本性の無限の内容を歴史におけるその発展に即してのみ研究することができると考える。この点でノヴァーリスは、われわれの身近にある立場の先駆をなすわけである」(ED, 213)[33]。

ノヴァーリス論を執筆した時期の草稿『人間および歴史の研究』(XVIII) のなかでディルタイは、論理学とならぶ「精神科学 (Geisteswissenschaften)」のための補助学である心理学 (XVIII, 3) を、「説明科学 (erklärende Wissenschaft)」としての心理学と区別して次のように述べる。「説明科学」としての心理学は、全体としてみれば、その営みによって引き起こされるはずの仮説の累積のために成り立ちえない (XVIII, 3)。新しい心理学は、従来の心理学が排除してきた心的事象の内容の考察を課題とし (XVIII, 5)、その研究の中心に「われわれの意識の内容と外界の関係、および自己自身との関係」(XVIII, 4) を据える。「われわれにとって外界は外界として存在しているわけではない。重要なのは、心的内容の全体と、共存し持続する感覚の秩序——その世界が個人の立場や往来から独立しているためにわれわれはそれを客観的世界と名付けているのだが——との関係なのである」(XVIII, 4)。これは感覚と知覚の関係を考察したミュラー生理学の影響を強く受けた視点であるが、ディルタイは単純な知覚にとどまらず、心的内容の全体性にまで視野を広げ、歴史理解につなげようとするのである。

「共存し持続する感覚の秩序」としての客観的世界は次のように分析される。最初に実在するのは「感情的世界 (die Gefühlswelt)」(XVIII, 4) であり、次に、感情から導かれると同時に感情を規制する「第二の秩序」として社会的秩序が存在する。具体的にいえば、名誉心や良心などの内的に与えられる感情世界が存在し、その上で、この感情の現れとしての人間の行為によって、社会的秩序が成立するのである。名誉心は社会的秩序があってはじめて可能な感情であるように思われるが、ディルタイは分析の手がかりとなる最初の実在である心的内容から出発し、そうした心的内容と同時に共存する秩序として社会秩序の実在を認めるのである。このようにして、客観的な諸制度は心的生という基礎の上に置かれる。言い換えれば、感情はたんに主観的なものではなく、「感情の客観性」として「制度」というかたちをとり「客観的人倫」をなすのである（XVIII, 4）。この客観的人倫は自立した一つのシステムをなしており、他のシステムと切り離してそれだけを論じることが可能であるとされる。こうして、客観的人倫に関する学問――倫理学や法学――もまた自立性の根拠を獲得する。

さらにディルタイは、このような社会的秩序におさまらない感情世界も存在するという。「芸術的想像力においては、感情と表象との結合は個人のなかで自然成長的に発展する」（XVIII, 4）。つまり、名誉や良心などが社会的な関係において客観的に存在するのに対して、創造的個人の想像力によって形成される世界は、自発的に創造されるシステムとして、社会的客観性、制度化された共同体的な行為とは別個に存在するのである。このような個人の創造的プロセスを対象とするのが「詩学」（XVIII, 4）である。ディルタイは、客観的人倫の世界の真理把握とは普遍性や一致を把握すること、詩学の真理把握とは個性や独自性を把握することであるとしている。ここで重要なことは、客観的な人倫の学も詩学も、いずれも心的なものに基礎を置き、心理学を基礎としなければならないということである。

ところで、以上のディルタイの心理学的方法が克服すべき対象としたのは、ドイツ観念論でありイギリス経験論であった。ディルタイによれば、前者は歴史や生活経験から切り離すことのできない心的内容を、歴史的経験から独立した個々の「心の内実」（XVIII, 6）として展開させる。後者は、「外的世界から流れ込む内容と相関的に働く精神活動の法則から精神的生の内実の全体を説明しようとする」（XVIII, 7）。つまり、いずれも歴史研究と独立した形で、人間の心的内容を説明しようとするのである。もちろん、かりに「詩人の想像力や抽象的思想家の天才」を何らかの外的要因から演繹できるような心理学的知見があるとすれば、それらを理解するために歴史や生活経験に頼る必要はない。しかしそれらは「現状の心理学で演繹することはできず」、「帰納的に研究されるほかない」。このような心理学の段階において、実質心理学は「歴史や生活経験」(XVIII, 6) を通した帰納的心理学研究として推進されなければならないのである。

ディルタイのいう心理学的研究は現代の一般的な心理学とは異なって、むしろ小説家や歴史家の心理的洞察に関わる、歴史や文化の内容を理解するための研究である。文化とは「精神的内容とそれに対して依存関係にある精神的活動とが具体化したもの」(XVIII, 7) であり、歴史とは時の流れのなかで文化を形成する「精神的事実の具体化」である。したがって精神の学は、歴史的文化的現実のシステムに応じて存在する複数の学 (Wissenschaften des Geistes) である。それは心理学によって基礎づけを得、心理学はそれによって内容を得る。教授資格論文の末尾で強調された「歴史と生活経験」(VI, 55) の結合は、この心理学の中で実行されなければならないのである。

第二節　精神の経験科学と解釈学

一　ヘーゲルを超えてカントへ
——ドイツ古典文学と生の理想——

前節において確認されたディルタイの学問的方向性は、彼の最初の任地バーゼルにおける教授就任講演『一七七〇年から一八〇〇年にいたるドイツの文学的哲学的運動』(一八六七) のなかにも、やや異なった力点を示した形ではあるが、読みとることができる。この講演の前年、プロイセンは普墺戦争に勝利をおさめ、プロイセン主導のドイツ統一の方向性はすでに定まっていた。このような時代背景のもとでディルタイは、ドイツの政治的な統一にも勝る文化的な統一の表現として、ドイツ古典主義の文学的業績を讃えるのである。

ディルタイは、十八世紀の最後の三十年に現れたドイツの精神的運動、詩人たちによって形成された一つの人生観・世界観を、「人間がギリシア人の時代以来、さまざまな充実した総体を、その連関と意味とに関して、これほどまでに壮大な観点にゆだねたことは、これまで一度としてなかったであろう」(V, 14)[(34)]と称賛する。ディルタイによれば、このような精神的運動が生起した政治的背景はドイツの国家的統一の欠如であり、これにより他国では天下国家に向かった衝動や勢力がドイツでは内部へと向かわざるをえなかったのである。シュライエルマッハー伝においても詳しく述べられているこの歴史観によれば (Vgl. XIII, XXXVIff.)、ドイツの中産層は政治的名誉ではなく「人格の教養と精神の卓越」(V, 15) を理想とし、「真に価値ある生の内実、真の教養」(V, 16) をこそ問うたのである。その代表が、レッシング、シラー、ゲーテであった。彼らによって形成された生の理想は、詩の本質を「行為」(V, 17f.) にみて、この行為の目的を「内的な完全性 (die innere Vollkommenheit)」(V, 17) にみた。人間の内的完全性を自己目的とするこの理想は、此岸と彼岸、地の国と神の国を区別するキリスト教的二元論とは異なった現世的価値の一元論であり、瞬間瞬間の生をそれ自身で満たすことを最上のこととする価値観である (V, 18)。このような生活理想は時代の宗教意識をも導き、シュライエルマッハーをして「すべての瞬間において永遠であれ、これこそが宗教の意味する永遠性である」(V, 18)[(35)]と言わしめたのである。

ドイツ古典文学の理想主義は、彼岸に解決を求めるのではなく、現世を変革する力となって作用し、シュライエルマッハー、シェリング、ヘーゲルら「倫理学者」を動かした (V, 25)。ディルタイは、シュライエルマッハー世代の倫理的解決が、最終的にヘーゲルの思惟能力の完全性へといたる帰結には反対するが、古典主義文学に示された生活理想を哲学的な課題として受けとめたことの意義については評価する。「詩人たちの作品の内に、しばしば美的な仮象として現れる生の理想は、生とその本質にある道徳的諸概念との多年にわたる研究によって探究された」(V, 25)[36]。ディルタイは、ドイツ古典主義文学とドイツ観念論哲学との一体性を主張し、文学の表現したものを哲学の課題として捉えているのである[37]。

しかしながら、ゲーテへの愛着を述べているこの講演において重要なことは、ディルタイが自己の哲学的立場をカントにならうものと表明していることである。「私には、あらゆる時代に対しても哲学の根本問題が確立されたのは、カント以来のことであるように思われる」(V, 12)。その根本問題とは、「世界は、私たちにとってたんに私たちの直観と表象のうちにしか存在していないにもかかわらず、どのようにして私たちに与えられているのか」(V, 12)[38]という問題である。この問題に対してディルタイは「厳密な認識が存在するのは、経験に与えられたものについてのみである」という「カントの解答が……不可侵のものであるように思われ」ると言い、「哲学はヘーゲルやシェリング、フィヒテを超えて、カントへと立ち返らねばならない」と訴えるのである(V, 13)。

しかしディルタイはカントへの単純なる復帰を唱えるのではない。「哲学はこれらの思想家[ヘーゲル、シェリング、フィヒテ]のわきを黙って通り過ぎてはならない」(V, 13)。なぜなら、彼らは「世界の謎」(V, 13)を表現しているからであり、そこで表現された思想世界が現実にドイツを動かしてきたからである。ディルタイは、このドイツ運動の生の理想の生き生きとした内容、つまり機械的な世界観ではなく、有機的・生命的・汎神論的な世界観を描き出しながら、その内容を自己の中に教養として取り入れることをもって、「黙って通り過ぎ」る愚行を避けようとするのである。ちなみにリープマンが『カントと亜流』[39]でカント復帰を唱えたのが一八六五年のことであるが、このリープマンに始まる新カント派の前期(リープマンやランゲ)から後期(コーヘンやリッカート)への移行は、カントの認識主観のアプリオリの形式の心理的解釈から認識論的・論理的解釈への発展と言われる。ディルタイにはこの新カント派の論理主義的発展は「黙って通り過ぎ」る行為に思われたに違いない。

しかしながら、有機的汎神論的世界観をもつ一方で、いかにしてカントへと帰還できるのか。われわれはすでに前批判期に遡って、生の根源性に基礎をおくカントをディルタイが評価したことを確認している。しかしこの就任講演でディルタイはそのことにはふれず、シラーとゲーテの例を述べるのである。シラーは、ライプニッツの「いのちを吹き込まれた宇宙の調和」という世界観を賛美するところから、カント的な「諦念」、つまり超感性的な世界へと向けられたいかなる信仰をも拒絶するという態度へむかうなかで、機械的自然観と有機的世界観の葛藤をかつてないほど深刻に体験した(V, 21f.)。しかしついには、「カントの批判的立場」(V, 22)から葛藤を克服する世界観を、別の論文の表現を使用すれば「自由の理想主義」(ED, 140)を獲得した。この立場は、詩的体験を自然的法則の支配する現象世界から独立した内面的な体験とみなすことによって、芸術創造の自由と独立を確保し、理性的存在としての人間と感性的存在としての人間を、美的人間において統一しようとする立場である。かくすることによってシラーは、カントを受容しながらなおかつカントを超えて、人間の全体性の回復を実現しようとしたのである。

これに対してゲーテは、自然から出発して、「自然が自らを隔離したのは、自分自身を享受せんがため」(V, 22)であったという汎神論的な自然観を展開した。しかもディルタイは、この自然の自己享受の過程が歴史として捉えられると主張する。「ゲーテの構想においては、ある完全に新しい宇宙の形姿が基礎づけられていたのである。すなわち、ぼんやりとした無意識的な活動のうちで自然を支配しているものが、自分自身の感覚へ、自分自身の意識へと到達する、その発展の階梯として、この宇宙は思い描かれている」(V, 23)。このゲーテ的汎神論における自然の自己意識の発展過程の哲学的表現が、ヘーゲルにおける世界理性の自己実現過程としての世界史である。また、『判断力批判』にある「全体から部分へと前進する、或る悟性を思考すること」[40]という言葉の手助けを借りてゲーテは「倫理的なものにおいて至高の存在に接近すべきであると同様に、知性的なものにおいてもまたしかりである」(V, 23) と考え、「全体から部分へといたる知的直観」(V, 24) を唱えたが、これがヘルムホルツの自然研究やヘルダー (J. G. Herder, 1744–1803) の人間学、リッター (Karl Ritter, 1779–1859) の地理学やアレクサンダー・フォン・フンボルトの業績を貫く当時の学的精神となった (V, 24) とディルタイは述べる。かつてこれらの人名がアリストテレスやアルベルトゥス・マグヌスの系譜として語られていたのと比べると、ドイツ古典文学の意義をバーゼルにおいて称揚するディルタイはナショナリスティックな表現に偏しているように見えるが、逆に言えば、これらドイツ人の業績は本来ヨーロッパ古典の文脈に位置づけられているということもできよう。

いずれにせよ以上から、この時期ディルタイの唱えたカント復興が、前節において確認したカントの批判的克服を意味するということは確認できる。ところでディルタイは、学問のこの方向性に何を期待しているのであろうか。彼はその方向性のねらいをして「人間精神の経験科学 (eine Erfahrungswissenschaft des menschlichen Geistes) を、他の領域の研究者たちとの共同において基礎づけること、社会的・知的・道徳的な諸現象を支配するその法則を認識すること」と規定した上で、このような「法則 (Gesetze) の認識が、精神的な諸現象に対するあらゆる人間の力の源泉である」(V, 27 傍点引用者) と述べるのである。つまり、自然の経験科学が自然現象の法則の探究によって人間に力を与えるのとまったく同じように、「精神の経験科学」もまた精神的な現象の「法則」の探究によって人間に「力」を与えるのである。ディルタイはこの「力」にヨーロッパ社会の危機解決を期待するのである (Wilhelm Scherer, 1886, XI, 237)。

二　バーゼル講義における理解と説明
——ドロイゼンとディルタイ——

精神の経験科学はその具体的な内容を歴史からとる。このため精神の学の方法論は歴史的世界の認識論となる。カントへの復帰を強調したディルタイがカントを批判するのは、この歴史的世界の認識に関してであった。このカントに欠けているものを補うための議論が「理解と説明」の対比であった。この対比は「論理学と哲学的諸学の体系」と題されたバーゼル講義第二十一節「直観(Die Intuition)」(1867–68, XX)においてはじめて登場する。

ところで、歴史的事象と自然的事象の認識を区別し、前者に「理解」、後者に「説明」という言葉を使用することについては、ドロイゼンがディルタイに先行している。(41) 実際ディルタイが一八六八年の講義で理解と説明という言葉を使用しはじめるのは、おそらくこの年に公刊されたドロイゼンの『史学綱要』を読んでのことであると思われる。(42)『史学綱要』以前にもすでに彼はドロイゼンの講義を知っていたようであるが、(43) どの程度の内容を知っていたのかは定かではない。ディルタイにとってドロイゼンは、一八二〇年以来のドイツ歴史学派の代表的な人物であり(VII, 112)、解釈学的理論を精神科学の方法論にはじめて利用した人物であるが、あまり積極的には評価されていない(VII, 114)。ドロイゼンを主題的に扱ったものとしては『ドイツの歴史家の思い出』(1862, XI)があるが、そこで描かれているのは史学論のドロイゼンではなくプロイセン史学者としてのドロイゼンである。これらを考慮すると、ディルタイはドロイゼンをそれほど重要な人物とはみなしていなかったように見える。

しかしながらシュネーデルバッハによれば、ディルタイがドロイゼンとの間においた距離は、彼が思っているほど大きなものではなく、それどころか、彼が哲学的な方法を用いて叙述した問題はすでにドロイゼンによって提起されていたのであり、「[ディルタイのオリジナルな業績とされるものは]歴史主義の思想的な共通財産を、つまり、少なくともブルクハルトやドロイゼンにおいて暗示されたり、含意されたりしながら、すでに存在していたさまざまなモチーフを、より精密な概念で把握したものでしかなかった」[44]と言うのである。このような連続性を認めた上で、しかしここでは、両者のあいだの無視することのできない相違を指摘しておきたい。

ディルタイとドロイゼンの相違は、両者のバックル批判の温度差にあらわれている。ディルタイと同様にドロイゼンも『歴史を学問の地位に高めること』[45]の中でバックル批判を展開した。ドロイゼンのバックル批判は、実証主義によってもたらされたヨーロッパ文化の危機に対する意識に由来するものであり[46]、その批判はディルタイよりもさらに厳しい[47]。歴史的世界を倫理的な世界とみなすドロイゼンにとって、歴史の自然科学的説明理論は、歴史的世界における倫理と自由を破壊するものと思われた。ドロイゼンは、精神(歴史・倫理)の世界と自然の世界を厳格に区別し、前者に対して自然科学的な方法を適用する一切の試みを批判した。たしかにディルタイも、歴史的世界に対する自然科学的な方法の適用を批判したが、しかし自然科学的な方法が有効である場面の余地をも認めていることに注意しなければならない。中期の言葉ではあるがディルタイは「経験主義の強みはそれで何かにとりかかることができる点にある。経験主義は、認識批判において研究者にその実在性を確保するが、この確実性なしには精神科学もその活動のエネルギーを失う」とし、さらに「経験主義を克服しようとする哲学は、現在の社会を動かす諸問題の解決のための手段を含んでいなければならない」(Erfahren und Denken, 1892, V, 77)とまで述べている。また晩年には「何事をも勝手に作り出すままにしないことが、実証主義のうちにある大きな力であった」(Vorrede, 1911, V, 3)とも述べている。

このようにディルタイは、ドロイゼンとは異なって実証主義および経験主義の歴史的意義を評価しているのである。もちろんディルタイにとっても、ドロイゼン同様に「経験主義ではなく経験」が重要であった（XIX, 17, I, 81. Vgl. BW, 2 [York an Dilthey, 1877]）。しかしカッチァトーレの論じるように「ディルタイのような哲学者は、ドロイゼンとは対照的に、経験主義、その中でも近代認識論に対して与えた根本的な〈転換〉としての経験主義の否定することのできない功績に対して、敏感な注意を向けざるを得なかった」[48]のであり、ディルタイは「その活動の晩年にいたるまで、デカルトからライプニッツにいたるまでの構成的体系において典型的にみられた同一性哲学の解体過程において、経験主義が占めるべき中心的な役割を確信していたことは疑いがない」[49]のである。以上のディルタイとドロイゼンの相違を踏まえた上で、ディルタイのバーゼル講義が提出している歴史論の解釈学的受容の問題、ドロイゼンとディルタイにおける説明と理解の相違の問題に移りたい[50]。

ドロイゼンは、歴史と自然との区分をした上で、歴史の方法の本質として理解を論じている。ドロイゼンが歴史と自然とを区分するのは、想起（Erinnern）によって過ぎ去ることのない過去についての知識からなる歴史と、想起なき自然との相違のためである。「歴史的経験と研究のための所与は、過去ではない。それは過ぎ去っているものである。そうではなく、さまざまな過去から今ここにおいてなお過ぎ去っていないものである」。「自然には想起はない[51]」。このように自然と歴史は、存在論的な規定ではなく意識に基づく規定によって区分される。この意識的区分という点でドロイゼンはカントに通じるが、その時間理解は大いに異なっている。カッチァトーレの参照しているヒューナーマンの研究[52]によれば、カントが主として物理学的な時間を考えるのに対して、ドロイゼンは時間そのものとしての時間を理解しようとした。そこで世界は「自ら生長する進展（epidosis eis auto）」として、つまり物理的自然から区別され、それ自体として与えられる世界として経験される。シュネーデルバッハによれば、ドロイゼンはカントでは空虚であった時間という直観形式のその中身を満たすことでカント的発想を拒否したのである[53]。

以上のように自然と歴史を区別し、歴史を独自の時間の世界として捉えたドロイゼンは、歴史的世界の独自の認識方法として理解を論じる。ドロイゼンによれば、「歴史的方法の本質は探究しつつ理解すること」である[54]。理解は説明と対比される。「歴史的研究は、説明、すなわち推測の形式において演繹しようとはしない。それは理解しようとする」[55]。もちろん説明の対象は自然の世界であり、想起に基礎をおく理解の対象は歴史の世界である。この歴史の世界は、その内容からいえば、「人倫的世界 (die sittliche Welt)」[56]であるから、「倫理学は歴史学に引き継がれなければならない」[57]。政治もまた、内閣や報道においてなされる議論が倫理的世界に関わるものであるからには、歴史学と関係する。「法学的研究ではなく、歴史的研究こそ政治的行政的教育の基礎である」[58]。実証主義の危機を意識したドロイゼンは、歴史的世界の想起的理解を通して、世界の創造に関わる自由な主体としての人間と、その人間からなる人倫的世界の自然的世界に対する独自性とを確保しようとしたのであり、この歴史的世界観の中心には政治と倫理が位置することになる。

ドロイゼンと同様にディルタイも理解と説明の対象を意識に基づいて区別している。理解の対象は人間であり「道徳的世界 (die moralische Welt)」(XX, 100) である。これに対して、説明の対象は人間以外のあらゆる対象であり、「自然の事象」である (XX, 100)。ところが、歴史的世界を浮かび上がらせるためにドロイゼンのとりあげる働きが想起であるのに対して、ディルタイは想像力 (Phantasie) を強調する。この相違は何を意味するのであろうか。

想起によって過ぎ去ることのない歴史的世界を立ち上げ、それを歴史探究を通して理解するというドロイゼンの方法は、「歴史と生活経験」(VI, 55, XVIII, 6) の科学を構想するディルタイからすれば、前者にのみ関わる狭い方法であったと思われる。彼が歴史的世界と生活経験の世界の双方を立ち上げる意識の働きとみなしたのは、「あらゆる理解において」重要な役割を果たす「自分の心の中で再形成すること (ein in meiner Seele Nachbilden)」としての「想像力」(XX, 100) である。ディルタイによれば、想像力は、学問、文学、歴史いずれにおいても重要な役割を果たす能力である。人間の自然の能力は、「抽象的な思考ではなく想像力の過程に存する」のであり、例えば「学問的操作には、その基礎に人間の創造的な想像力が存在する」(XX, 100) のである。この想像力の働きによって成り立つ主要なものが、詩と歴史である。ところで、ディルタイにとって世界は行為的世界であり、詩の目的は行為であった。詩と歴史は、言い換えれば行為と歴史、つまり教授資格論文のあの生活経験と歴史に重なってくるのである。このように、想像力を強調することによってディルタイは、ドロイゼンと同様に歴史的世界の学問の独自性を確認しつつ、さらに、ドロイゼンではあまり明瞭となっていないその学問の方法的特質を述べようとしているのである。想像力に基礎を置く学問の方法的特質は、詩人の能力によって示唆される。「詩人 (Dichter) の能力には、あらゆる人間的なものについての共感がなければならない。この共感が歴史家 (Historiker) をつくる」(XX, 100)。ディルタイは、シュライエルマッハーの言葉をひいて続ける。「あらゆる理解の基礎が共感であるならば、最高度の理解は愛の存するところにあり、この理解は人倫の最高度の形式の条件である」と (XX, 101)。こうしてディルタイは、共感、愛、理解という仕方で成り立つ歴史的世界の独自性を、同時にその世界を解明する学問の方法的特質として把握するのである。

ドロイゼンとディルタイの相違として、次に両者の解釈学の問題がある。ベックの影響を受けてロマン主義的な解釈学の構図を史学論に導入しているドロイゼンは「人間の精神的本性が人間の内的事象を人倫的に認識される形に外化し、その外化した表現の中に内的事象が映し出される」とし、この構造に「理解の可能性」の根拠を求める。[59]「理解者は、彼が理解しなければならない者が有しているのと同じように、自我、すなわち一つの全体性を自己のうちに有しているがゆえに、個々の表現から理解される者の全体性を補い、その全体性から個々の表現を説明するのである」[60]。このように、歴史的世界を彩る個々の表現の理解可能性の根拠は、理解者と被理解者とに通底する全体性にあり、理解の過程は、理解者自身の内的な全体性と被理解者の外的な表現との相互参照を通じて進行する。ところで、歴史的世界の理解は、民族や国家などをも個性として理解することを要請するが、ドロイゼンの理解の枠組みにしたがえば、民族や国家もまた、それを個別的表現とする究極的全体性から理解できるのである。すなわち、民族や国家もまた「絶対的な全体性、つまり神の一つの表現のようなものでしかない」[61]のであり、「歴史から、そこからも、われわれは神を理解することができるのであるが、われわれが歴史を理解することができるのは、ただ神においてのみなのである」[62]。このように、ロマン主義的なドロイゼン解釈学は、全体と個別の循環を絶対的な全体性としての神を措定することによって停止させ、それによってあらゆる歴史的個性の理解が可能となる構造を打ち立てたのである。

これに対し、シュライエルマッハーの影響を受けているディルタイ解釈学はより分析的である。「われわれは全体を個別から理解しなければならないし、また個別を全体から理解しなければならない。しかし、これを作品に適用すれば、初見では作品は全く理解することができないということになる」(XX, 107)。この困難を解決するのが、解釈学の課題である。ディルタイによれば、初見において与えられる「一般的イデー (die Allgemeinidee)」をとおして個別の理解が進められるという (XX, 107)。この「一般的イデー」は、「予見的解釈と比較的解釈 (divinatorische Auslegung und komparative Auslegung)」(XX, 109) によって獲得される。ディルタイは説明を加えていないが、これらはそもそもシュライエルマッハーの解釈方法である。予見的解釈とは「いわば他者のなかに自分自身を移し変えることによって、個別的なものを直接捉えようとするもの」であり、比較的解釈とは「まず理解すべきものを一般者として措定し、次に、他の、同じ一般者のもとにあるものと比較することによって、独自性を見出すもの」である[63]。予見は比較なしには空想的になることがあり、比較は予見なしには統一をもたらさないから、両者を分けてはならない。ディルタイはこの二つの方法によって「われわれは作家を、彼自身が自分を理解しているよりもよりよく理解することができる」(XX, 109)と述べるのである。

ところがディルタイは、よく知られたこの解釈学の定式の出所について、シュライエルマッハーではなくカントの名を挙げている。彼は上の言葉に続けて引用箇所の指示なしに「この言葉を最初に言ったのはカントである」と述べるのである(XX, 109)。たしかにカントは『純粋理性批判』の中に次のように記している。「私が注意しておきたいのは、普通の会話においても、また著作においても、ある著者がおのれの問題対象に関して述べている諸思想を比較することによって、その著者がおのれ自身を理解している以上にすらその著者を理解するということが、決して珍しいことではないということである」(傍点引用者)[64]。カントをさえもちだしたのはおそらく、想像力を勝手な空想と混同させることなく用いようとするディルタイの方法論的意識にあったと思われる。ディルタイは他の箇所でも、想像力が飛翔するための準拠枠として「類比(Analogie)」(XX, 101, 102)や「比喩(Gleichnisse)」(XX, 108)、「類比に基づく推論」(XX, 101)という過程を強調している。これによってディルタイは、比較することも分析することもできない絶対的な同一性というドロイゼン解釈学の想定を排除し、解釈を経験科学の枠組みのなかに置こうとしたのである。中期におけるヨルクとの対話において大きな争点となる比較という方法に対するディルタイのこだわりの起源は、ここにあるのである。

想像力による歴史と生活経験の学は同時に、空想に陥らないための比較や類比に重点を置く解釈学をともなった。ちなみに、バーゼル講義の最中にディルタイは『シュライエルマッハーの生涯、第一巻』(Das Leben Schleiermachers, 1870, XIII) に取り組み、それをキール大学転任後に公刊した。われわれはたしかにそこに、たんなるシュライエルマッハーへの没入ではなく、比較思想的記述をふんだんに盛り込んだ歴史的生の解釈学を確認できるのである。(65)

第三節　道徳政治学と歴史意識

『シュライエルマッハーの生涯、第一巻』(一八七〇) の出版後、ディルタイは現在のポーランド領ブロツラフ(当時はドイツ名でブレスラウ)に赴任する。この地でディルタイは、「精神の学」のなかの実践的諸学に重点を置いて、後の『精神科学序説』の基礎となる考察を進めた。全集第十八巻の編者の言うように、「後期の著作よりも七〇年代の草稿からいっそう強く明瞭になることは、精神科学がたんに歴史的文献学的な学問であるだけではなく、同時にまたとりわけ「道徳的政治的」な学問でもあるということ」(66) である。ヴェスターマン月報の書評 (Vgl. XVII) に明らかなように、この時期のディルタイは時代に対する実践的関心を明確に示している。『七五年論文』とよばれる『人間・社会・国家の学問の歴史の研究について』(1875, V) は、このような実践的関心を背景にしつつ、彼が教授資格論文で扱った道徳的問題とその学問的方法論を展開する試論であった。

一　ディルタイの課題とミルの方法論

『七五年論文』のために七一年頃に書かれた草稿には、ディルタイが当時構想していた人間学の輪郭が現れている。ここでディルタイが問題とするのは個別実証科学と哲学との関係である。「いかにして哲学的精神は、自然認識のあらゆる領域と結びつきながら、また……人間と社会を対象とする真理、あるいは精神科学の全体によって形成されている真理と関わりを保ちながら、生き延びることができるのか」(XVIII, 17)。この問題関心は、すでに紹介した『六五年綱要』と同様であり、また理解と説明の対比がはじめて使用された『バーゼル論理学』講義のなかでもミルとの関連においてふれられていた問題であった(XX, 111ff.)。ディルタイがミルの『論理学体系』[67]をいつ読んだのかを正確に探ることはできないが、『一八六五年綱要』以前から「ある種の学問論」「学問論の歴史と体系」の試み(JD, 178f. [1862])をしていたことを考えると、六〇年代の前半には読んでいたと推測される[68]。

ディルタイにおける解釈学的転回を否定するガーダマーによれば、ディルタイは「新しい経験主義の認識論による決定的な影響によって奥深いところで規定されていた。彼の関心はこの経験主義を歴史的な拡張を通して深めるというものであった[69]」。もちろんこの影響は、ヨーアッハも指摘するように、思弁的なものを排して経験的なものをとる態度への共感と歴史的感覚の欠如への反感という二面性をもつものであった[70]。ディルタイは、ミルに欠けているものを満たすことが自分の課題だと考えていたのである[71]。

さて、ミルとの関係に焦点を当てて『七五年論文』を考察するまえに、まずは帰納と演繹に関するミルの考え方を振り返っておきたい[72]。ミルによれば、「帰納とは、精神の操作であって、われわれはこれによって、特殊な一つ、または一つ以上の事例において真であるとして知られたものが、これとある特定の指摘可能な点において似ているすべての事例においても、同様に真であろうと推定することができる[73]」。ミルによれば、このような帰納が成り立つためには、外界が斉一であるということが仮定されていなければならない。帰納は「自然過程の斉一性(the uniformity of the cource of nature)[74]」の仮定の上に立って、観察事実に推測を加え、無数の個別者について推論する手続きであり、この手続きを経て手に入れられるのが一般命題である。したがって帰納はたんなる「記述[75]」とは異なり、証明と検証を含む。「帰納は証明である。観察されたある事実から、観察されないある事物を推論することである。それ故に帰納は、証明に対する適当な検証を必要とする[76]」。

ミルは、この帰納を二つに分ける。一つは、特殊事例からの一般化により一般命題を得ることであり、これが狭義の「帰納」である。もう一つは、狭義の帰納によって獲得された一般命題を使って一般または特殊について推論する広義の帰納であり、これは「演繹」ないし「論証」とよばれる[77]。以上の二つの帰納、すなわち狭義の帰納と演繹とは「道徳科学」に対しても適用される[78]。現代の論者の言葉を借りれば、次のようにである。「人間は、人間性の普遍的法則をもち、一定の環境〔データと略〕のもとで思考・情緒・意欲・感覚〔モチーフと略〕によってある行動をとるが、同じデータと同じモチーフから、同じビヘイビアが出るという意味で、人間の行動についても、因果律が成り立つ。これが、道徳科学にしろ社会科学にしろ、人間の科学が成り立つ根拠である[79]」。しかし、モチーフは多様であるしまたデータについてもすべてを知りうるわけではないから、原因と結果についての法則性(斉一性)は自然法則のような妥当性はもたず、近似的一般化による確率的命題となる。しかしこれは、個人の行動の説明としては確率的であっても、多くのひとの集合的な行動の説明としては「普遍的命題[80]」といえるだけの確実性をもつとされる。こうしてミルは、公理や定義から推理する方法も、また実験的・歴史記述的方法もともに斥け、経験的でありなおかつ普遍的な命題にいたる方法を構築しようとしたのである。

以上を踏まえ、暫定的に独立した分科である経済学(political economy)と国民性格学(political ethology)の学問方法論として「物理的または具体的演繹法[81]」をミルは支持した。具体的演繹法とは、「幾何学的方法におけるように、たんに一原因の法則から推論するのではなく、相連合してその結果に影響を与えるあらゆる原因を考察し、その原因の法則を相互に合成することによって推論する」方法である[82]。社会的事象は、相連合して影響を与える原因、つまりあまり多くない法則と数多くの事情の合成によって生み出される。したがって社会科学は、このような事情と似た性格をもつ事象を扱う自然科学、つまり物理学の方法に従うべきである、とミルは主張する。もっとも具体的演繹法による社会的事象の説明には、直接的な検証ができないこと、予測可能性が限定されていること、法則が所与の特定の制度に依存することなどのために、自然的事象の説明には必要のない留保がなされなければならないとされる。

次にミルは、法則とさまざまな事情の合成から社会現象を説明しようとする具体的演繹法に対して、後件(結果として現れる社会的現象)を先に得てこれを前件(原因となる法則や事情)からの推理で説明する「逆演繹法[83]」をも挙げている。ミルによれば、この逆演繹法は社会状態の継起の法則を確立するためのものであり、したがって歴史的方法ともよばれる。社会事象を共時的に分析する社会静学の場合、人間性の法則と所与の事情から社会的事象は推理される(つまり具体的演繹法が使用できる)が、社会事象を通時的に分析する社会動学の場合、人間が環境をつくり、またその環境によって社会的事象が生み出されるという相互作用があるから、具体的演繹法の適用は不可能である。つまり、推測のための前件である出来事それ自体が、歴史的継起のなかでは後件にほかならないから、演繹をはじめる出発点を確保できないのである。そこで、逆演繹法により、後件を得てそれを前件からの推理によって説明するという手続きが必要とされるのである。

二　世代とシステム

――ディルタイのミル批判――

前述の通り、ディルタイがミルの方法に欠けているものとみたのは歴史的感覚であった。ディルタイは、精神的運動の歴史の内的統一性を叙述するためには、物理学者や哲学者のする如くに自然的単位にしたがって分ける方法は無意味であるとし、『七五年論文』ではこれにかえて「世代」という単位を導入する（V, 36）。この世代論は、すでに『ノヴァーリス論』（一八六五）や『シュライエルマッハーの生涯、第一巻』（一八七〇）で使用されており、『七五年論文』のなかでも『ノヴァーリス論』の記述がいくつか利用されている（V, 38, ED, 189）[84]。したがってここではノヴァーリス論をも含めて世代論を考察したい。

世代概念を最初に使用した例であると思われる『ノヴァーリス論』では、世代概念が歴史研究の方法論として説明されている。ディルタイはここで、歴史における条件および原因と結果の関係という問題にふれて次のように述べる。「諸条件がもたらす根本的な影響に基づき、そこ（諸条件）からある世代の精神文化を推論する（ableiten）ことができると考えている人々においては、きわめて有害な錯覚がみられる。ここで私は、種々の原因の結合からある結果を考量する（berechnen）という方法で推論する（ableiten）のである。この方法は、歴史研究には完全に閉ざされている。歴史研究は、反対に現象から出発する」（ED, 189）[85]。ここで槍玉に挙げられているのは、ミルの表現で言えば具体的演繹法、歴史家の実例を挙げればバックルであることは明瞭であろう。歴史は、その原因とみなされる法則からではなく、現象から出発しなければならないのである。ところで現象は、何らかの前件から帰結した後件である。つまり、ディルタイが歴史の方法と呼ぶのは、後件から前件への推量、つまり「結果から原因に向かってすすむこと」(ED, 189) なのである。これは、後件から前件へという方向性だけを取り上げれば、前項で紹介したミルの逆演繹法に似ているということもできるが、しかしディルタイが出発点として取り上げる文化的歴史的現象が世代であるという点において、両者は明らかに異なるのである。

ディルタイによれば、世代とは、第一に「人間の生の時間に即して整序される、内側から測定される時間の観念」(V, 36) である。この時間としての世代は、およそ三十年を一つの単位とする。次に世代とは、共通の子供時代、青年時代を過ごしてきた「諸個人の同時性の関係の表現」(V, 37) である。ある地域における諸個人の同時性の関係は、知的文化や、社会的政治的状況などのさまざまな条件によって規定される。そこで世代は「変化する諸条件の組合せによって多様な方向性を産出する全体」(V, 38) ともよばれる。さらにディルタイによれば、「世代の継続」は「持続性によって結ばれた全体を形成する。歴史的持続性というこの重要な概念は、あらゆる領域において、もう一つの顔を示している。学問的精神の持続性は、真理を見出した思想家の表象と概念の完全な伝承可能性に、つまりその理解力が真理の理解という課題に応えうる人々に、基礎を置いている」(V, 38)。ここには、世代を通じた歴史的持続性という全体と、その全体を担保する「表象と概念の伝承可能性」としての教育の働きが語られている。もちろんディルタイは、この持続性の中にも中断があったことを認めるが、しかし道徳政治学の歴史の研究において彼が強調するのは、古代からの一体性なのである (V, 39)。

このようにディルタイが歴史研究の出発点としての現象の全体性を強調したのは、歴史に対する統計学的な方法の限界を説くため、ひいてはミルの具体的演繹法を否定するためであった。たしかにディルタイは、精神的な運動の研究にとってもつ統計学的研究の意義を認め、「統計的方法を図書館に眠る宝に適用することは、学問の諸潮流や個々の領域等への取り組み、それらの場所的な分布の規模や大きさを、量的な仕方で確定することを可能とするに違いない」(V, 41) と述べている。しかし、この統計的資料の範囲はきわめて限定された時間においてしか存在しないため、「厳密な統計的基礎の上に立てられる歴史は、なお可能なことではない」(V, 41) とされる。これによりディルタイは、ミルの具体的演繹法が要求する社会的影響の諸原因の収集の不可能性を主張するのである。

次にディルタイは、逆演繹法をも否定する。ディルタイによれば、ミルは「歴史的事実の説明の方法」つまり逆演繹法を、「歴史的事実からの帰納により経験的な因果法則を確定し、次にそれを人間性の研究の成果から演繹的に検証しなければならない、と特徴づけた」(V, 42)。ディルタイは、具体的演繹法と区別される逆演繹法を歴史的方法のために掲げるミルを「精神科学の説明根拠の独自性」を認識しているという点において評価する (V, 56) が、しかし、現状の心理学ではミルの逆演繹法は認められないとする (V, 43)。ここで注意しなければならないのは、ディルタイの批判は逆演繹法の「次に」以下の後半部分に対するものであり、すでに指摘したように、逆演繹法の後件から前件へという方向性、つまり「歴史的事実からの帰納により経験的な因果法則を確定」するという方向性については、ミルを受け継いでいるということである。

問題は、ディルタイがミルの連合心理学的な方法にかわっていかなる因果法則の確定の方法を提出するかである。ディルタイによれば、ミルの連合心理学的試みの最大の失敗は、自然科学的方法論を精神科学的現象に適用しようとしたことにある (V, 57)。ディルタイにとってミルの方法は、それぞれの学問の「対象を構成する事実の連関をその独自の意味において考察することがなかった」(V, 67) 点で間違っていたのである。ディルタイがこの試みにかえて行おうとすることは、精神科学的世界の独自性を別種の心理学によって基礎づけることである。われわれは、そのための方法としてすでに実質心理学をみてきたが、この『七五年論文』の新しい点は、実質心理学に教授資格論文で出されていたシステムという観点を結びつけていることである。

ディルタイによれば「人倫、法、経済、国家は、ある全体、社会の実践的世界を形成する」(V, 58) が、このような全体を探究する出発点は「個人」におかれねばならない (V, 60)。この諸個人の意志の相互作用が絶えず行われるのが、社会であり、それはシステムとよばれるさまざまな関係の様式からなっている。「意志の間で、その本性にしたがい、地上の一般的な条件のもとで登場し、またそういうものとして、諸個人が浮かび上がっては沈んでいくときに存在する関係の様式を、システムとよぶ」(V, 60)。ディルタイによれば、このシステムは「社会の実践的世界の関連する側面が、それによって理解されうるような一般的な概念と法則」(V, 60 傍点引用者) をもっているのである。

ディルタイはこのシステムによって、自然と区別される自律的な歴史的世界の根拠を確保する。「自然はわれわれに沈黙しており、ただときどき、われわれの想像の力のおかげでそれを跳びこえ、生の内側から光を輝かせるのである。というのも、われわれが自然とともに相互作用のなかにおかれている身体的要素のシステムである限り、このような相互作用の動きはなんらの内的な気づきも伴わないからである。……これに対して社会の相互作用の動きのなかでわれわれは、自分自身の内側からきわめて生き生きとした動きのなかでそのシステムが立ち上がる状態に気づくので、われわれの情動のすべてが現に、生き生きとした姿で存在しているのである」(V, 61 傍点引用者)。システムは、その相互作用の様式の相違に応じて「習俗、法、経済、国家」(V, 61) に分類される。分類され区別される諸システムは結節点 (Kreuzungspunkt) としての個人によって結びあわされ、社会は諸システムの統合体として存立する。この自然から区別されるシステムを把握する「内的な気づき」こそ、観念連合とは異なり精神の実在にふれるものである。ディルタイが蔵書の余白に記した、ミルに欠如する「真に経験的な手続き」(V, LXXIV) とは、この「内的な気づき」による心的生の全体の内容的把握を指していると思われる。ちなみに、この「内的気づ

き (inneres Gewahrwerden)」は後に「覚知 (Innewerden)」という概念に深められ、「システム」という観点は「構造」として展開されるようになる。

さて、以上のようにディルタイは、世代として現れる歴史的現象を歴史的個人の「内的気づき」に伴うシステムの複合体として理解しているが、これは、経験主義と直観主義との統合の試みということができる。歴史的世界は、経験主義的連合心理学のような心的要素という仮説を前提することなく、「内的気づき」によって直観されるのであるが、そこで直観された全体は、システムという個別的な意味連関の相において経験的に検証可能なものとされるからである。この『七五年論文』の試みがどこまで成功しているかは論じる余地のあるところであるが、ディルタイの意図するところはおよそこのようなものであったと思われる。

ところで、そもそもディルタイはなぜこのような試みをしたのであろうか。われわれが確認できることは、『七五年論文』の実践的動機、すなわち、「道徳的懐疑主義」と戦い、「講壇哲学へと堕落し、死を迎えつつある」道徳政治学を新たに基礎づけるという動機である (V, 33)。これは、ディルタイにとって、たんに一学問領域の問題ではなく、「学問と、われわれが生活しているヨーロッパ文化の危機」(JD, V [1873]) という課題であった。おそらく世代の継続という歴史現象の全体性・持続性ということでディルタイが強調したかったことは、ヨーロッパ文化の持続的同一性ということである。世代が人類の生の時間的様態であり、各世代の連続が歴史的全体の持続性を示しているという論点は、現代で使われるところの世代論とはだいぶ異なっているようにみえる。現代において世代が強調される場合、それは歴史的持続性よりもむしろ世代的相違が意味されることが多く、このため世代論は、真の歴史意識の形成を妨げていると指摘されるほどである。[86] それに対してディルタイの世代論は、世代間の連続性・持続性に力点を置いており、十九世紀の他の歴史家と同様に、革命による歴史断絶の危機に対抗する議論であったように思われる。[87]ディルタイはしばしば歴史的相対主義の生みの親のごとき規定を受けるが、[88]世代の連続性を強調する彼の議論は、実は彼の関心が歴史的相対主義などにあるのではないということの証左でもある。

ところで、ディルタイの世代論による歴史的連続性の実証ははたして近代的歴史意識の不安の払拭に有効であったのだろうか。歴史との断絶の不安そのものが歴史意識の発端をなしたとすれば、歴史的持続性という形の歴史意識はその不安を消すどころか、不安を自己の存在の不可欠な一継起として抱え込んでいたように思われる。たしかに危機意識は、近代的な個人の社会や歴史との関係のとり結び方を自覚的ならしめたが、しかしこの自覚的な関係の構築は、断絶の意識をいっそう高めるという作用をももっていた。ディルタイ自身は、歴史研究を通じて、後の表現を使用すれば「歴史の力への献身」(VIII, 226) によって、この問題の解決を図ろうとするのだが、これが当時の彼の政治的態度にもつながるのである。学問論とは直接関わりのないことであるが、ディルタイ精神科学の実際的な意義を明らかにする上で、この点は重要である。

プロイセン憲法闘争においてディルタイは、当初中央党左派の立場をとっていたが、他の自由派の人々と同じように、ビスマルクの外交的軍事的成功をみるにおよんで、来るべきドイツ帝国のイデオロギーに賛同するにいたる。[89]三島憲一が論及しているように、この時期ディルタイは、プロイセンの軍隊が彼の故郷のヘッセン・ナッサウを占領し、出身地ビープリッヒのホテルにプロイセン国旗が翻ることに感激の手紙を書き送ってもいる (JD. 219 [1866])。このようなディルタイの態度をもって三島は、ディルタイが「個人的には民主主義者であることを自称しながら、国家としてヘーゲル右派的な方向、つまり〝個人の自由は強力な国家があってはじめて保証される〟という方向を支持せざるをえなかった[90]」と評価している。三島は、ディルタイがその友人トライチュケとは異なって軍国主義の代弁者とはならず、政治的議論から身を引いて学問の世界を選んだことにも十分注意を払いつつ、ビスマルク体制を非難したニーチェと対照させて、当時のドイツ自由主義に特徴的な内面的自由への逃避をディルタイの姿勢の中に認めているのである。

しかしこうした解釈は三島自身を歴史評価のアポリアに導いているように思われる。ニーチェと比較しつつ三島はディルタイについて次のように述べている。「ディルタイのリベラリズムは、モデルネの芸術運動にも、そこでの伝統の新たな受容――危機のなかでの追想――のあり方にもあまり縁のないものであった。その意味では二〇世紀への準備の欠けたものであったと言える。ところが、ニーチェの思想は二〇世紀において未曾有のかたちで歪んだ理解を受け、悪用されたのに対して、ディルタイとその精神科学はそこに疑いもなく存在する反モダニズム的傾向に関わらず、まさにそのリベラリズムのゆえに、今世紀の政治的悲惨と残虐を比較的無傷で乗り越えることができた。……ニーチェが美の名において行った批判と破壊は、その固有の意義を忘れさせ、政治と芸術を、権力と美的破壊を同一視する反近代的な退行をもたらした。……それに対してディルタイは……直接にドイツの悲惨に関わることなく、伝統を市民社会のうちに根ざす作業を遺産として残しえた。この逆説は一九世紀後半の時代と社会の逆説として、現在の我々に大いに考えさせるものをもっている」[91]。この指摘は極めて重要である。しかし筆者はいささか異なった視点で問題をみたい。ここではニーチェとディルタイの後代における受容の顚末が「パラドックス」と表現されているが、これがパラドックスと呼べるのは、ビスマルク体制の支持者の議論こそナチズムに利用され、その体制の根本的否定者はナチズムにも嫌われるはずであるというドクサがあるからではないだろうか。しかしこのドクサによってディルタイを処理してもあまり実りある議論には発展しないように思われる。ディルタイの課題は、近代の断絶の歴史意識に由来する不安にあった。精神科学批判は、少なくともこの問題意識と、そこに含まれる多様な思想契機の正当な評価からはじめられなければならないのである。

註

（1）Hegel, 1840, Werke 4, 42.［『哲学入門』（竹市健人訳）岩波文庫、三一二頁］

（2）ディルタイは Gleichförmigkeiten という言葉を uniformities あるいは uniform laws (Mill, A System of Logic, Collected Works VIII, 578, 931, etc.) から借用している。この uniformities は本来自然過程における uniformity (Mill, ebd., VII, 306.) という用語を歴史的世界に転用させているものである。この原義を踏まえて、ここでは斉一性と訳すことにする。

（3）民族心理学とは、思弁的・形而上学的な人間考察に反対し、歴史研究と自然科学を取り込んで新たに構想された人間学である。代表者はラツァルス (Lazarus) とシュタインタール (Steinthal) であった。ディルタイはラツァルスと親交があり、民族精神の考え方に大きく影響された時期をもつ (JD, 50)。ディルタイと民族心理学との関わりについては、次を参照。Lessing, Dilthey und Lazarus, in: Dilthey-Jahrbuch Bd. 3, 1985, 67.

（4）ディルタイは歴史哲学を「演繹的方法を適用して歴史現象の経過を根本から説明すること」(XX, 30) という意味で使用しており、ヘーゲルのような意味で使用していない。

（5）Ineichen, Diltheys Kant-Kritik, in: Dilthey-Jahrbuch, Bd. 2, 1984.

（6）Krausser, 1968.

（7）Ebd., 210.

（8）Ineichen, 1975.

（9）『精神科学序説』（山本英一・上田武訳）以文社、上巻、一四八～九頁。

（10）Ineichen, Diltheys Kant-Kritik, in: Dilthey-Jahrbuch, Bd. 2, 53.

（11）Makkreel, 1975.

（12）Ebd., 221f. その根拠となるのは次のディルタイの言葉である。「このようにして生じる経験は第三の類をなす。その経験は、内的経験に類似したものであり、心的生の連関を超え、内的経験の地平を超えて、われわれの知識を拡大するのに貢献する」(Über vergleichende Psychologie, 1895/96, V, 247)。

(13) Makkreel, 1975, 223.［マックリール、一九九三年、二五八頁］

(14) Gadamer, Wahrheit und Methode, 1990 (6. Aufl.), 38.［ガーダマー、一九八六年、四六頁］

(15) 知念英行、一九八八年、五四頁。

(16) Kloppenberg, 1986, 16.

(17) Ebd., 18

(18) Goethe, Westöstlicher Divan, 1819. Hamburger A. 2, 75.

(19) Fichte, Über den Unterschiede des Geist und des Buchstabens in der Philosophie, 1794. Gesammt-A. II/3, 317.

(20) Ebd., 322.

(21) アーレント、一九八七年。

(22) 拙稿、二〇〇〇年、を参照されたい。

(23) カント「自然神学と道徳の原則の判明性」(一七六四)(『カント全集第三巻』(川戸好武訳) 理想社、一九六五年)。

(24) 「年少者が政治学の適当な聴講者でないのはそのゆえである。というのは、彼は人生の現実の実践に無経験であるが、政治学の諸々の論述はこれから出発しこれらについて論ずるものだからであり、のみならず、年少者は諸々の情念にしたがいやすいため、こうしたことを聴いても徒労であり利益がないであろうから。けだしかかる探究においては、知識がではなく、実践が目的なのだからである」(アリストテレス『ニコマコス倫理学』(高田三郎訳) 岩波文庫、上巻、一九頁 [Aristoteles, Ethica Nichomachea I, 3, 1095a)。

(25) この指摘は、大石学「中期ディルタイにおける「倫理学」の構図――「内的経験」から「社会倫理学」へ」『ディルタイ研究』第六号、一九九三年、がすでにしている。

(26) レーヴィット、一九五九年、一〇九頁。

(27) リーデル、一九七六年、一三頁参照。ディルタイは、『精神科学序説』において、伝統的な理論的学問と実践的学問との区別を「誤れる区別」(I, 225) とみなし、自然科学と精神科学の区別を学問の真正な区分とみなした。

(28) Riedel, 1977, 22f.

(29) 中期の『精神科学序説』で「個々の精神科学のなかで、最初の、もっとも基本的な学問」と位置づけられている心理学は、伝記を重要な補助手段とする「実質心理学」である (I, 33f.)。後期になると実質心理学という表現にかわって「内容心理学」や「具体的心理学」という表現が用いられる (VIII, 15, VII, 239)。これは、中期末に心理学的考察に集中して、よりふさわしい表現に変更したものであり、実質心理学の構想の延長にあると理解できる。なお、ディルタイの心理学方法の変遷については、ホッジスが次のようにまとめている。第一に、実質心理学の段階：一八六〇年～一八八〇年、第二に、記述心理学の段階：一八八〇年～一八九七年、第三に、エビングハウスの批判もあって、現象学を取り入れた独自の心理学の段階：一八九七年～一九一一年 (Cf. Hodges, 1952.)。しかし、ホッジスの著作の区分は、一九五二年という資料的な制限もあって、適切なものということはできない。例えば、一八七六年頃と見られる草稿に「記述心理学」という規定はすでに使われているし (XVIII, 70)、一八八三年の『序説』のなかにも前述のように「実質心理学」という表現が使用されているからである。

(30) 『体験と創作』(小牧健夫・柴田治三郎訳) 岩波文庫、下巻、五二頁。Realpsychologie を本書では実質心理学と訳すことにする。なお、ノヴァーリス自身の表現は 'reale Psychologie' である。Vgl. Lessing, Realpsychologie, in: HWP, Bd. 8.

(31) 前掲邦訳書、下巻、五二頁。

(32) 前掲邦訳書、同頁。

(33) 前掲邦訳書、下巻、五三頁。

(34) ノール編『生の哲学』(久野昭監訳) 以文社、一九八七年、一七頁。

(35) シュライエルマッハー『宗教講話』(高橋英夫訳) 筑摩書房、一九九一年、一〇五頁 [Schleiermacher, Über die Religion. Reden an die Gebildeten unter ihrer Verächten, 1799.]。

(36) ノール編『生の哲学』、五〇頁。

(37) このようなディルタイの講演を、ドイツ教養市民層へ向けて語られたゲーテのカノン化を推奨するメッセージとしてとり、そこに教養市民層の保守的イデオロギーを読みとるものとして、Peschken, 1972. 三島憲一、一九八一年、を参照。

(38) ノール編『生の哲学』、一三～四頁。

(39) Liebmann, Kant und Epigonen, 1865.

(40) カント『判断力批判』(一七九〇)(『カント全集第八巻』(原佑訳) 理想社、一九六五年) 三五五頁。

(41) Droysen, Die Vorlesungen von 1857, in: Historik. Bd. I, hrsg. von P. Leyh, 22ff.

(42) ドロイゼンの「史学論 (Historik)」と称される歴史学講義は、イェーナ大学在任中の一八五七年の夏学期から、五九年のベルリン大学赴任から死の直前にいたるまでの二十五年の間に少なくとも十八回は繰り返されたといわれる。ドロイゼンは聴講者のために『史学綱要 (Grundriß der Historik)』を一八五八年と六二年に私家版として印刷配布した。これが公刊されたのは一八六八年、つまりディルタイのバーゼル講義の年である(その後七五年に第二版、八二年に改訂第三版が刊行され、この第三版が一九二五年のロータッカー編集の「哲学と精神科学」叢書第一巻として再版された)。ドロイゼンの思想を伝えるものとしては、この他に、一八八一年に新たに書き下ろし、一八八二／八三年に加筆した講義ノートを底本として、孫のヒュープナー(Hübner)が編集し刊行したHistorik, 1936. がある(岸田達也、一九七六年、三〜四頁)。今日ではライ(P. Leyh)による、一八五七年講義録、一八五八年の私家版「史学概要」、および一八八二年版「史学綱要」を編集したHistorik. Bd. 1, 1977. もある。ディルタイは一八六八年版『史学綱要』のみを読んだようである(VII, 114)。

(43) ディルタイは一八六二年のバックルへの批評において「ドロイゼンは二年前にドイツの大学で歴史学の方法論に関する一連の講義をもったが、それが公刊された暁には、歴史家にとって役に立つ有効性の諸条件が、物理学者のそれといかに異なっているかが明らかに示されるだろう」と述べている(XVI, 104)。

(44) シュネーデルバッハ、一九九四年、一六五頁。

(45) Droysen, Erhebung der Geschichte zum Rang einer Wissenschaft, 1863, in: Historik, hrsg. von R. Hübner, 1958.

(46) Vgl. Droysen, Zur Charakteristik der europäischen Krisis, in: Minerva, 1854.

(47) Vgl. SW, vol. 4, 18.

(48) Cacciatore, Der Begriff der ›Empirie‹ von Droysen zu Dilthey, in: Dilthey-Jahrbuch, Bd. 8, 1993, 281f.

(49) Ebd.

(50) ここでは、ディルタイが確実に読んだと思われる『史学綱要』(一八五八、六二)が比較の対象となる。

(51) Droysen, 1977, 397.

(52) Cacciatore, a.a.O., 272. 参照しているのは次の書物 Hünermann, Der Durchbruch des geschichtlichen Denkens im 19. Jahrhundert, Freiburg 1967, 70ff.

(53) シュネーデルバッハ、一九九四年、一三五頁。

(54) Droysen, a, a, O.

(55) Ebd., 403.

(56) Ebd., 406.

(57) Ebd., 411.

(58) Ebd., 406.

(59) Ebd., 398.
(60) Ebd.
(61) Ebd.
(62) Ebd.
(63) 麻生建、一九八五年、一三二頁。
(64) カント『純粋理性批判』(第二版、一七八七)(『カント全集第五巻』(原佑訳) 理想社、一九七三年) 三四頁。
(65) Vgl. Lessing, Dilthey als Historiker. Das "Leben Schleiermachers" als Paradigma, in: Hammerstein (hrsg.), 1988.
(66) Vorbericht der Herausgeber, XVIII, XIII.
(67) J. S. Mill, A System of Logic. Ratiocinative and Inductive, London, 1843.
(68) ディルタイは一八七四年にシール (J. Schiel) の翻訳書の一八六二年版を紹介している (XVI, 456)。ところで、このミルの『論理学研究』に関連して精神科学 (Geisteswissenschaft) という用語の来歴がしばしば論じられることがある。ミルの『論理学研究』はシールの手によって一八四九年に独訳され、その際、第六部の "On the Logic of the Moral Sciences" が "Von der Logik der Geisteswissenschaften" と訳され、その下に小さく "oder moralischen Wissenschaften" という説明が付加された (Johach, 1974, 10.)。ロータッカーはこれを最初の精神科学の用例としたが、マックリールによると、その用例はさらに遡って一八四三年のドロイゼンの『ヘレニズムの歴史』第二巻の序文にみられるという (Makkreel, 1975, 36.)。たしかにマックリールの言うように、シール以前にも Geisteswissenschaft という語は使用されていたのだが、しかしその起源ははっきりせず、しかも用例は多義的であったようである (Diemer, Geisteswissenschaften, in: HWP, Bd. 3.)。Geisteswissenschaft に moral science の意味が込められたミルの『論理学体系』に学んだディルタイが「精神の学 (Wissenschaften des Geistes)」から「道徳政治学 (die moralisch-politischen Wissenschaften)」へと主題を移動させ、最終的には「精神科学 (Geisteswissenscaften)」という表現を固定化させたことを考えると、やはりシールの翻訳は画期をなしており、ここから精神科学の歴史を論じることが妥当なように思われる (例えば、Bodammer, 1987, 238ff.)。
(69) Gadamer, Wilhelm Dilthey nach 150 Jahren, in: Orth (hrsg.), 1985, 164.
(70) Johach, 1974, 11.
(71) ミッシュの報告によれば、ディルタイのもっていた『論理学体系』には、次のような書き込みがある。「真に経験的な手続きが偏見に満ち教条的な経験主義に取って代わるのはただドイツからである。ミルが教条的であるのは歴史的教養の欠如のためである」(V, LXXIV)。

(72) ミルの社会科学論、とくにその『論理学体系』に関しては、矢島杜夫『ミル「論理学体系」の形成』木鐸社、一九九三年、および、馬渡尚憲「J・S・ミルの社会科学方法論」(杉原四郎他編『J・S・ミル研究』御茶の水書房、一九九二年)を参照した。

(73) J. S. Mill, A System of Logic, 1843, in: Collected Works of J. S. Mill, VII, 288.

(74) Ebd., 308.

(75) Ebd., 304.

(76) Ebd.

(77) Ebd., 199.

(78) Ebd., 835.

(79) 馬渡尚憲、前掲論文、二五一頁。

(80) Ebd., 847.

(81) Ebd., 895.

(82) Ebd., 892.

(83) Ebd., 915.

(84) この概念は晩年の『精神科学における歴史的世界の構成』(一九一〇)でも使用されている。したがって、初期から後期にいたるまで、一貫してディルタイはこの概念を維持したということができよう。

(85) 『体験と創作』岩波文庫、下巻、一一頁。

(86) 橋川文三「「戦争体験論」の意味」(一九五九)(『橋川文三著作集』筑摩書房、第五巻)、「歴史意識の問題」(一九五九)、「歴史と世代」(一九六〇)、「世代論の背景――実感的立場の問題」(一九五八)(『橋川文三著作集』第四巻)を参照。

(87) 「フランス革命が勃発したとき、将来の市民は、人間よりむしろ動物に類したものになることを実証してみせたのである」(IX, 236,『ディルタイ教育論集』(ディルタイ協会編訳)以文社、一六六頁)。

(88) 相対主義者ディルタイという解釈は、フッサールやリッカートによって広められたものと思われる。Vgl. Husserl, Philosophie als strenge Wissenschaft, in: Logos Bd. 1, 1910/11, Rickert, Die Philosophie des Lebens. Darstellung und Kritik der philosophischen Modeströmungen unserer Zeit, 1920.(なおそれぞれのとくにディルタイに関して述べた部分の

抜粋は、Rodi u. Lessing, 1984. にある。）

(89)　Peschken, 1972, 50ff. 三島憲一、一九八七年、二三七頁。

(90)　三島憲一、前掲論文、二三八頁。

(91)　三島憲一、前掲論文、二五三頁。

第三章　精神科学と想像力

――中期ディルタイの精神科学論 I（一八七七～九六）――

中期ディルタイを代表する著作が『精神科学序説――社会と歴史の研究のための基礎づけの試み』（一八八三）であることは、一般に承認されよう。しかし、この『序説』の直接の執筆構想がいつどのような形ではじまったのかは明確ではない。『七五年論文』の後のディルタイの執筆活動で目立つのは、多量の評論であり、その関心は哲学や文学に限定されず、歴史、教育、政治・経済など、広範な領域におよんだ。(1) またこの時期にディルタイは『シュライエルマッハーの生涯』の第二巻の構想を具体化しようとしている。彼は一八七九年に『シュライエルマッハーの生涯』の出版人に宛てて「遅くとも次のイースターまでには」シュライエルマッハー伝の第二巻の印刷をはじめたいという旨の手紙を出しているし、また義兄のウーゼナーにも同年十一月に、一八八〇年の夏には第二巻が印刷できるだろうと書き送っているのである（XIX, X）。『七五年論文』後のディルタイの計画にあったのは、『序説』よりもむしろ『シュライエルマッハーの生涯、第二巻』の方であった。そのディルタイが『序説』を出版することになったのは何故であろうか。

第一節　道徳政治学から歴史的心理学へ

ディルタイは『序説』の前書きで次のように述べている。「この試論は、私がシュライエルマッハー伝の完成という旧債を済まさぬうちに公刊される。シュライエルマッハー伝の後半の下仕事を終えて推敲をしているうちに、シュライエルマッハーの体系の叙述や批判はいたるところで哲学の究極問題についての論究を前提するものであることが分かった。そこであの伝記は、こうした論究の労を省いてくれるはずの本書の公刊まで、その完成を差し控えることにしたのである」(I, XX)[2]。さらに『序説』の裏表紙には、「パウル・ヨルク・フォン・ヴァルテンブルク伯爵に」と題された短い献辞がある。ディルタイは、ヨルクと邂逅した一八七七年にすでに『序説』の計画を抱いており、その書物の題名を「歴史的理性批判 (Kritik der historischen Vernunft)」にしようと思っていたと告白している (I, viii)[3]。つまり、『序説』は、『シュライエルマッハーの生涯、第二巻』の仕事によって直面することになった「哲学の究極問題」についての論究であり、それは「歴史的理性批判」に関わる問題であったというのである。では、それは具体的にどのような問題なのか。

『七一年草稿』(Vorarbeiten zur Abhandlung von 1875, XVIII, ab 1871) から『七五年論文』、さらにその発展の試みである『七六年草稿』(Fortsetzungen der Abhandlung von 1875, XVIII, um 1876) へといたる変遷をみると、前二者では主として帰納法や演繹法などの科学的方法論や因果性などに考察の焦点が当てられていたのに対して、後者では歴史的世界の要素としての心的事象に焦点が移っている (Vgl. XVIII, 70f.)。七六年以降のディルタイの評論の主要な関心の一つは心理学であるし[4]、八〇年頃には『記述心理学論考』(Ausarbeitung der deskriptiven Psychologie, XVIII) が書かれ、人間の心的構造の三要素と「歴史の根本法則 (Das fundamentale Gesetz der Geschichte)」(XVIII, 183) のメモが残されている。さらにそのやや前に書かれたと思われる『精神科学の認識論と論理学のための初期の試論』(Frühe Entwürfe zur Erkenntnistheorie und Logik der Geisteswissenschaften, XIX, vor 1880) (以下、『初期試論』と略記) のなかでは、前期において精神の学の基盤に位置づけられた「内的経験」が「心理学の基礎」と位置づけられている (XIX, 28)。また一八七八年には「記述心理学による精神科学の基礎づけについての当時の私 [ディルタイ] の考え方と、想起と想像過程との関係に関する私の意見の最初の叙述」(ED, 322) が述べられた「ゲーテと詩人の想像力」が発表されている。もちろん心理学に対する関心は最初期にさかのぼることができる (Zur Psychologie, im ihrem Verhältnis zur Geschichte, XVIII, vor 1860) のであるが、この時期にあえて『シュライエルマッハーの生涯、第二巻』ではなく『精神科学序説』に取り組むようになった背景には、「心理学」的基礎づけの課題がより差し迫ったものとなったという事態があったようである。

心理学的関心が深まるにつれ、『七五年論文』で用いられた「道徳政治学」という表現はその続編草稿ではほとんど用いられなくなり、かわりに「自然科学」と「精神科学 (Geisteswissenschaften)」の対比が用いられるようになる (XVIII, 62)。前章でもふれたように、ディルタイは、カントが批判したモラル・フィロソフィとナチュラル・フィロソフィとの区別を学の正当な区分とみなす一方で、カントによる批判を受けて、モラル・フィロソフィを超える厳密な学を志向したが、この厳密な学の条件である心理学を通過したモラル・フィロソフィが「精神科学」と呼ばれることになるのである。

『序説』以前の心理学についてはすでに「実質心理学」について考察したとおりであるが、ここではこの時期のディルタイが心理学を練り上げるにあたってもっとも参考にしたと思われるブレンターノとの関係を考えておきたい。[5] というのも、心理学的課題が差し迫ったものとなった事情の背景の一つには、ブレンターノの『経験的立場からの心理学』[6]（一八七四）の公刊があったと思われるからである。周知のように、ブレンターノは心的現象と物的現象とを前者の指向性という特質によって区分し、心的現象の特質を対象との関わり、内容への関係という点から捉えた。彼は、心的現象の解明には、物的現象をみるかのように心をみる内観ではなく、指向性によって特徴づけられる意識の直接的・内的知覚こそ確実であるとした上で、志向的な心的現象を、表象、判断、情動に分類した。これに対し、『記述心理学論考』（XVIII, ca. 1880）においてディルタイは、ブレンターノの分類を「主知主義的トミズム的」（XVIII, 114）な「たんなる虚構」（XVIII, 234）であると批判した。また、心的現象の内容物を何らかの生理的経験との相関に還元するブレンターノの考えに反対し（XVIII, 147–9）、「生理的経験からの心理学的経験科学の抽象」（1883/84, XXI, 204）でしかないその心理学[7]は維持されえないとみた。ディルタイは、抽象された諸事象の構成による心的現象の叙述ではなく、内的知覚本来の直接的把握の記述を心理学に求めるのである。[8]

しかし、以上の批判にもかかわらずディルタイとブレンターノの近さは否定のしようがない。ブレンターノがトミズム的性格の嫌疑を掛けられた要因は、心的現象を特徴づける際に使用した「志向的内在」という表現であったが、しかしスピーゲルバークによれば、志向的存在者の内部にあたかもはめ込まれているように或る「志向作用」が存在するという意味の「志向的内在」は、ブレンターノのとるところではなく、むしろ一貫して使用された表現は「対象への指示関係」なのである。[9] そしてこの点においては、ディルタイもまた心的作用と心的内容との区別を認めず、その関係性に注目しているという点でブレンターノと共通しているのである。[10] ただしディルタイ自身は、この心的内容を自然や社会など個人の生きる場との関わりの中で具体的に規定しようとする点に「主知主義的トミズム」ではない彼の特徴があると考えていたのである。「われわれに与えられている植物世界の美しさ、社会のなかでの他の意志との競争など、これらすべては、心的生活の形式と法則の記述と理論のための外的な事実にすぎない。しかしながら、人間がその生活の意義について追考するとき、その意義を構成するのはこの内容なのである。われわれが意志の戦いの中でこの地上の現実存在のみを生きていること、社会システムや法・国家秩序がわれわれを取り囲んでいることなど、これらがわれわれの存在を形態化する力であり、この力がわれわれの存在の発展に性格を与えるのである」(XVIII, 181f.)。自然や社会の場において人間の生は形を得る。したがって、人間本性の内容は「個人に即した研究では十分にきわめられない」。「人間の本質(Wesen)の展開は歴史のなかにあり、ここでこそ大文字で書かれている人間本性(Natur)の衝動、内的運命、生における諸々の交渉が読みとられ、ここでこそ自己自身から発展するものが認知されるのである。これに対して、あらゆる個人的な生は歴史的過程の深みからその本質的な内容を受け取るのである」(XVIII, 183)。こうしてディルタイは、主知主義とは異なって、歴史的社会的生活の研究と心理学的研究を結びつけ、心理学を歴史のために、歴史を心理学のために用いる道を切り開こうとするのである。この試みこそ、歴史的世界の認識の基礎づけを欠如した歴史学派に対するディルタイ世代の寄与として、『序説』において取り組まれる主要課題である(I, XVI)。道徳政治学の試みは、心理学による基礎づけという関心の高まりの過程で、初期の精神の学と実質的心理学の課題を引き継ぐ精神科学の中へ組み込まれることになるのである。

シュライエルマッハー伝の執筆途上で直面し、『序説』執筆へと向かわせた「哲学の究極的課題」、「歴史的理性の批判」という課題、すなわち「精神科学の哲学的基礎についての問い」(I, XV)とは、心理学に基づく歴史認識の普遍妥当性の問題である。この心理学を今日いうところの心理学と区別するために、以下前者を指す場合にはそれを記述心理学とよぶことにする。

第二節　『精神科学序説』考察

精神科学の哲学的基礎づけ、すなわち記述心理学的基礎づけという問題に入る前に、『精神科学序説』の構成についてふれておかなければならない。二部からなる『序説』第一巻は、第一部が「個々の精神科学の概観から出発し、その上で個々の諸科学から帰納的に［精神科学とは何かについて］推論を進める」ものであり、第二部は「知識の確実な基礎を求める哲学的思索の歴史を形而上学的基礎づけの運命が決定されるにいたった期間を通じて叙述する」ものである (I, XIX)。第一巻の執筆時の計画によれば、この著作はさらに第五部まで書かれる予定であった。第三部では「個々の科学と認識論との段階にいたる歴史過程をたどり、現代までの認識論の論考を叙述し評価し、第四部と第五部は「精神科学の独自の認識論的基礎づけを試みる」と予告された (I, XIX) が、結局これは実行されずに終わる。ディルタイの構想がその後どのような展開を示したかについては、ヨーアッハとローディの手によって編まれた全集第十九巻に明らかとなっているが、これにより『序説』第二巻のための仕事とその他の論考との関係も明瞭に浮かび上がり、第一巻で終わった『序説』の課題がディルタイの生涯を通じた課題であることがはっきりしたのである。(11)

われわれは、前期から中期にかけてディルタイの関心が、歴史的精神科学の記述心理学的基礎づけに移ってきたことに注意を払ってきたが、この論点の具体的内容については、全集第十九巻の中のいわゆる『ブレスラウ草稿』(Breslauer Ausarbeitung, XIX)、すなわち八〇年代のはじめに書かれた『序説』第二巻第四部第一章「意識の事実」によって、把握することができるのである。

一　現象性の命題と記述心理学的課題

『ブレスラウ草稿』の最初には、ディルタイ哲学の第一原理である「現象性の命題 (der Satz der Phänomenalität)」(XIX, 58) が書かれている。「私を囲んでいるこうしたすべての対象は、私と関わりのある人間も含めて、私にとっては私の意識の事実 (Tatsachen meines Bewußtseins) として存在しているにすぎない。意識の事実 (Bewußteinstatsachen) は、客体を構築する唯一の素材である」(XIX, 58)。この命題は、あらゆる実在を表象に還元する現象主義ではない。『初期試論』によるならば、ディルタイは「私の自我から区別される現実的なもの」を認めており、ただその現実的なものが「私の自我のなかにのみ与えられている」(XIX, 17) と考えるのである。『ブレスラウ草稿』に戻れば、「あらゆるものは意識の事実であり、したがって意識の諸条件にしたがっている」(XIX, 60) のである。

あらゆる意識の事実が服している意識の諸条件とは、『初期試論』によれば、固定的・先験的・絶対的なものではなく、生ける歴史の過程である。「意識の真の条件とその諸前提が構成しているのは、私が考えるところでは、生ける歴史の過程、すなわち発展である。つまり、それらには歴史があるのである」(XIX, 44)。意識の事実を条件づけるのは、発展であり歴史である。われわれは、時間の流れのなかで、意識の事実についての異なった条件づけを受けながら、現実的なものを意識の事実として与えられている。何ものかについての原初の意識は、発展の流れに条件づけられながら与えられる。この原初の意識事実が「覚知 (Innewerden)」(XIX, 60) である。

覚知は表象と区別される。「意識主体に対してある内容を対象化(表象)することのない意識、内容がそのような区別なしで存在しているような意識がある。そのような意識においては、その内容を形成しているものと、その意識が発生する場となっている行為とは決して別のものではない。覚知されるものは、覚知の内容をつくっているものと不可分だし、意識内容を形成しているものは、意識それ自体と区別されないのである」(XIX, 66)。このように現象性の命題は、覚知を拠点にして、主観の時間超越性や主観客観の二元論の立場を超えて、主観の歴史内在性と主客未分の次元を開示する。

哲学の第二の原理は次である。「知覚と記憶、対象とその表象、そして概念などの意識の事実が存する連関は、心理的な連関である。つまり、この連関は、心的生の全体性 (die Totalität des Seelenlebens) の中に存するのである。したがって、知覚やその他の知的な過程がみられるこの連関の説明は心的生全体の分析を基礎としなければならない」(XIX, 75)。コギトや超越論的理性は心的生の全体性のなかに基礎を置くものであって、それらが生の全体性を離れて自律性を有することはできない。第二原理を一言でいえば、心的生の全体性の原理である。

第一原理と第二原理との関係は、どのように理解すべきか。意識の事実は連関をなしており、その連関は心理的な連関である。さらにその心理的な連関は、心的生の全体性のなかにある。ディルタイはこれ以上さかのぼらない。心的生の全体性はいわば心的経験のアプリオリであり、それによってはじめて心的経験が可能となる所与なのである。この第二原理の心的生の全体性を踏まえて、第一原理で与えられた意識の事実はたんなる現象ではなく実在であるということが主張され、こうして実在を保証された事象そのものへと向かう態度は自己省察とよばれる。「意識の事実の全体的な内容と連関の分析を自己省察 (Selbstbesinnung) とよぼう。自己省察こそ、科学の連関の基礎づけを可能にする。認識論ではなく、自己省察こそが。というのは、自己省察は意識の事実の連関のなかに、行為ならびに思考のための基礎を見出すからである」(XIX, 79)。

自己省察が認識論と区別されるのは、覚知が表象と区別されるのと同様である。心的生の全体性のなかにある意識の事実を根本から把握するためには、表象や認識に頼ることはできない。表象や認識は、主客の二元的対立を前提としており、対象を主観の前におく操作によって成立するものである。そのような二元的対立は、生の全体的連関の一つのあり方にしかすぎない。自己省察とは生の全体的連関そのものに、つまり自らに与えられる意識事実そのものに向かうことであり、このような自己省察こそが、現にある諸科学の構造を支える土台を明らかにすると同時に、諸科学の連関の基礎づけを可能にするのである。というのは、自己省察は現にある諸科学の構造が生じる基盤である生の全体的連関にまで立ち戻り、そこから諸科学が成立する構造を明らかにするからである。とりわけディルタイが強調するのは、生の全体性における意志的・感情的連関である。彼は科学の知的連関はそれらを土台にしているとして、「人倫的理想、政治理論、さらには自然法さえも意志の方向付けに基づく創造物」(XIX, 78) であり、神学も地上の人間に関わりのない神についての純粋思惟であるのではなく、「敬虔な心情の表現」(XIX, 78) であると述べる。心的生の全体性という第二の原理が導く自己省察の道は、理性のみならず意志や心情、それらの現れである実践や行為を含む全体性の省察なのである。ディルタイは、この営みを「健全な人間悟性」、「生活の力」(XIX, 79) とみなし、思考のみならず「行為のための基礎」(XIX, 89) を提供するものと考えた。あらゆる学問的な営みは心的生という全体をそれ以上さかのぼることのできないアプリオリとしてもっているのであり、健全な学問はそのような前提への省察を伴っているというのである。

さて、ディルタイはこのような意識の事実の連関を分析する科学を「経験科学 (Erfahrungswissenschaft)」(XIX, 82) とよんでいる。この経験は、経験の基礎になる知覚によって二種類に分類される。ディルタイは、知覚として与えられるものが私のなかに存在する事実を「内的知覚 (innere Wahrnehmung)」の事実として把握し、知覚として与えられるものが私の外にある事実を「外的知覚 (äußere Wahrnehmung)」の事実として把握する (XIX,

80f.)。この知覚はそれ自体では経験ではないが、認識の拡大というかたちで経験の基礎を構成する(XIX, 81)。この拡大された認識の連関のなかで知覚された事実が「意味(Bedeutung)」をもつ場合、それは経験となる(XIX, 91)。したがって、外的経験とは、外的知覚によって拡大された知識をもとに、それらの知識が全体の連関のなかで意味をもつことである。また内的経験とは、内的知覚を基礎として形成される連関のなかの意味の経験である。もちろん、現象性の命題によって、外的経験は外的知覚によって意識に与えられたものの意味連関であるということができるが、先に確認したように、これは外的世界の実在性を疑う現象主義(Phänomenalismus)ではない。あらゆる現実性は経験のなかに与えられ、それを思考が分析するのであるが(XIX, 92)、そのなかでも「心理学において分析される事実」は、「自己意識の統一性を通して、この自己意識の基礎に置かれている主体に関連している全体(Ganzen)と結合されている生そのもの」である(XIX, 99)。この生とは「満たされた自己意識の中で外的世界と区別され、かつ外的世界と関係をもちながら人間の生活として展開する生の統一体(Lebenseinheit)」であり、「連想心理学では説明のつかない」(XIX, 97)事実なのである。経験において与えられる意識の事実としての現実性はたんなる表象ではなく、表象が成立する根拠となる全体である。この全体が生であり、この生は絶えず流れのなかで変化してゆきつつ、統一性をもって存在している。ディルタイの記述心理学が課題とするのは、このような全体としての生なのである。これに対し、自然科学の方法によって、つまり機械的自然のアナロジーで精神的事実を説明するのが「説明心理学」である(I, 377f.)。ディルタイは、意志を霊的実体とするような従来の形而上学的な心理学を克服したことについては説明心理学を評価するが、説明心理学が自然科学の方法を絶対化し、それ自体形而上学と化しかねないことについては批判する。説明心理学は、形而上学化しないために、つまり「より科学的な水準を獲得するために、記述心理学を必要としている」(XIX, 308)のである。ディルタイは、心的生の全体についての記述心理学に場所を用意する説明心理学は認めつつ、説明心理学の限界を超えて、与えられる生の事実そのものを記述する心理学、「美学や倫理学のみならず、科学論のための基礎も提供する」「真の記述心理学」(XIX, 45)を唱えるのである。

こうして『ブレスラウ草稿』における経験を通して与えられる現実の分析は、記述心理学にゆだねられる。この心理学は、あくまで経験のなかに与えられる意識事実の記述学たろうとする。ディルタイは、おそらく現象主義との相違を際だたせる意図もあって、現象という言葉を使用せずに、意識の事実という表現を使用するのだと思われる。注意すべきは「すでに十九世紀前半には、心身の現象の構造も百科事典に記述されていて、それらの現象の共通部分も異なる部分も、外的・内的知覚あるいは外的・内的経験にしたがって、大雑把ではあるが明確に記述されており、経験されるべきものが記述のなかで再現されていた[12]」という時代の趨勢である。ディルタイは、これらさまざまに記述されるものの実在を保証しない現象主義を唱えたいのではなく、それらの基礎である意識の事実にさかのぼって、諸々の記述学の基礎学としての記述心理学を構築しようと試みているのである。

二　精神科学と自然科学

『ブレスラウ草稿』でふれられていた記述心理学という言葉は、『序説』第一部においては限定句なしの心理学という表現をとって、しばしば人間学という言葉と並置されて用いられている。『ブレスラウ草稿』の記述心理学が学問と行為の関係の危機という問題に接続していたのと同様に、『序説』の心理学、ならびに人間学も、学問の危機に対する対応の試みなのであった。「歴史的社会的現実を対象とする学問は、かつてなかったほど痛切に相互の連関とその基礎づけとを求めている。個々の実証科学の状況が原因となり、フランス革命以来の社会の動揺から生じる強力な刺激もあって、学的連関と根拠とが求められる方向にある。社会のなかで作用している力、社会の動揺をもたらした諸原因、社会のなかに存在している健全な進歩の補助手段、これらについての認識がわれわれの文明の死活問題となったのである」(I, 3f.)[13]。精神科学の基礎づけの実践的な意義は、フランス革命以後の動揺した社会のなかで「健全な進歩」を確保する一助にしようとすることにあるという。この試みは精神科学と自然科学との区別から着手されなければならない。

『序説』第一巻第一部においてディルタイは、自然科学と精神科学とを区別する原理的な根拠を、感官に与えられる質料から思惟の結合によって作り上げられる過程と、「内的経験 (die innere Erfahrung)」に感官の協力なしに与えられる「特殊な範囲の事実」としての過程の区別においている (I, 8)。ちなみに後期においては「人間は知識と認識によって捉えられるならば、われわれにとって物理的事象であり、そのようなものとしてみるならば自然科学の対象であるにすぎない。人間の状態が体験され、それが生の表出に表現され、この表現が理解される限りにおいてのみ、人間は精神科学の対象として成立する」(VII, 86) と述べられ、用語の変更はみられるが、自然科学と精神科学の区別の考えに変わりはない。『序説』では、自然科学の対象は「物質的過程」、「機械的自然秩序」(I, 11) と、精神科学の対象は「精神的過程」、「精神的世界」、「精神的事実」(I, 11) とよばれ、後期のように「精神」の構造的規定は見られないが、かわりに歴史的過程による説明がなされている。

まずディルタイは精神と自然の密接な関係について述べる。彼は、「精神科学は広い範囲にわたって自然の事実を自らのなかに含み、自然認識を基礎としている」(I, 14) とし、人間をフェヒナーに発想を得た「精神物理的生統一体 (die psychophysische Lebenseinheit)」(I, 15) と見なし、「この統一体のシステムこそ、歴史的社会的学問の対象となる現実である」(I, 15)[14] とする。人間は自然に依存しており、人間がその目的活動を行うための手段として利用するのが自然であるがゆえに、「人間、社会、および歴史の科学」(I, 19) もまた自然を考慮に入れなければならないのである。このような人間と自然の連関を究明するものには生物学や地理学があるが、それら学問の特質は、空間的事象を根本としそれをもって時間的事象を説明するという点にある (I, 19f.)。たしかにディルタイも空間的事象による時間的事象の規定を認めるが、「歴史的民族では、歴史のない民族とは反対に、精神的人倫的な諸力が死んだ空間性の制約と抗争し、このため依存関係は絶えず弱められてきた」とする (I, 20)。精神的人倫的な力は、空間による時間の支配に抗する力であり、その力によって歴史を形成してきた民族、すなわち歴史的民族の働きこそ、精神的なものを自律的なものとして扱う根拠そのものなのである。精神物理的生統一体としての全体システムは、歴史の原初においては、空間による時間の支配によって特徴づけられ、そこでは全体システムと自然的システムはその範囲をほぼ共通にしていた。しかし歴史的民族の働きによって、全体システムに相対的な自律性をもつサブ・システムとしての精神的人倫的システムが生まれ、これにともない自然的システムも一つのサブ・システムとなった。精神科学の独立性は、このサブ・システムとしての精神的人倫的システムの相対的自律性によっているのである。このようにして、歴史的過程の中から生じてきた精神科学の独立性に基づいて、自然科学的過程と精神科学的過程の「比較不可能性」(I, 12) が主張されるのである。

　従来、以上のような自然科学と精神科学の区分は、理解の問題の不当なる狭隘化[15]、あるいは心身二元論の無反省な継承[16]として理解されることが多かった。たしかに『序説』第一部には、自然科学の有効性に対する無批判とも受け取れる態度が散見され、それがディルタイ思想に対する右の嫌疑に対する有力な証拠とされてきた。しかしながら、『ブレスラウ草稿』の公刊とともに、二元論を超えようとするこの時期のディルタイの哲学的営みが明らかになってくるにつれ、そもそも『序説』第二部に見られた自然科学批判が注目を集めるようになってきたのである。

ディルタイは第二部で次のように問う。「近世の自然科学が、……実体的形相や霊的本質存在の形而上学全体を、統一的な精神的世界原因が形作るもっとも内面的な核心にいたるまで解消してしまったとすると、自然科学はこの形而上学を解消して何にしてしまったか」(I, 365)。形而上学を解消した自然科学は新たな形而上学となっているのではないか。ディルタイによれば、「フェヒナーが最近「夜の見方」[17]として述べた一つの立場、すなわち原子や重力を形而上学的実在……にすぎないとする一つの立場が有効である限り、古い形而上学が新しい形而上学に取り替えられただけ」に過ぎないのであり、しかもその変更は「より悪いものがより良いものと取り替えられたとは決して言うことはできない」(I, 365)[18]ものなのである。ディルタイは、科学的認識を「表象にとって明解で、生活にとって有効」である限りにおいては認めるが、その限界を超えた「形而上学的一元論者」は批判する「真に実証的な研究者」(I, 365)の立場をとろうとしているのである。[19]

この第二部における自然科学批判は第一部の論理と矛盾するものではない。第一部の論理から説明するならば、自然科学の形而上学的一元論者とは、精神物理的生統一体としての全体システムを自然的システムに還元する者のことである。第二部における批判は、第一部の論理から導かれるものであり、両者は矛盾しているのではない。しかし、第一部と第二部の自然科学批判の調子の相違は、ディルタイに対する評価のぶれとして反映していることには注意が必要である。従来、第十九巻が発表される以前は、第一部の印象のもとにディルタイの評価がなされることが多く、「ディルタイは自然科学に疑いを挟まずに受け入れたことで、彼の精神科学の理論は少なくとも幾分かは危うくされているのだ」と信じられた。[20]しかし、『序説』第二巻の草稿が明らかにされることによって、『序説』第二部の形而上学としての自然科学に対する批判が再評価されるにいたったのである。

先に述べたように、精神科学の基礎づけはフランス革命以後の動揺した社会の「健全な進歩」のために企てられた。精神科学と自然科学の区別は、精神科学の基礎づけのためにその領域を確保しようというだけのねらいで試みられたのではなく、精神科学の領域に侵入しようとする自然科学一元論に対抗する戦略上の必要から要請されたのである。十七、十八世紀に発展した「社会的諸理念の体系が革命においてその実践的帰結を引き出した時代」、それは自然科学一元論が革命的動揺を引き起こした時代であるが、その時代にドイツでは「歴史的成長をすべての精神的事実の成立過程とみる一つの見方」ができあがり、「先の社会的理念の体系が真理ではないことを証明した」(I, XV)。ディルタイの精神科学の哲学的基礎づけの試み、つまり記述心理学の構想は、このドイツにおいて成立した歴史学派の「その理論的完成と生への影響にどうしても妨げとなった内的制限」(I, XVI)を克服する試みであると同時に、さらに広く言えば、空間による時間の支配に抗して精神の自律性を勝ち取ってきた歴史的民族の働きの一環なのでもある。

三　精神科学の分析的方法
——文化のシステムと社会の外的組織——

右に記したような歴史的文脈の中に位置づけられるディルタイの営みは、当面は啓蒙主義的抽象学派と歴史学派の調停に集中する。その調停の試みがもたらした象徴的な理論的産出物が「文化のシステム (die System der Kultur)」と「社会の外的組織 (die äußere Organisationen der Gesellschaft)」(I, 42) である。

ディルタイによれば、精神科学は一方では歴史学派の後を継ぎ「歴史的社会的現実性の単一なもの、個体的なものを把握する」ことを目的とするが、他方では抽象学派の学の普遍性の理念を継いで、個体的なものが形成される際に働いている「斉一性を認識し、その形成をさらに進める目標や規則を確かめる」(I, 27)[21] ことを目的とする。この二つの認識課題のうち、先行するのは個体性の把握の方であり、この点精神科学と自然科学では順序が異なる。自然科学は自然の斉一性を前提として、個別的な事象が他のケースにおいても同じように起こるということを結論するが、これに対して精神科学においては、そのような斉一性を前提とすることはできない。「精神的世界の事実のあいだの関係は自然過程の斉一性と比較不可能」(I, 11) なのである。というのは、精神科学は「存在するものの認識と並んで、価値判断や命法の連関の意識……を含んで」おり、「精神科学の事実を、自然科学から類推した狭い斉一性の認識のなかに押し込めたり、そのような仕方で不具にするのではなくて、精神科学が成長してきたとおりに補足し基礎づけ」なければならないからである (I, 27)[22]。自然科学において前提となる斉一性は、精神科学では個体的なものの研究の成果として後から手に入るものなのである。

個別的なもののもっとも基本的な単位は、歴史と社会の構成要素であるところの「生の統一体」、つまり「精神物理的個体」(I, 28) としての個人である。第二章でもふれたように、ディルタイはこうした立場をとるために、個人を超えた人間集団を実体化する、例えば「民族魂、国民、民族精神、有機体 (Volksseele, Nation, Volksgeist, Organismus)」(I, 41) のような概念を使用した歴史叙述には賛成しない (Vgl. I, 31, 41)。しかし他方でこの個人は「社会的現実の連関のなかにのみ現れる」(I, 30) ものであり、したがってこの個人に関する心理学は「社会での相互作用を抜きにした、いわば社会以前に存在するような人間を経験のなかに見出すこともできなければ、推論することもできない」(I, 30) のである。負荷なき自我は幻想だというわけである。

ところで「民族精神」等が否定されるのは、それが歴史の中における相互作用という事実から認められるものではなく、そうした事実の検証に先立って措定される形而上学的実体であるからである。他方、個人が含まれる「社会的現実の連関」は実証的個別研究を通してのみ知られるのであり、こうした研究を通じて連関のなかに含まれる個人は分析的に解明される。個人が含まれる社会的事実の連関は、法や宗教、言語などの形において多様な現れ方をするが、これらについての理論をディルタイは「第二秩序の理論」とよび、これを、記述心理学を「自然連関の諸条件のもとにある個人の相互行為に応用」した結果として生じる「社会の外的組織」と「文化のシステム」についての科学として捉えるのである（I, 41）。第二秩序として並べられる文化のシステムと社会の外的組織の違いは、考察の出発点となる歴史的統一体が、一つの「目的連関（Zweckzusammenhang）」に結び合わされているのか、あるいは、持続的な原因により「諸々の意志を一つの全体的な結合に統一」されているのか、にある（I, 43）。統一体が前者の特質を実現しているとき、それは文化のシステムと名付けられ、後者の特質を実現しているとき、それは社会の外的組織として捉えられる。具体的に言えば、倫理や教育、宗教、経済などは文化システムの例であり、国家や教会、政治結社や労働団体などは社会の外的組織の例である。そして、このような第二秩序のもろもろの「結節点」として、個人があらためて把握されるのである（I, 51）。

文化のシステムと社会の外的組織の二分法は『序説』に特徴的な議論である。ヨーアッハが論じているように、この二分法はテンニエスのゲマインシャフトとゲゼルシャフトの区別とは異なる。(23) したがってディルタイの二分法は、「ゲマインシャフトからゲゼルシャフトへ」のように前近代と近代とを対比し、近代化の不可避的過程を捉えるための概念装置として機能するものではない。しかしそれは、違った仕方で近代社会を捉える試みなのである。前章で論じたように、システムという観点は初期のディルタイからみられ、特に『七五年論文』では歴史的社会的世界の独自性を基礎づけるために使用されていた。『七五年論文』では外的組織についての言及がなかったことを考えると、社会の外的組織への観点は七五年以後に付け加わったと考えられる。この発想の起源は、おそらくブレスラウ時代の同僚で、一八六八年に『ドイツ団体法』(24) の第一巻を公にしたギールケ（O. Gierke, 1841–1921）にあるように思われる[25]。ディルタイによれば、家族や国家のような事実の解明は「一つのメカニズム」を組み立てるものでしかない概念的構成に委ねることはできないのであり (I, 73)、可能なのは「社会の外的組織が家族団体の生き生きした力強い統一から分化してきた偉大な歴史過程に光を投げかけるようなもろもろの遺物を解釈したり、またいろいろな部族や民族に見られる団体生活、団体発展を比較の方法に委ねること」(I, 73)[26]である。この研究の具体例がギールケであり (I, 71)、そうしたものを踏まえてディルタイは、すべての団体生活を生み出す母胎としての家族団体が「分化過程」を通じて社会の外的組織を生み出してきたと考え (I, 75)、さらにこの社会の外的組織の分化とともに、それと密接な関係にある文化のシステムも分化してきたと考えるのである (I, 54)。このように、外的組織を組み入れることによってディルタイは、文化のシステムだけでは十分に説明できなかった歴史の分化過程を捉えることができるようになり、さらにはこの「分化」をキーワードにして、近代という時代の特質を捉えることにもなるのである (I, 82)。

四　文化のシステムとその学問

文化のシステムについての科学は、「文化の進展の経過につれてしだいに細かく特殊化していく多くのシステム」(I, 51) を、たんに並立させて考察するのではなく、それぞれのシステムを「歴史的社会現実の全体」の展開、したがって「人間本性の一構成要素の所産」、「すべての時代の社会に共通なこの基礎［人間の本性］に基づいている」(I, 51) ものとみなして、諸々のシステムの研究を相互に関連させて考察する。ディルタイがこのために選んでいるのは、法と人倫というシステムである。

法というシステムでは、社会の外的組織の関係も問題となる。文化システムと社会の外的組織との関係が問題となるのは、「法」においては両者が完全には切り離されておらず、いまなお未分のままに共存しているからである（I, 54）。法が両者の統一であるということは、法がたんに社会の外的組織によって決定される命令であるだけではなく、ある目的連関をなしてもいるということを意味している。「法とは、絶えず作用している心理学的事実としての法意識に基づく一つの目的連関である」（I, 54）[27]。この言葉の意味することは、法はたんに現実の法律からその本質を導出することのできるものではなく、ときには実定法に背くこともある法意識に基づいているということ、また法は超時間的な永遠の正義に根拠を持つようなものでもなく、人間の意識事実に根拠を持つ記述心理学的なものであるということである。この考え方は特にディルタイの自然法批評からもうかがえる。「法はつくられるものでなく、見出されるものである。それがどれほど逆説のように聞こえるとしても、このことは自然法思想の深い思想である」（I, 78）[28]が、「自然法の考えは、法のこうした目的連関がその諸関係から、とくに経済生活ならびに社会の外的組織に対する関係から切り離されて考察され、歴史的な発展の彼岸におかれたことによって、誤りあるものになった」（I, 79）[29]。

このように、目的連関と社会の外的組織という二つの事実の相関によって規定される法という捉え方によって、ディルタイは自然法学と実証主義法学の双方を批判し、両者を調停する立場をとるのである。もちろん実際には、当時のドイツでは自然法学はあまりかえりみられることはなかったといわれるから[30]、ディルタイが現実に対立したのは、実証主義の法思想、とりわけ観念論的な法律構成の世界に陥っていたといわれるいわゆる概念法学、またゲルバー（K.F.W. Gerber, 1823–91）やラーバント（P. Laband, 1838–1918）らの国法学であったと考えられる[31]。特にそのことは、当初ゲルバーとともに歴史的素材から解放された法教義学の構築を訴えながら、六〇年代にいわゆる転向をし、『ローマ法の精神』[32]第三巻（一八六五年）で法律学的構成の論理信仰をあからさまに断罪するにいたるイェ

ーリング (R. von Jhering, 1818–92) についての批評からうかがえる。

すでに『七五年論文』においてディルタイは、「この問題全体にとって基礎を提供する研究として、私はイェーリングの『ローマ法の精神』第三巻を挙げる。この作品は、哲学者にとっても計り知れぬほどの贈り物であり、より深い法哲学をはじめて可能とするものである」(V, 65) と、いわゆる転向後のイェーリングを高く評価していた。もっとも、七八年のヨルク宛の手紙では「イェーリングは、聞くところによりますと、ドイツ的ダーウィン主義の人殺しの隠れ家 (Mördergrube) に入ってしまいました。利己主義から法律が、社会的必要への法の適用からその発展が、こうした実際の法律から法感情が生まれるというのです。これが本当にダーウィン主義的自然法のきれいに育った鞘の中の種子ならば、またもやすぐれた悟性が打ちのめされたということです」(BW, 3) と記し、『法における目的』[33]第一巻(一八七七)におけるダーウィン主義的自然主義一元論を危惧しているが、『序説』では「[ローマ法の精神で考えた]法の体系に対するこの問題を一般化し、比較によって考えようとすると、心理学の協力なしにすませることはできない。それでイェーリング自身も、彼の『ローマ法の精神』から『法における目的』に歩を進め、「目的が法体系全体の基礎である」ことを論証しようとしたときには、「彼の領域で哲学研究をやる」決心を、つまり心理学的基礎づけを求める決心をせざるを得なかったのである」(I, 59f.)[34] とし、その試みを法学研究における心理学的基礎づけの試みと評価している。

先に述べたように、精神科学は個別的研究からはじまり、それらの比較を通して、斉一性や法則性へと進まなければならない。イェーリングの『ローマ法の精神』はこの個別研究の事例であり、『法における目的』はそのような個別研究に基づくところの法の一般理論として理解される。もちろん、この一般理論がダーウィン主義によるのだとすれば、それはディルタイの受け入れることはできない自然主義一元論であるが、『法の目的』の序文にあるように、目的こそあらゆる法の創造者であるというこの書物の基本思想にある目的概念はディルタイの師トレンデレンブルクに近いものであり、[35] ディルタイにも受け入れやすいものであったと思われる。それどころか、法を目的連関によって規定しようとするディルタイの発想は「生とは外界と自己存在との実際的な目的連関 (Zweckbeziehung) である」[36] というイェーリングの言葉に由来するのかもしれない。このことははっきりしないが、いずれにせよディルタイは、いわゆる転向後のイェーリングの中に精神科学的法学の実践の実例を見ているのである。それは、たんに考察の手順ばかりではなく、法律構成を実際には先行する利益衡量を度外視して純粋に論理的な操作として行うものであるかのごとくに説いたパンデクテン法学に対抗し、法概念は生活のためにあるのだと唱える点において、つまり理論と生活実践との関係を強調する点においてもそうであったと思われるのである。

ディルタイが文化システムの学のもう一つの例として挙げているのが、「倫理学 (Sittenlehre)」(I, 58) である。倫理学が対象とする「人倫のシステム (ein System der Sittlichkeit)」は、宗教や法と相並ぶ「力ある真の実在」(I, 61) であり、「習俗 (Sitte)」を基礎にし、道徳や慣習法の一部をも含むものである。習俗は、民族や国家によってはっきり区別されるのに対し、「人倫 (Sittlichkeit)」は、たしかに社会の外的組織の相違によるヴァリエーションをもつが、「ただ一つの理想のシステムを形作」っている (I, 61)。ディルタイによれば、従来この人倫的な行為を理解する際に基礎とされてきた見方は、結果に関わらず自己の内面的な動機にしたがって行為するという見方か、あるいは、傍観者がどのように感じるかを考えて行為するという見方かのいずれかであった (I, 62)。文化システムとしての法を捉えるにあたって自然法学と実証主義法学を調停しようとしたように、ここでもディルタイは動機説と結果説を調停しようとし、人倫を人間の意識事実から把握しようとする記述心理学的なアプローチをとる。「人倫のシステムは、一定群の意識の事実と、これらによって引き起こされる人間の行為という構成要素とにおいて成立する」(I, 61)[37]。人倫的なものは、一方では「動機づけの際の生きた力として現れ、他方では他人の行動に対して外から公平な是認または否認のかたちで反応する力として現れる」(I, 61f.)。ディルタイによれば、両者の力は同一である。何故なら、「私が行為者として道徳的義務に縛られているすべての場合に、この義務は傍観者としての私の判断の根底にあるのと同じ命題で言い表される」(I, 62)[38]からである。

文化システムの学は、いわゆる二元論を克服する体制をとっているということができる。法と人倫において対比された二つの立場、すなわち法における自然法論と実証主義法学、人倫におけるカント的な道徳法則の原理とイギリス道徳科学の共感・常識の原理は、同じ意味での対立ではないのだが、しかし四者には共通するものがある。これらは、法なり人倫なりの正当性ないし根拠を超時間的な永遠の正義や主権者の意図、あるいは実践理性やコモン・センスなど、当該文化システムそのものとは異なる次元から調達するという論理構成をもっている。現にあるシステムとその原理との二元論的な構成をとっているということである。これに対してディルタイは、まず現実的なものが成立する意識事実の根源に立ち返り、そこからシステムが成り立つことを示すことによって、この二元論的な構成を廃止し、両者を調停しようとする。個人の意識事実によってシステムが作動すると同時に、全体のシステムのなかで個人の意識事実は働きはじめるのである。

五　補説：社会倫理の試み

倫理をこのようなシステムとしてみるディルタイは、中期後半の『倫理学体系』(System der Ethik, X, 13) において「社会倫理 (soziale Ethik)」を唱える。十分なる成功を収めているとは言い難い「社会倫理」ではあるが、功利主義のような抽象的合理的な個人倫理 (X, 30ff.) でも、また個人を超える社会共同体の倫理学でもないシステム論的倫理学の展開という点で、われわれにとっては重要である。

一八七三年の大不況期を境として、資本主義が前期的産業資本主義の時代に別れを告げ、徐々に独占と帝国主義の時代へと移行するなかで、「工業的、社会的、経済的窮状の事実」(1876, XVII, 73) にも注目していたディルタイは、『倫理学体系』の中で次の四つの事実を指摘している。第一は、自然科学の発展による人間理解における自然科学的方法の一元化の進行 (X, 14)、第二は、社会問題の発生と社会の変革を目指す労働者階級の運動の発展 (X, 14f.)、第三は、歴史研究の進展とそれに伴うキリスト教倫理の形骸化 (X, 14f.)、第四は、社会に対する闘争の芸術への波及 (X, 16f.)、以上の四つである。「現代のヨーロッパ社会は、このような変化する状況のなかで、生の意味を解明し、生に目標を与えることのできる原理を探し求めている」(X, 17)。この危機意識は、ディルタイの研究生活を貫いており、彼の社会倫理の動機をも構成している。ディルタイ教育学の研究者ウルリッヒ・ヘルマンは、このようなディルタイの社会的関心をもって、「私有財産の問題、資本と労働の関係を背景とした正当な社会秩序の問題、疎外されない、人間らしい生活の問題、これがディルタイの神学からの訣別の終止符になると同時に、彼の実践的・政治的社会科学としての精神科学の根本的問題提起となっている」と述べている(39)。神学の講壇神学化・生活への無力化に対するディルタイの批判が、資本主義的問題状況に対する社会的公正の要求につながるというヘルマンの解釈は、それとしては正しいだろうし、また精神科学が文献の世界だけではなく実践に関わる科学たろうとしたという指摘も間違いではない。しかし問題は、いかなる社会的公正を、いかなる実践によって実現しようとしたのかということである。「社会倫理」にその側面が積極的に表現されているとは言い難いが、しかしそこに記された社会主義批判は、「社会倫理」の目指すものを間接的に伝えている。

ディルタイは「自然科学から導かれた帰結や、そこに由来するキリスト教道徳の拒否、ヨーロッパ文学において従来妥当していた倫理的観念の決定的な破壊」(X, 13)という伝統的社会の土台の解体を、新しい労働者階級による社会主義運動の精神的背景として指摘する。彼はこのような歴史的変化の問題性を自覚しつつも、その問題の解決策としての社会主義運動について否定的である。「社会主義は、……財産、婚姻、家族が今後も社会とその行為の変わらぬ基礎としてみなされることに異議を唱える。それは、きわめて強力な自然科学的方向の最終的な帰結をその基礎に使用している。淘汰、遺伝、動物性が社会変革にとっても比類なき原理とみなされなければならないならば、社会の生活形式の規則もまた、これらの条件においてのみ基礎づけられることになる」(X, 15)。ディルタイは社会主義の核心を、人間の歴史的形成物の否定と自然の原理にしたがった新たな社会再編として受けとめている。社会主義は、こうした自然主義と経済主義との結合として捉えられる。「社会主義の現代的な科学的形式は、近代政治経済学との結びつきによって高められたのである。とりわけ、マルサスの人口論、リカードの法則が基礎を提供した。これらに基づいて、現代社会主義の主著、マルクスの『資本論』が成立した。これに、ラッサールがつながっている」(X, 15)。

ディルタイのこうした社会主義理解の浅薄さをここで問題としたいのではない。問題は、社会主義批判をする精神科学の社会主義との皮肉な関係である。ディルタイによれば、社会主義の基本的なテーゼは次の五つに要約される。一、神経生理学や生物学を用いた人間理解という自然科学的な下部構造、二、その帰結として、人間の倫理的行為や思考を生物的過程によるものと捉えること、三、生の此岸性の原理、四、歴史的理解、五、政治経済学の分析、である(X, 16)。このうちディルタイが批判の対象とするのは一と二であるが、これは、周知のようにマルクスも俗流唯物論として批判したものであり、したがってここにマルクスとディルタイの並行性を指摘することができるのである。そればかりではない。よく知られているように、マルクス亡き後のマルクス主義は、エンゲルスの影響もあって、自然科学的な方向性を強め、歴史の進行に関する必然性の強調、革命的実践の建前化をもたらし、現状に対する批判力を欠如するようになった。このようないわばマルクス主義の自然主義化・非哲学化に対して、実践と哲学の意義を再びよみがえらせようとしたのがルカーチである。彼は、ディルタイの影響を受けて精神科学的方法を採用したが、[40] この思考は一九三〇年代のフランクフルト学派にも共通する。[41] これは「歴史的理性批判」が「経済学批判」に対してもつ意義、とりわけ自然主義化に抗する意義を物語っているように思われる。

自然主義化の問題は実践主体としての人間を自然の客観的過程のなかに含めるために、人間の主体性・能動性が見失われるところにある。ディルタイは理論を生の一環として捉えようとしているが、その生の営みが自然科学的なものとして捉えられると、彼の理論もまた自然主義的なものとして理解されかねない。例えば、『倫理学体系』においてディルタイは人間の核心を「衝動の束」(X, 12, 50, Vgl. BW, 90 [1890]) と捉えているが、この点は彼が人間を生理学的システムに還元しているかのように見えるところである。しかし、法発展におけるダーウィン主義を否定し、意志の創造力を認めるディルタイの言う「衝動」とは、生物的なものではない。「衝動の束はつねに意志力によってのみ保持され」るのであり、この意志によって保持される衝動を核として心的生の目的連関が構成される (X, 50)。意志の第一義性と比べれば思考は二次的なものであり、したがって思考は、「印象と反応の連結」であり、行為へと変換され、衝動の満足を獲得するためのものとされる。高度な思考とされる哲学的思考も同様であり、「あらゆる哲学的世界認識もまた行為のなかにその目標をもつ」(X, 13) のであり、「ただ生きる力に満ちた、実践的な哲学のみが、真に偉大である」(X, 13) とされる。このようにディルタイは意志を、行動し、社会をなす人間の核心とみなしており、この見方は『七五年論文』を引き継ぐものである (V, 60)。理論はナイフと同様に道具であり、実践に役立たなければならないのであり (V, 42, XVIII, 47)、おなじことは『序説』において、新しい科学が認められるかどうかは「私の前にあるナイフがよく切れるかどうか」という問題なのだという形で言われている(I, 85)。九〇年にディルタイは「哲学は世界をただ様々に解釈してきただけである。しかし問題なのは世界を変えることである」という有名な言葉を一般向きの評論誌上で紹介さえしている(XV, 321)。今日では中期ディルタイの人間と環境との関係づけを捉えてディルタイ思想のプラグマティズムが語られることがあるが、(42) それもまた頷けることである。

ところで、『倫理学体系』においてディルタイが人間の核心を「衝動の束」(X, 12, 50, Vgl. BW, 90 [1890]) と捉えるところから、いわゆる共通善の崩壊過程の終着点にディルタイを位置づけるヘンニスの見方がある。(43) もちろんこれは、ディルタイが共通善を破壊したという意味ではなく、彼が近代の共通善の崩壊過程を認めた上で社会的共同性を導くための原理と力との探究にあたったという意味で理解されなければならない。個人の幸福の最大化を目指す倫理学でも共同体的宥和を理想化する倫理学でもなく、個人と共同体が宥和する倫理システム、言うならば「中庸」を目指す倫理(44)としての「社会倫理」の試みは、それとしては十分な成功を収めたということは困難であるが、ディルタイ思想の実践的意義の一側面を照らし出すものと言うことはできるだろう。

六　社会の外的組織と自由

ディルタイが文化のシステムから社会の外的組織を区別しているのは、人間を共同社会のなかにまとめる働きそれ自体は文化のシステムでは果たされることのできない固有の働きであると考えているからである。「人間の熱情の無秩序な力と同様に共同を求める人間の心からの要求や感情が、この文化のシステムの構成要素である人間を、人類の外的組織の一員にするのである」(I, 47)。(45) 社会の外的組織の心理的基礎の一つは「あらゆる種類の共同体、および共同体の意識」(I, 66) であり、もう一つは「意志の間の支配と従属」である (I, 67)。この二つの心的事実をもとに、ディルタイは「共同感情 (Gemeingefühl)」(I, 67) や「自由」(I, 68)、「強制」(I, 68) という心理的事実を導き出し、社会の外的組織がこれら心的事実を基礎にして成り立っているとする。「心的事実は、ごく微細な血管を流れる心臓の血液のように、社会の外的組織を貫流している」(I, 68)[46] のである。

社会の外的組織は、無秩序を克服し人間の共同体への要求をかなえるものであり、この意志統一の形成のために「力 (Gewalt)」(I, 70f.) を必要とする。この力は、目的をもった意志によって動かされ、その力によって服従させられる人間は、服従させる人間の目的連関に組み入れられる。かくて、支配と被支配の構造が生じるが、そこに働いているのは、むき出しの力ではなく、目的に導かれた力である。社会の外的組織はこの意味で、文化システムと同様に目的をもつが、文化システムよりも明確な「構造」とその構造の担う「機能」を有するという点に特徴がある (I, 71)。このように、構造的な視点を取り入れることによってディルタイは、社会を有機体の概念で説明する、例えばシェフレ (A. Schäffle, 1831–1903) の議論[47] などと一線を画しているのである。

ところで、このような社会の外的組織と文化のシステムという視点は、ディルタイの自由観をも特徴づける。ディルタイは、たんに外的拘束がない状態である「外的自由」(I, 70) と、行為を人倫的なものにする意志の部分的放棄を導き出す「人間の自由の深み」(I, 70)[48] との二つの自由を区別しているが、前者は国家のような社会の外的組織からの自由、いわゆる消極的自由として、後者は社会の外的組織への自由、いわゆる積極的自由として、少なくともその一つの変奏として理解することが可能であるように思われる。バーリンはこうした自由の教説の元祖の一人としてフィヒテを挙げているが[49]、たしかにロック的な最小限の国家の中で個人に与えられるという前期の自由思想から、有機的民族国家の法に従いまたその国家のために生きることのうちに認められるという後期の自由思想へいたるフィヒテは、二つの自由概念の例証と認められている。[50] このフィヒテにおいて発展的に現れた思想がディルタイでは同時に現れているのである。この同時性は、先述のディルタイの個人観に由来すると考えられる。つまり、民族のような集合的概念ではなくまずは個人を社会を構成する単位として捉え、しかしながら他者との相互作用から切り離された個人は抽象的な存在でしかないとして、相互作用のなかにある諸システムの結節点として個人を捉えると同時に、社会をその結節点の結合とみなす、あの視点である。社会の外的組織との連関にある個人はなによりもまず個人としてあり、共同体的全体性に回収されないということから消極的自由が、個人は他者との相互作用のなかにあって文化システムや外的組織のなかで他者との相互作用の関係にあり、そのなかで他者のために自己犠牲をも厭わないということから積極的自由が、それぞれ導かれるのである。

このように併存する二つの自由は不可分な結合を示している。たしかにまずもって優位を占めるのは積極的自由の方であるとは言える。「どうして歴史の中の進歩の手段が結局は個人の犠牲的献身——愛する人々に対する献身、その中に自分の内的職分が組み入れられている文化システムの目的連関に対する献身、その一員であることを彼が自ら感じている団体の全体生活に対する献身、そして彼の仕事がそのために奉仕する未知の未来に対する献身——にあるのか、すなわち人倫……にあるのか、これが歴史がわれわれに提出するもっとも深い心理学的問題なのである」(I, 100)。[51] しかし、この積極的自由はあくまで個性の発展と結びつかなければならないのであり、個人が社会へと埋没するような事態は認められない。「ミルの小著『自由論』が述べているのは、ゲルマン的な政治的自由のプログラムである。ミル自身は、社会は多様な個人の自由な展開のなかでその最高度の目標を見出さなければならないというその根本思想がまさにドイツの思想家によって彼以前に根本的に展開されたということを強調した。たしかに、ペスタロッチ、ヴィルヘルム・フンボルト、ゲーテによって展開されたのであるが、しかしイングランドやアメリカでもこの思想は、ドイツ思想の成果に基づいて、幾人かの独立した頭脳によって発展をみているのである」(1876, XV, 249)。個性の発展につながらず、社会への埋没に陥る危険性のある有機体的社会主義は厳しく批判される。「個人はその奥底においては一人である。人間の自由や行為を有機体の自然的生の中にすっかり入れてしまう見方が家族を「社会の組織細胞」とみるとすれば、このような概念では社会の科学の始まりにおいてすでに家族団体のなかでの個人の自由な独立的存在が消し去られる。そして、家族という細胞的生から出発する人は、社会の社会主義的形成で終わるしかないのだ」(I, 74)[52]。

以上のように、自由を個性と全体との連関において捉え、前期の「精神の学」で論じたように、全体性のゆきすぎには個別性を、個別性のゆきすぎには全体性を状況に応じて使い分ける柔軟性がディルタイの特色であると言えるが、しかしミルが論じているような社会的専制の問題についてはほとんど眼が行き届かない点においてそれは重大な欠陥を有している。ディルタイのこのような態度は、いささか楽天的な彼の進歩観に由来するように思われる。歴史の進歩をもたらす補助手段としてのアソシエーションについて彼は次のように述べている。「アソシエーションは歴史の進歩のための補助手段である。アソシエーションが現代人をそれ以前の人々やそれ以後の人々に結びつけることによって、意志力をもった統一体が生まれ、歴史という大きな世界舞台はその意志統一体の演技とそれに反対する演技とによって満たされるのである」(I, 66)。アソシエーションが歴史進歩の原動力である人倫の補助となることが可能であるという。こうした見方の背後には、ヨーロッパの自由を生み出してきた歴史における分化過程に対するディルタイの賛美がある。「ローマ法が私法の領域を分離させ、中世の教会が宗教界を助けて完全に独立させたのは、何というすばらしい分化過程(Vorgang von Differenzierung)であろうか。このように精神は、人間の自然支配に役立つ設備から宗教や芸術という最高の形象にいたるまで、これらのシステムの分離や形成、社会の外的組織の発展に努めている」(I, 87, Vgl. I, 352)[53]。原初の家族共同体に集約されていた様々な機能が分化過程を経て種々のシステムや集団に担われるようになるにつれ、外的組織からの自由が拡大し、それぞれの個性に応じて様々な団体やシステムへと献身する自由の機会が増大する。アソシエーションは、そうした個人の献身的自由の外的組織であり、これを通じて歴史の自由の舞台が進行する、というわけである。要するにディルタイは、自由がヨーロッパ史の分化過程そのものに基礎をおいているがゆえに、その進歩を確信することができたのである。

ところで、先に記したようにディルタイは、トックヴィルやミル、ブルクハルトが考えた近代社会がもたらしかねない自由の侵害の危険性[54]については鈍感であった。しかしながら、例えば社会的専制の問題に関して言えば、かなり大雑把な言い方をあえてすれば、すでに国民的統合をなしえた国における多数者の専制という問題である。これに対しドイツでは、帝国の統一は成ってもなお小国分立と宗教分裂という負の遺産が存在し、これに経済的階級の対立が加わるのである。ここで問題は、すでに形成された多数者をどうするかではなく、いかに多数者としての国民を形成するかということにならざるを得ない。自由の問題はこの下に位置づけられる。このような問題設定がディルタイを規定しているために、自由の危機は全体による個人の圧迫という相においてではなく、自由を生み出す分化過程の行きすぎという相において捉えられる。実際ディルタイが危惧する問題は、自由の侵害よりも、自由の濫用、それに伴う共同性の崩壊や価値観のアナーキーなのである (Vgl. SP, 76, 114)。

分化過程としての歴史の進歩に向かうべき特定の目的を設定しなかったと言われるディルタイであるが[55]、それは終局としての目的がないということであって、自由の絶えざる進歩というイメージは彼の有するところであった。では、どうすればそうした進歩が実現できるのか。『序説』のなかではそのためにシステムの究極的な規制者としての国家 (I, 64) が用意されているが、こうした課題が真剣に問われるようになるのは『序説』後のことである。

第三節　想像力と精神科学的実践

実定宗教や実定倫理の指導力に期待することのできなかったディルタイは、理論哲学と実践哲学の区分にかえて、精神科学と自然科学の区分を打ち出し、精神科学に生の実践的指導を期待した。精神科学は、歴史と生活経験のシステムを作動させる想像力の究明によって実践の構造を明らかにし、その法則に従って新しい神話の形成を試みる。これが思考や価値観のアナーキーを克服し、ドイツ的共同体の基礎を形成するものとして期待されるのである。ここにディルタイ詩学が重要性をもって登場する所以が存在する。

一　『詩学』の問題設定

『序説』刊行から四年後に発表された『詩人の想像力――詩学の構成要素』(Die Einbildunskraft des Dichters. Bausteine für eine Poetik, 1887, VI) (以下『詩学』と略記)[56]は、ディルタイ美学の最重要論文であり、すでに代表的な研究書においても論じられてきたところのものである。[57]それらの議論の積み重ねにおいて確認されてきた『詩学』の重要性は、まず第一に、詩学は精神科学のモデルとして位置づけられること、第二に、本格的に展開された最初の心理学的試論であること、第三に、いわゆる「歴史的相対主義者」ディルタイの異なった側面を示していること、に求められる。[58]このような先行研究の指摘は、たしかに一つ一つは正しいと思われるが、形態学的な思考や想像力の心理学などの哲学的課題に注意を集中する反面、前節末に述べたような危機意識との関連にはあまり関心が向いておらず、そのため、教育学や歴史学など他の領域の業績との関連が分かりにくいように思われる。

ディルタイの『詩学』は、芸術と時代との結びつきを強く意識し、現代を「趣味のアナーキー」(VI, 104) の時代と認識するところから出発している。このアナーキーのなかで「芸術家は規則から見放され、批評家は評価のために唯一残された規準としての個人的感情に頼らざるを得なくなっている。そして、公衆が支配し」(VI, 104)、かくて今日の芸術は、「民主主義的」(VI, 105) なものとなった。ディルタイの問題関心は、このような状況下でいかにして芸術の規準を確保し、趣味判断の公共性を確保できるのかにある。

ディルタイは、現代において人々に指導的な規範を提示しうるものは宗教や道徳あるいは科学ではなく、詩すなわち文学だとみる。科学は行為の手段を提示することはできても当為を説明することはできないし、宗教は「神や魂の存在のための形而上学的議論の支援を失った」(VI, 237) ために現代人には説得力が乏しく、道徳もまた「生活を指導する原理や規範を探究」してはいるが、「歴史的現象の多様性と個別性のためにそのような規則を探究するあらゆる試みがあざけりを受ける」(VI, 189) ようなありさまである。そこで、宗教や科学とならぶ「世界を理解するための機関」(VI, 116) の一つである詩こそ、今日では「生の意味についての理想的な概念を提供することができる」(VI, 237) のだとディルタイは主張する。科学・哲学・宗教は、しばしばその現実体験を絶対的なものとみなすため、その概念的原理や超越者によってあらわされる生活体験もまた絶対化されるのだが、これに対して詩は、特定の生活体験を絶対化するものではなくて、典型化するものであり、生を特定の理念に還元することなしに生の意味を開示するというのである。(59)

かくてディルタイは、人間の生活指導の可能性を文学に期待する。「趣味のアナーキー」はたんに芸術の問題なのではなく、人間の生全体の問題であり、趣味の規準の回復は、人間の生の指導、教育の問題に通じるのである。この問題は、実は『序説』におけるシステムの分化の認識とも連関する。『詩学』序論の末尾における「生の歴史的表現の体系的研究に意義をもつ」ような詩学が形成されるならば、「わが国の高等教育のシステムのためにも大きな実践的な意義をもつことになろう」(VI, 109)という発言は、『序説』で国家を最終的な外的規制者とした視点の反映である。システムが分化し(SP, 18f.)[60]、思考や趣味のアナーキーが進行するなかで、このアナーキーを克服し多様性のなかの統一を実現する主体として、ディルタイは国家に期待をかけるのであるが、これが、のちに詩の解釈者としてのディルタイ自身の役回りを規定する契機として働くことになるのである。

二　想像力の問題圏

実践的な課題を担っていた『詩学』の原題は、「詩人の想像力」である。『詩学』の内容的な中心は想像力の探究にある。

カントは、Einbildungskraft[61]を「直観の多様なものを一つの形象たらしめる」「或る活動的な能力」と規定した[62]。このような規定によってカントは、感性と悟性の間を媒介する構想力の特質を表現しようとしたが、『純粋理性批判』の第一版から第二版への変更にともない、構想力の位置は著しく低められた。すなわち、第一版においては、感性と悟性の両極端が必然的に連関するために、構想力の「超越論的機能」の媒介が必要とされ、すべての認識の根底に「アプリオリに存している人間の心の根本能力」としての「純粋構想力」[63]が存しているとされたが、これに対して第二版で構想力は「悟性が完成へと及ぼす一つの作用」とされた[64]。このためカントでは、感性と悟性を根源的に媒介する根本能力としての構想力の機能はほとんど抹殺されたとまで評価される[65]。

バーゼル大学就任講演(一八六七)において「哲学の根本問題はカントにより永久に確立された」(V, 12f.)と述べ、現代哲学の進むべき道をカントに求めたディルタイは、厳密な認識が存在するのは経験において与えられたものについてのみであるというカントの思想に対する深い共感を示した。しかし、カントが厳密な認識の世界を感性の世界に限定したのに対して、ディルタイが探究する世界は歴史的世界であった。ここに、カントではその意義を縮減された構想力が、ディルタイにおいて大きな位置を占めるにいたる理由がある。なぜなら、歴史的世界の経験は、自然的世界における経験のようにやり直し(実験による検証)によって厳密な認識に到達できるようなものではなく、常に記憶と再生、記録とその解釈に基づいて成り立つからである(ED, 129f.)。このため、歴史的世界の厳密なる認識は、想起と解釈の働きの記述心理学的な解明を必要とするが、この働きに大きな関わりをもつのが想像力なのである[(66)]。

すでにディルタイは、カントの意義を強調したバーゼル大学就任講演の年に、『ヘルダーリンとその狂気の原因』(Hölderlin und die Ursachen seines Wahnsinnes, V)という小論を書いて、狂気を生理学的に究明できる現象とし、健全な理性的判断をもった文学者の想像力とそれを区別する試みを行い、その十年後、『ゲーテと詩的想像力』(Goethe und die dichterische Phantasie)という論文のなかではじめて想像力についてのまとまった考察を展開した。この論文は最晩年の一九一〇年において大きく書き改められたが、そのなかでディルタイは、「想像力(Phantasie)」を「生」のなかで作用する力として捉え(ED, 127)、多様な表象やイメージを絶えることのない想起によって再生し、記憶されたもののイメージを変容させ、新たなものに形成する働きとして捉えた(ED, 130f.)。このように想像力は、歴史的精神的世界を成り立たせるだけでなく、それを理解させるためにも不可欠な働きなのである。『詩学』の主題は、このような意味での想像力であった。

三　記述心理学と想像力

『詩学』においてディルタイは、想像力を、たんに主観的に取り扱うのではなく、詩人の歴史性から扱っている。「想像力の働きは、真空のなかで起こるのではない。それは、現実(Realität)で満たされた力強く健康な魂(Seele)に起源を有していると言わねばならない。……あらゆる真正な詩の母なる大地は、歴史的に実際に起こったこと(ein geschichtlich Tatsächliches)である」(VI, 129)。想像力と歴史的現実を取り結ぶ心的機関を、ディルタイは「獲得された心的連関(der erworbene psychische Zusammenhang)」という言葉で表現している。これは『詩学』の前年の『詩的想像力と狂気』(Dichterische Einbildungskraft und Wahnsinn, 1886, VI)という講演で導入された概念であり、歴史と生活経験の統合的認識を目指したディルタイの構想の具体化なのである。

ディルタイは、「獲得された心的連関」という考えを狂人と天才の想像力の相違を説明するために提起した。伝統的に詩人の想像力は「神的な狂気(幻想)」「愛すべき狂気(幻想)」として扱われ、ゲーテやショーペンハウアーにおいても天才の想像と狂気の幻想とは近接していると考えられ、さらに当時の精神病理学においても天才の想像力は健全な状態をはみ出した状態であると考えられていた。これに対してディルタイは、作家の想像力をそのような理性を超えた精神の高揚状態に還元することはできないと主張した(VI, 91, 94)。ディルタイが狂気と詩人の想像力とを区別する指標として挙げるのが、現実に対する感覚、ディルタイの言葉で言えば「心的生の獲得された連関」の働きである。ディルタイによれば、詩人の創造的な想像力は、たしかに通常の経験を超えるような人間的なものの極限のイメージを形成するが、それは妄想を生み出すものとは異なった原因に基づいている(VI, 93)。詩的想像力は「心的生のなかでもっとも高度で至難な働き」である「心的生の獲得された連関を、意識の視野の前に現出する知覚・表象・状態に働かせること」(VI, 94) に基づいているが、妄想や夢の場合にはそのような働きがないのである (Vgl. VI, 138f.)。

獲得された心的連関を知覚や表象に働かせる、とはどういうことか。その働きがない場合のディルタイの記述が参考になると思われる。ディルタイによれば、精神疾患の患者は、心的連関をそのときどきの表象や感情などに適用することができない、「このため、すべての健康人に共通する確たる現実的なものの尺度による表象形成の調整が欠如している」(VI, 94)。逆に言えば、心的連関を表象や感情に適用するとは、すべての人に共通の「現実的なものの尺度」によって、表象作用を調整するということである。この調整作用の働きが凡人と天才を分け隔てるのである。「感情、激情、感覚器官の非凡なエネルギーが、現実的なものの限界を超え出て、心象を自由に展開させる」(VI, 96) のが天才であり、凡人は現実的な限界のなかにとどまる。

このように、獲得された心的連関は、現実的なものの調整力として、内的世界と外的世界を調整する機関として働く。それは、構造をもった一つの全体であり、先天的にではなく後天的に「獲得された」ものとして歴史的内容の刻印を受けているが (VI, 94f.)、しかし「意識にはのぼらず」に、外界と内界との関係を「調整する」機能を果たしている (VI, 94)。このような心的過程を基礎として想像力は機能し、天才において現実を超越して現実を照射する働き、つまり「典型的なもの・理念的なもの (das Typische, das Idealische)」(VI, 101) を生み出す働きを可能にするのである。これによりディルタイは、想像力の起源を神的な狂気にみる古代的ないしロマン主義的な観念を否定すると同時に、当時支配的であった実証主義的な現実感をも克服しようとしたのである。とりわけ後者の文学的形態である「写実主義者 (Realist)」は、ディルタイによれば、「現実的なものの複写をもてあそび、小心翼々としてモデルの制作にいそしんで」(VI, 92) おり、この写実主義の基礎にある「今日の支配的な心理学」(Vgl. VI, 139)

は、事象を「固定した事実」として扱い、その上で、それらの表象の再生や抑制、排除の「法則」をたてようとしているにすぎない (VI, 99)。ディルタイは、精神世界、特に文学的世界を現実の写しに還元するこのような思考に対して、現実を踏まえつつ、それを超える想像力の働きを可能にする心的基礎として「獲得された心的連関」を解明しようとしているのである。

獲得された連関と想像力の働きの鍵となるのがイメージである。心的獲得連関によって外的世界と関わりをもつ人間は、イメージの形成を通して、現実世界に適応したり、あるいはそれを超え出たりする。ディルタイは、内的経験の事実としての表象(思考)・意志・感情に沿った三つの心的形成過程にそって、所与としての現実を超越する三種の想像力を区別している (VI, 144 ff.)。

まず、「思考」という心的形成過程が現実に関わる場合の想像力のタイプである「科学的想像力」(VI, 145) がある。ここでは、イメージは外界を表象するために変形されるが、それは観察された事実の説明のために、観察されたデータを超えて、仮説などを形成する。次に「意志」が現実に関わる場合のタイプである「実践的想像力」(VI, 147) がある。これは、衝動や欲望に基づいて自然を変形したり、共同体の支配を実現したりする場合に働くものである。実践的想像力に基づく意志的行動は、外的には、経済生活や法的政治的制度、自然支配の源泉となっており、また内的には、道徳や宗教的実践を導く役割を果たしている (VI, 146)。ここでは意志されるものを遂行するために、現実が超えられる。科学的想像力は思考の領野を切り開き、実践的想像力は行動の領野を切り開く。この二つの間にあって、「感情」に関わるタイプが「芸術的、詩的想像力」である (VI, 148)。これは、三つの想像力のうちでもっとも自由で包括的なものである。というのは、科学的想像力では経験的データによって、実践的想像力では使用可能な行為の手段によって、それぞれ想像に一定の限界が与えられるのに対して、芸術的想像力はイメージの変容の法則に従って「現実的なものの範囲を超えて自由に展開する」(VI, 137) からである。

科学的想像力や実践的想像力が歴史形成に能動的に寄与するということは、理解しやすい事柄だと思われる。しかしディルタイは、芸術的想像力こそが、人間精神と歴史の関わりをもっともよく説明するものであると考えた。前述の詩と宗教・科学に対する評価の相違が、このことを理解するヒントを与えてくれる。繰り返しになるが、宗教や科学は経験の絶対化へと向かう傾向があるが、この絶対化の要求は歴史的相対性という現実に直面すると、相対性という事実と普遍妥当性という要求とのあいだで困難に逢着する。かつて絶対性を誇った宗教は、歴史意識の発達にともなう形而上学の支えの喪失によって、今や普遍妥当的な生の要求を掲げることが難しくなっている。かつての宗教に匹敵するかのような地位に君臨する科学は、カントが限定した領域における普遍妥当性は主張し得ても、そもそもカントがそのために知識に制限を加えたところの信仰の領域、つまり人間の行為指導の規則に関しては、普遍性を主張し得ない。宗教にせよ、科学にせよ、人間の基本的な心的連関に基づく想像力の産物なのであるが、それぞれは、絶対性と歴史的多様性とのあいだの矛盾を解決しようとするよりも、むしろ絶対性の壁を造り上げようとするために、かえって矛盾を深刻なものとするのである。この矛盾に陥ることなく、歴史形成に能動的に作用するのが芸術的想像力である。普遍妥当性の要求と歴史的多様性の事実という矛盾を克服し、「適切な仕方で生を制御することのできる原理や規範の探究」(VI, 189) という精神科学の課題に応えるものとして期待すべきは、芸術的想像力に関わる詩学なのである。「詩学は自由な人間本性の歴史性という精神科学の基本的事実の研究という点に関して、宗教や倫理の理論にまさる優位点をもっているかもしれない」(VI, 108) からである。

四　想像力と神話
――精神科学の実践的課題――

詩学はまず、その「堅固な基礎」を「心的生」に求める (VI, 126)。これは、人間に普遍的に存在する人間本性であり、これにより人間は個別的経験を超えて詩を生み出すと同時に、他の詩的精神を理解するのである。次に、詩学は詩的想像力の活躍の舞台を歴史に求める (VI, 129)。これにより、詩的技術の歴史性、あるいは詩学そのものの歴史性が証明され、その普遍妥当性は否定される (VI, 202 f., 228)。しかしながら、詩そのものを生み出す詩的想像力は人間本性に基礎をもつ。したがって、そのような人間本性に基礎をもつ詩的作品は、いついかなる場所においても人間の心を動かす力をもつ。これが「古典」である (VI, 192)。このようにしてディルタイは、詩学においてこそ、人間の歴史的作品がもつ歴史性と普遍妥当性との矛盾 (VI, 157) という問題を解くことができると考えるのである。「このようにしてわれわれは、歴史学派の問題解決法を後にすることができるのである。全く幸運にも！　というのは、生は、絶対的に思想による指導というものを求めているからだ。そのような指導が、形而上学によって為され得ないならば、生は別の根拠を探すであろう。時代遅れの詩的技術論がそうだったように、古典期の模範のなかにそれを見出すことができないならば、探究の場として残っているのは、人間本性それ自体の深み、歴史的生の連関である。そして実際、ここで普遍的に妥当する規則が発見されたのである」(VI, 189 f.)。

もちろん、このような心理学的な想像力論に基礎をおく創作論、つまり詩学は、ギリシアにおける始源の詩学とは大いに異なることは言うまでもない。ギリシアのポイエーシスは、心理的な想像力の産出に帰せられるものではなく、存在の「具体的構成的な本質提示」[67]であり、歴史家が個別的な事実を示すのに対して、普遍的なものを示すのである。[68] ところがディルタイは、このようなミュトスを作り出す詩人の視点を歴史家の視点に重なるものとみなし、[69] 詩的想像力を歴史的世界の理解にも応用するのである。この経緯は、アリストテレス的実践を歴史的生として解釈し直す前期の思考に通じるものであり、これを図式的に表現するならば、古代ギリシアの存在論的思惟とは異なる、近代の歴史主義的人間中心的思惟であると言うことができよう。ディルタイにとって開示されるべき世界は、古代の神話世界を成り立たせていたコスモスではなく、人間本性の織りなすシステムと組織の複合的全体であった。[70] しかしながらこの相違にもかかわらずディルタイは、古代人が詩を用いて共同体の形成に役立てたように、神話的なものの再生によって「趣味のアナーキー」(VI, 104) を克服しようとするのである。

神話は、人間と現実とのもっとも重要な関係を表現したものであり、さまざまな象徴を通して、人間と現実との関わりの意味を教えるものである (VI, 236f.)。「父と子の関係、男女の関係、戦争、略奪と勝利、祝福された大地と楽園のイメージ」(VI, 237)、これらの目に見えるものを通して、超越や永遠などの目に見えないものを表現するのが神話であり、詩や儀礼によって表現されてきた。中世ヨーロッパではこの神話的な世界は形而上学と神学の結合という形をとったが、十五世紀来徐々に解体がすすみ、宗教と芸術とが分化するにいたった。宗教の信頼性が喪失したとみるディルタイは、芸術にこの原初の神話的な意味の再生を期待する (VI, 237)。また科学に対しても、たしかにそれは自然や社会の因果連関を解明してはくれるが、「生の意味、外的世界の意味は、科学では獲得不可能である」(VI, 238) とし、「このような意味は、ただ生活経験のなかにおいてのみ、個人的に、また主観的に含まれている」が、この生活経験の表現をなすものこそ文学であるとする (VI, 238)。つまりディルタイは、失われた神話時代の現実との関わりを現代において再生するものとして、文学を評価するのである。このような課題に応える現代の文学的形式としてディルタイが挙げているのが、『賢者ナータン』『イフィゲーニエ』『ファウスト』といった英雄の系列であり、リヒャルト・ヴァーグナーの交響詩なのである (VI, 239)。

近代における「英雄の世界」(VI, 240) の意味するところを、ディルタイは近代文学史に即して説明している。それによれば、近代の諸民族は、二つの偉大な社会システムとその情緒的な側面を描いた二つの文学の黄金期を生み出した。第一は、中世からの遺制としての「封建的な社会秩序」であり、そこで叙事詩の中に描かれたのは「戦争における勇気、封建的忠誠、騎士道的な恋愛と名誉、そしてカトリック信仰」である。第二は、王政による「統一国家」であり、演劇という形式のなかで英雄的感情を表現したシェイクスピアやラシーヌがその代表である。そして、いまやフランス革命とともに「第三の時代の夜明け」(VI, 239) がはじまっている。それは一方では「科学による生の改造、機械に基づく世界産業体制、社会秩序の唯一の基礎としての労働」などを特徴とする時代、しかし他方では、このような合理的な社会システムの制度化に抗して「歴史意識」が発展してくる時代である。この合理的改革の力と歴史的保存の力、つまり革新と保守の対立こそ、現代の戦場である。かつて専制君主によって確保された統一は「議会や新聞の働き」によって確保され、かつてフリードリッヒ大王がラシーヌに感じとったヒロイズムの感情は、新しい文学の形式において新たな戦場を生きる人間の感じるヒロイズムとなって再生する。これが現代の状況であるとディルタイはみる (VI, 240)。

このような新時代における新たなヒロイズムの文学的形式は「長編小説 (der Roman)」であろうとディルタイは予告するが、現代は過渡期であると述べ、その具体的な事例は挙げていない (VI, 240 f.)。したがってわれわれは、ディルタイの述べるヒロイズムの具体的な事例をヴァーグナーに関する記述に求めるほかない。「それら［ヴァーグナーの交響詩］は、英雄的イメージを説明し、ヒロイズムの魅力を表現することができる。力強く、写実的に描かれた全人、いかにひどく傷つこうとも自分自身と、現実と戦い勝ち誇る人物こそ、アイスキュロスの悲劇三部作がその同時代人に与えたような、高揚感と内的救済感とを近代人に与えることができるであろう」(VI, 239)。たしかにここには、ひとつのヴァーグナー崇拝がある。[71] これをもって、ゲーテをカノン化したディルタイが、またも新たなカノンを発見し、それを推奨することによってドイツの国民国家形成に対して貢献するという、精神科学の政治的・イデオロギー的役割を指摘することはたしかにできる。しかし、こうした指摘はディルタイの直面していた問題状況を開示してくれるわけではない。

神話の形成が求められたのは、神話がなかったからであろう。神話なき世界とは、どのような世界なのだろうか。「人類の発展は、永続的に作用している分化の過程、いわば人類の目的に関連していえば分業の過程において実現される。外的組織は家族、種属、社会形態、民族、国家に分類され、かつますます多くに分岐し、そして同時に諸部分のより高度な結合へとまとめられるのである。文化の大きな目的連関は互いに分離し、対等に独立性を獲得して、共通の効力をもつ諸機関を形成する」(Grundprobleme der Geschichte der Pädagogik, SP, 18f. 傍点引用者)。[72] 近代社会における社会分化の進行をディルタイは指摘する。「このような目的連関のもとに、教育と教育施設は特別の位置を占める」(SP, 19)。経済や法、芸術は人間の生という事実から並列的に生じるが、「教育と教育制度は、それらの外部に特別の位置を占めており、この目的的生活に協働的に関与する能力を、成長しつつある者のうちに発達させようとするものである」(SP, 19)。この特殊な教育の機能を担うのが、社会の外的組織、特に国家である(SP, 20)。このような分化と分業の発展はそれ自体としては、先の『序説』の分析でもふれたように、「文化を進歩させる有力な手段」(SP, 22)とみなされ、特に教育における分化は「中世的な身分上の編成から自由な活動へと」「社会の全秩序を改革する要素」(SP, 23)を有していると評価される。[73]『序説』ではこの進歩に対するいささか楽天的な見解が支配的であったが、しかしディルタイはこのような「進歩」が自然に調和を保って発展するとはみていない。

「今日われわれは、これらの学校相互の関係におけるアナーキーを克服し、学校間に生きた関係を発展させることによってこのアナーキーを一つのシステムに形成するという課題に当面しているのである。この場合、最高の規則とは、国民のなかに現存する精神的諸力を陶冶して、彼らが自己の最大の満足と全体のために有用なものとを得るような、いわゆる生涯の職業に就かせることである。……国家が自己のうちにある精神的諸力を失うことなく、その力にふさわしい進路においてこれを形成して利用し、そうしてこの精神的諸力を実際に効率的に運用することにまず成功するならば、国家は市民的観点からすれば非常に重要なものをかち取ったことになろう」(Grundlinien eines Systems der Pädagogik, SP, 49f. 傍点引用者)[74]。つまりディルタイは、分化の過程が進歩のみならず、民族の精神的諸力の解体の危機をもたらすと考えるのである。かつて神話によって保たれていたこの力は、神話なき現代において国家による精神的諸力の陶冶によって再生維持されなければならない。ディルタイはこの国民的陶冶のための新たな神話形成を唱えたのである。

『序説』公刊後、ディルタイはベルリン大学で教育学の講義をはじめ、教育学に沈潜しはじめる。『詩学』はこの時期における分化過程の精神的危機の側面に眼を向けるようになったディルタイの問題意識を反映している。いまやディルタイは、コスモスなき非神話化された時代における詩の解釈者として、「一切の善いことを人にも伝え、互いに教えあって、共通の意見を持ち、法律を定め、国家生活をする」[75]道を探し求めるのである。

註

（1） Herrmann, Vorbericht des Herausgebers, in: XVII.

(2)『精神科学序説』(山本英一・上田武訳) 以文社、一九八一年、上巻、一五頁。

(3) 前掲邦訳書、上巻、一頁。

(4) 6. Literaturbrief, 1876, XVII, 35 ff.、7. Literaturbrief, 1876, XVII, 51 f., 10. Literaturbrief, 1876, XVII, 71 ff. usw. を参照。

(5) スピーゲルバークの『現象学運動』の旧版では、ディルタイがブレンターノを知るようになったのは九〇年代以後であるとされている (Spiegelberg, 1960, vol. 1, 122 f.) が、エアマースが指摘しているように (Ermarth, 1978, 369.)、すでに『七五年論文』のなかでディルタイはブレンターノに言及している (V, 55)。以下の議論は主として Orth, Wilhelm Dilthey und Franz Brentano zur Wissenschaftsforschung, in: ders. (hrsg.), 1984. に負っている。

(6) Franz Brentano, Psychologie vom empirischen Standpunkte, Leipzig, 1874.

(7)「精神の流れのなかの最高の法則の正確な定式化を妨げる二つの要素がある。まず、法則とはたんなる経験的な法則であり、生理的過程の変化する影響に左右されるのだが、この生理的過程はいまだ十分に研究されていないことである。次に、ここで本質的な役割を演じる精神現象の指向性はまだ正確に計測することができないということである」(Brentano, ebd., 102.)。もちろんこの言葉自体は、心理学的一般化が正確で有り得ない必然的な理由を述べるものであるが、逆に言えば、生理的過程の研究が進めば、それをもとに心理学的法則の樹立が可能であるということでもある。

(8) Ermarth, 1978, 174. なお晩年ディルタイは、主知主義に対抗する意図で『序説』を構想したと述べている (VII, 117)。

(9) スピーゲルバーク、一九八六年、上巻、一〇五頁。

(10) オルトもまた、ディルタイのブレンターノ批判の文言を決定的なものとはみなさず、その共通性の方をこそ重視している。その共通性のなかでもオルトが指摘するのは、両者が精神的な現象 (Erscheinungen) に定位し「現象の学――いわば現象学 (Erscheinungslehre — sozusagen einer Phänomeno-logie)」の相続人であることである (Orth, a.a.O., 27.)。

(11) とくに、他の論考との関連性をよく示しているのは『ベルリン草稿』(1893, XIX) である。『ベルリン草稿』第三部の章構成をみれば、『序説』第三部は全集第二巻、第三巻の歴史的論考と、第四部は全集第五巻の心理学的・認識論的論考と深い関係を持っていることがわかる。

(12) Orth, Wilhelm Dilthey und Franz Brentano, a.a.O., 27 f.

(13) 前掲邦訳書、上巻、二〇頁。

(14) 前掲邦訳書、上巻、三二～三三頁。

(15) Gadamer, 1990 (1960), 264 f.
(16) 三島憲一、一九八〇年、七五頁。
(17) 晩年のフェヒナーの言葉である。彼は動植物や天体にも心霊の存在を認め、光や音をたんに空気やエーテルの振動とするような機械論的な見方を、感覚する人間の外部には光も色も音もない暗黒の世界しか認めない立場だとして「夜の見方」とよんだ。Vgl. Röde, Bd. II, 1996, 330.
(18) 前掲邦訳書、下巻、二三〇頁。
(19) この点においてディルタイは実証主義者マッハ (E. Mach, 1838–1916) と比較可能である。一八八三年に出版されたマッハの『力学の発達』は、当時の物理学を支配していた力学的自然観を批判し、ニュートン力学の基本概念にひそむ形而上学的要素を剔抉したといわれている。同時期に別個に形而上学的実証主義を批判した二人の考えの異同については、Ermarth, 1978, 171, 174. を参照。
(20) マックリール「ディルタイの『精神科学序説』の基礎にみられる科学概念」(真壁宏幹訳)『ディルタイ研究』第四号、一九九〇年、二六頁。
(21) 前掲邦訳書、上巻、四七頁。
(22) 前掲邦訳書、上巻、二九頁。
(23) Johach, 1974, 67. ちなみにテンニエスの『ゲマインシャフトとゲゼルシャフト』は一八八七年の出版である。
(24) Gierke, Das deutsche Genossenschaftsrecht, 4 Bde, 1868–1913.
(25) ギールケは、一八七四年から一八八四年までブレスラウ大学に勤務し、学部は違ったがディルタイとも親交をもったという。久保正幡「ギールケ」(木村亀二編『近代法思想史の人々』日本評論社、一九六八年) 六六頁。なおギールケは、『序説』を積極的に評価する書評を残している。Gierke, Eine Grundlegung für die Geisteswissenschaften, in: Preußischer Jahrbach 53 (1884) u. Dilthey-Jahrbuch, Bd. 7, 1983.
(26) 前掲邦訳書、上巻、九八頁。
(27) 前掲邦訳書、上巻、七七頁。
(28) 前掲邦訳書、上巻、一〇三頁。
(29) 前掲邦訳書、上巻、一〇五頁。
(30) 一八五四年の講演でヴィントシャイトは「自然法の夢は見尽くされた」と述べた。ただし『序説』公刊の翌一八八四年の講演ではかなり多くの人々の間に自然法思想への復帰の傾向があると述べたという(加藤新平、一九七六年、一六〇頁)。

(31) Kreissl, 1970, 75.

(32) Jhering, Geist der römischen Rechts auf den verschiedenen Stufen seiner Entwicklung, 1852–65.

(33) イェーリング『法における目的』(山口廸彦編訳) 信山社出版、一九九七年 [Jhering, Der Zweck im Recht, 1877–83.]

(34) 『精神科学序説』、上巻、八三頁。

(35) イェーリング、前掲邦訳書、七頁。

(36) イェーリング、前掲邦訳書、四〇頁。ただし若干訳語を変更している。Vgl. Der Zweck im Recht, 6–8. Auflage, 1-Band, 5.

(37) 『精神科学序説』、上巻、八五頁。

(38) 前掲邦訳書、上巻、八五頁。

(39) Herrmann, 1971, 210.

(40) ジェイ、一九九三年、一三七頁。また次も参照のこと。W. Jung, Georg Lukács als Schüler Wilhelm Diltheys, 1988, in: Dilthey-Jahrbuch Bd. 5.

(41) ジェイ、一九七五年、五八頁以下。また次も参照。H. Johach, Lebensphilosophie und Kritische Theorie. Zur Dilthey-Rezeption der Frankfurter Schule, 1988, in: Dilthey-Jahrbuch Bd .5.

(42) Jung, 1996, 110ff. また次の著作は意識理論としてのプラグマティズムを論じるなかでディルタイを扱っている。Fellmann, 1991, 16ff.

(43) Hennis, 1963, 66.

(44) 「中庸」を目指す倫理学は、ディルタイ以外にもT・H・グリーンやH・シジウィック、W・ジェイムズなどにも見られるこの時代の傾向である。Vgl. Kloppenberg, 1986.

(45) 前掲邦訳書、上巻、六九頁。

(46) 前掲邦訳書、上巻、九三頁。

(47) Schäffle, Bau und Leben des socialen Kölpers. Bd. 1, 1881.

(48) 前掲邦訳書、上巻、九四頁。

(49) バーリン「二つの自由概念」(バーリン、一九七一年) 三五三頁。

(50) ハウスヒル「フィヒテ」(ペルチンスキー、グレイ編『自由論の系譜』(飯島昇藏・千葉眞他訳) 行人社、一九八七年) 一六一頁。
(51) 前掲邦訳書、上巻、一二九頁。
(52) 前掲邦訳書、上巻、九九頁。
(53) 前掲邦訳書、上巻、一一四頁。
(54) Vgl. Kahan, 1992.
(55) ディルタイの進歩には向かうべき特定の目的が設定されていない。それはいわば終末(目的)のない内在的世界の無限の歩み(Fortschritt)でしかないのである。Pöggeler, Dilthey und die Phänomenologie der Zeit, in: Dilthey-Jahrbuch, Bd. 3, 1985, 133.
(56) アリストテレス学の伝統に倣い、Poetik を詩学と訳す。なおアリストテレスでは、物語(ミュトス)によって行為する人間のミメーシスを制作(ポイエーシス)することが詩人の働きとされる(アリストテレス『詩学』(藤沢令夫訳) 中央公論社、世界の名著、第八巻、二八六～八頁[1448b])。
(57) Rodi, 1969. および、Makkreel, 1975.
(58) Rodi and Makkreel, Introduction, in: SW, vol. 5, 5f.
(59) Vgl. Rodi and Makkreel, Introduction, in: SW, vol. 5. また、次のディルタイの言葉も重要である。「われわれの歴史に関する哲学的概念は文学史から発展した。おそらく詩学は、生の歴史的表現の体系的研究にとって、同じような重要な意義をもつであろう」(VI, 109)。
(60) 『ディルタイ教育学論集』(ディルタイ協会編訳) 以文社、七一頁。
(61) カント哲学ではこれを「構想力」と訳すのが慣例となっているので、以下、カントに関連する限りこれを構想力、ディルタイに関連する場合は想像力と訳す。
(62) カント『純粋理性批判』(第一版、一七八一年)(『カント全集第四巻』(原佑訳) 理想社、一九六六年) 二四一頁以下。
(63) Ebda, B. 124. [二四八頁]
(64) カント『純粋理性批判』(第二版、一七八六年)『カント全集第四巻』(原佑訳) 理想社、一九六六年) 二三二頁。
(65) Heidegger, Kant und das Problem der Metaphysik, 1951. [『カントと形而上学の問題』『ハイデッガー選集第九巻』(木場深定訳) 理想社) 一九六七年]、三木清『構想力の論理』岩波書店、一九三九年、参照。

(66) ディルタイは、Phantasie, Einbildungskraft, Imagination を哲学的な概念として標準化して用いてはいないし、またここで言及したカントの「構想力」や、imagination と fancy の区分などに関わらせて自己の想像力概念を述べてはいない。しかし、カントが構想力を縮減することによって、感性と悟性、形式と内容という二元論の強調にいたったのに対して、ディルタイは明確に一線を画し、それに対する異論を唱えようとしている文脈は明解である (Makkreel, a.a.O., 182. 邦訳、二一三頁参照)。

(67) 渡辺二郎、一九九三年、四七頁。

(68) 「両者[歴史家と詩人]の違いはむしろいま言われた点にある。すなわち、歴史家は実際に起こった出来事を語るのに対して、詩人は起こるであろうような出来事を語る、という点にある。このゆえにまた、詩作は歴史と比べて、より哲学的であり、価値多いものでもある。なぜなら詩作が語るのはむしろ普遍的なことがらであり、他方、歴史が語るのは個別的なことがらだからである」(アリストテレス『詩学』(藤沢令夫訳) 中央公論社、世界の名著、第八巻、三〇〇頁 [1451b4–5])。

(69) Makkreel, Dilthey, 201f.

(70) 「「コスモス」と「システム」の本質的差異は、次のように要約して言うことができる。すなわち、ギリシア的世界観にとってコスモスとは、形態に富む自然的な有機体であり、すべてのピュシスの例にもれず、みずから動き、そのすべての段階において霊魂と精神を付与されている。キリスト教以後の物理学的な世界体系[システム]では、聖書的な創造説の効果が、創造的な原理は世界から分離されており、したがって、自然は機械的かつ物質的に構想されうる、という考え方となってあらわれた」(レーヴィット、一九五九年、六七～八頁)。ただしディルタイは自然的機械的システムだけでなく意味からなる多様な自律的システムを考えている。

(71) 一八七六年のヴェスターマン月報、三九号 (Westermanns Monatshefte, 39) に掲載した『リヒャルト・ヴァーグナー』の次の一節も参照。「われわれは彼のおかげで、その真実なるパトスによって、偽りの英雄的なものを少しばかり脇にしりぞけてもらった。そしてここにおいて、彼は真にドイツ的、われわれの愛すべき価値あるものとなったのである。〈タンホイザー〉や〈ローエングリーン〉の成功の後で、その人生を、われわれの中心となるドイツ神話の更新というような途方もない構想の立ちあげにあらゆる舞台の次元を超えた規準で捧げている人物、すべての批評、彼のほとんどの友人の警告に抗して、その方針のもとでの多年の労作のなか尋常ならざる仕方で、彼をして公衆から遠ざけるものを増大させた人物、このような人物こそ、誠実と真剣、根本性を表している。かくなる人物こそ尊敬を受けてしかるべきなのである」(XV, 192f.)。

(72) 『ディルタイ教育学論集』以文社、七一頁。この教育学の断篇の成立年代は判明しないが、早くとも一八七〇年代末、おそらく八〇年頃と推察される。Vgl. SP, 301.

(73) 前掲邦訳書、七六頁。

(74) 前掲邦訳書、一一四～五頁。この草稿は、ディルタイがベルリン大学で教育学を講義しはじめる一八八四年以降のものと推察される。

(75) クセノフォン『ソクラテスの思い出』(佐々木理訳)岩波文庫、一二二頁[Xenophon, Mem. IV, 3, 12]。

第四章　歴史的世界の解釈学
――中期ディルタイの精神科学論 II（一八七七〜九六）――

ドイツ国民のための詩の解釈者であったディルタイは、歴史論の哲学者であると同時に、国民の歴史を物語る歴史家でもあった。前者の側面については最終章においてふれることにし、本章では後者の側面についてみてみたい。まずとりあげたいのは教育史である。ディルタイにとって教育とは民族的エートスの形成の営みであり、歴史と生活経験の典型的な交差領域である。

第一節　ディルタイ教育史の分析

一　ドイツ古典期の教育思想とディルタイ

ヨーロッパ十九世紀前半の重要な政治思想は、同時に教育思想でもあるといわれる。[1]とりわけドイツにおいては、政治論のなかで教育論が展開されたというよりも、むしろ教育思想が主体となって、その中に政治論が組み込まれたといえるほどである。[2] すでに十八世紀より教育学はドイツにおいて重要な位置を占める学問であった。後期のディルタイによれば、プロシア国家は教育事業を自己の権力強化と自国民の道徳的力を増強するものとみなし、それに心血を注いだ (Friedrich der Große und die deutsche Aufklärung, 1901, III, 158)。ルソーの思想が伝えられ、ペスタロッチや、カントも共感を示した汎愛派 (Philanthropen) が活動する (III, 159ff.)、そうしたさまざまな動きのなかに共通する啓蒙的教育の精神は「一切の実証的なものの中に普遍妥当的なものを探究し、事実のなかに論理を探究する」精神であった (III, 161)。ドイツ啓蒙の教育家は、この精神に動かされ、人間の心理的分析を教育実践に応用した。それにより、各自の内面性を高め、国家の道徳力を革新し、政治的革命にかかわる真の革命を実践できると考えたのである。こういうわけで、フランス革命後の一八〇一年から一八一三年の期間は「教育学の時代」ともよばれる時代となったが、[3] ディルタイのみるところ、ここには理想主義と政治的現実主義の特殊な結合が存した。

「汝自身の悟性を使用する勇気をもて」[4] を啓蒙の標語とみたカントは、理想的な社会を作るための革命は決して人間を道徳性に導くものではないとし、「理性の公的な使用」によって理性的公共空間を創出することこそ真の革新であるとした。[5] しかし、同時にカントは、歴史の進行のなかに「理性的なる独自の意図を全然前提しえない」[6] とし、ヘーゲルの理性の狡知に通じる「自然の隠されたる計画」[7] について語っている。人間の意図的な活動がそのまま歴史の進歩を導くわけではない。しかし「人類のうちに完全な市民的結合態を目指している自然の計画に従って普遍的世界史を論述するという哲学的試みは可能であるばかりでなく、自然のこの意図をさえ促進するものとみなされなくてはならない」[8]。「自然の隠されたる計画」というところを踏まえてディルタイは、「政治的事象に関する、新たな現実主義的解釈の影響」(III, 190) を語る。啓蒙思想は政治的リアリズムによって支えられ、教育事情は国家の権力意志とつながっているというのである。

この時代の教育学が果たそうとした政治的役割を典型的に示すのは、革命後のペスタロッチとフィヒテである。ペスタロッチ (J. H. Pestalozzi, 1746–1826) は、革命によって圧制なき社会がもたらされる限りにおいて革命を肯定し、このような革命の原動力として、民衆を自然的自由から道徳的自由へと高める国民教育の力に期待する。[9] フィヒテ (J. G. Fichte, 1762–1814) もまた、革命が混乱なしに行われるためには民衆自身が自由に値する人間になることが必要であると説き、「救済の手段は……その従来の生命は消えて、他の生命の負荷物となっていた民族を……一つの全く新しい生命へと教育することにある」とし、「従来の教育制度を完全に変革する」ことが「ドイツ国民を維持する唯一の手段」であると提言する。[10] もっともこれら二人の立場は偏狭な愛国主義ではなく、例えばフィヒテのそれは超国家的な道徳的世界秩序の到来を志向するものであった。このような人類的な価値とドイツ的な性格との結合は、ペスタロッチ、フィヒテに学んだフレーベル (F. Fröbel, 1782–1852) にみられたものでもある。[11] 彼らは、その教育目標が普遍的な拘束力をもつと解したのだが、ディルタイ教育学の特質はこの点に対する彼の批評からみるとわかりやすい。

ディルタイによれば、教育の目的は行為にあり、教育学の課題は教育の目的とその目的が実現される機能とを記述することにある。「あらゆる真の哲学の精華と目標は、もっとも広い意味における教育学、すなわち人間陶冶の学である」(IX, 7)。そもそも人間の目的は行為にあり (V, 27)、したがって行為する人間を形成する教育こそ哲学の目標であり、「いっそう幸福な人類の将来」を切り開くものなのである (IX, 7)。このような教育観においてディルタイは古典期の理想主義的側面を引き継いでいるといえるが、しかし彼は、人間形成の具体的目標の普遍妥当性については これを否定し、教育目標は歴史的な妥当性を有するだけであるとする (Über die Möglichkeit einer allgemeingültigen pädagogischen Wissenschaft, 1888, VI)。[12] たしかに「教育の目的は、生の目的からのみ導き出すことができるが、しかし倫理学がこの生の目的を普遍妥当的に規定することは不可能であ」（VI, 57）り、したがってまた教育目標の普遍妥当性も否定される。「人間とはいったい何であり、何を意欲するのかという問い」は、「普遍妥当的概念」や「人間の生の究極的な目的に関する実質的な公式」では決して知られないのである（VI, 57）。この思想は、しばしばディルタイの「歴史主義」、つまり教育目標の相対性を説いたものとして解釈されてきたが[13]、しかしそれは一面的な理解のように思われる。というのはディルタイはそれに続けて次のように語るからである。それらの問いに対する答えは「数千年を通しての人間の本質の発展のなかで」、「人間の全存在の深みから発する生き生きとした経験においてのみ知られる」（VI, 57）[14]。つまりディルタイは、人間とは何か、何を意欲するのか、という問いは、歴史と経験に即して知ることができると言っているのである。

たしかに普遍妥当的とされる教育目標は歴史規定的であり相対的である。しかし注意すべきは、非歴史的超歴史的な思惟に対して歴史性や相対性が主張されるということと歴史的相対主義者であるということは、必ずしも同じではないということである。ある歴史的連関のなかに在ることを自覚した人間がその歴史規定性を自覚しながら設定する教育目標それ自体は、その歴史的連関のなかでは決して相対的なものではない。教育目標が相対的であるというのは、それが置かれたある歴史的連関としての教育システムの外部からそれを見る場合のことである。しかし教育は歴史的連関の内部で行われるものだから、実際の教育目標は確固たるものとして設定しうるのである。システムの歴史性とシステム内の妥当性とは、別次元のこととして論じなければならない。

ディルタイ教育学は現下のドイツ国家という歴史的連関において妥当する教育内容を探究しようとする。システムに適合的な教育内容は形而上学的原理として与えられるのではなく、歴史的連関をつらぬく伝統と歴史発展の方向性を見据えた考察から導かれる。ディルタイが教育制度と「国民的エートス」（IX, 10）との関係に重点をあてて教育史の講義を行っているのは、国民形成という現下の歴史的課題に応じる教育内容を探究しているからであり、それはプロイセンの権力意志と結びついたドイツ古典期の教育学者の政治的リアリズムを継ぐものでもあった。

二　ディルタイ教育学における歴史的考察 I
——ギリシア——

ディルタイの教育史的考察(Geschichte der Pädagogik, IX, 1884–94)[15]はギリシアからはじまる。ギリシア人の「教育(paideia)」とは「人格ないし人格的陶冶という芸術作品の形態化」(IX, 21)である。この意味で教育は芸術に比較され、各々の民族の文化という成果になって現れる。偉大なギリシア文化を生み出したのは、偉大なギリシアの教育なのである(IX, 36)。このギリシア教育の発展をディルタイは二つに区分して論じている。前期は、経済市民的職業と商業とが民族の精神に影響を与える前の時代、すなわち「英雄時代」であり、後期は、それらが民族の精神に影響を及ぼし「市民階層(Bürgerstand)」が形成され、徐々にギリシアが没落を迎えてゆく時代である(IX, 21)。

「好戦的な生活理想」(IX, 22)が支配した英雄時代の教育の目標は、戦争のための丈夫な身体の育成と法律や詩を通じての自由な精神の養成であった。ドーリア人の教育がその典型である。代表的な理論家サモスのピタゴラス(Pythagoras aus Samos)の教育思想の要点は「教育学の政治学への従属」(IX, 24)であるが、これは個人の生が国家の生存の下に位置づけられる時代の教育思想の特質であるだけでなく、およそ共同体のなかで生きる人間の教育に不可避の構造であるとディルタイはみる。ルネサンス以降の個人重視の思潮の結果、個人の教育という課題が国家学から切り離されたのは大きな誤謬であった。「ピタゴラス以来のギリシア人のとった道こそ、今後も繰り返し踏まれるべき道である。一国民の教育制度はその国民の生活条件と生活理想から全体として導かれなければならない」(IX, 24)。しかしながらディルタイは、個人が国家目的に全面的に従属すべきであると考えているわけではない。『序説』にあらわれた個人と全体との関係がここでも登場する。彼の言わんとすることは、国民教育制度においてこそ個人は全体との調和的活動へと導かれ、個人の権利資格が認められるということである (IX, 24 f.)。ディルタイは、このような個人の権利資格が認められる国家の条件として法治国家 (Rechtsstaat) を挙げる。「国家生活一般を教育学の視座のもとに据えた古代ギリシア・ローマ人は、それ故一つの学問によって両者［成人の行為の規制と未成年者の形成］を包括しようと試みたのだった。しかし、個人の独立性という理念が成人相互の関係における教育の使命を後退させてしまって、一般の教育活動において個々人の自己目的が前面に押し出されてきた以上、［成人と未成年者の］境界設定がなされなければならない。こうして一方［成人の行為の規制］では、この境界設定は政治 (Politik) の思想ではなしに法治国家の思想によって制限され、他方［未成年者の形成］では、狭義の教育学における自己目的の思想としての個人の発達 (Ausbildung) の思想によって制限されたのである」(Grundlinien eines Systems der Pädagogik, IX, 197)。[16] つまりギリシアとは異なって現代では、教育学は政治学に吸収されるわけではないということ、特に成人の自律的な行動が法によって守られなければならないということは、ディルタイも十分踏まえていたのである。[17] その彼にして国家学と教育との関連をかくも強調するのは、当時の教育学が国家学的な視点を欠如していることに対する彼の強い不満のためであった (IX, 24)。

では、ギリシアでは具体的にどのような教育方法によって個人と全体との調和がはかられたのだろうか。ディルタイは体育教育と音楽教育とを挙げる。体育教育、特に幼い頃の遊戯や体操は、生の喜びと全体性を教え、精神的倫理的生活によい影響を及ぼす。衛生論の見地からする長生きや健康のための体育教育は「俗物の配慮」にすぎないが、遊戯は人を「全人（ganz Mensch）」たらしめ、詩の母胎となる（IX, 26）。また、ギリシアの厳格な軍事教練は「これからのドイツ国民教育（Nationalerziehung）にとって模範的である」（IX, 29）[18]。他方、音楽教育は、読み方・書き方・算術・詩の教授を含むもので、精神の教育に関わる。ディルタイが特に指摘するのは、ホメロスを通してギリシア人が民族的統一意識を汲み取っている点である。このような叙事詩こそ「真の民族教育の手段」（IX, 31）である。この点についてもディルタイはドイツとギリシアを比較し、ドイツ人は今日にいたってようやく民族統一の役割を詩人に与えようとしていると述べている（IX, 31）。以上、英雄時代のギリシア教育の特質としてディルタイは、教育における祭司層の役割の欠如、自由人向けの一般教養[19]、そして名誉心や功名心という自由人の学習動機を挙げ、これらを好意的に評価するのである。

さて、ギリシアの英雄時代はペルシア戦争を境にしていわゆる啓蒙時代へと移行し、ギリシア発展の第二期がはじまる。旧来の秩序が崩壊しはじめ、多くの形而上学的体系が相争い合う知的革命の時代、このギリシア啓蒙期の教育を指導したのはソフィストである。ディルタイは、一方ではソフィストの登場をギリシア教育制度の自然な進歩であると承認しつつ、他方で彼らがギリシア社会の腐敗堕落の教育的要因となったと指摘する。英雄時代に叙事詩や宗教的儀礼のなかで培われていたエートスが、商業の発展や民主制の広まりなどを通じて徐々に失われていくときに、ソフィストは時流に沿って性格の陶冶を破壊し、知識を消費の対象としたが、そこへ登場したのが、ディルタイが「教育的天才」（IX, 38）とよぶソクラテスである。

ディルタイによれば、英雄時代に徳は神話によって教えられたが、ギリシア啓蒙期に神話は批判され、その教育手段としての意義は失われた。しかしソクラテスとともに、徳は知として、理性によって教授されるものとなる。かつて神話を通じてポリスとの一体性を確保した市民は、新たに理性によってそれを獲得するのである。「ここに政治的奉仕を目的とする教育が生まれる。この命題は、無茶苦茶なくじによる民主制に対して、堅実な国制の基礎を形成する」(IX, 39)。こうしてディルタイは、ソクラテスの試みを国家的教育学の再興として解釈し、没落しつつあるギリシアを一時的にではあれ支えることのできた試みとして評価するのである(IX, 39)。

ソクラテスの弟子プラトンもまた同じ文脈で、『序説』での批判(I, 227)[20]とは正反対に、好意的に解釈される。プラトンは「限度を知らない個人主義」(IX, 40)のもたらすものと対決し、国家を一つの教育組織へと改革しようとした人物として捉えられる。ディルタイがまず注目するのは、プラトンの私的教育制度の廃止の主張ならびに一切の自由主義と党派の争いへの反対である。教師の収入の安定のためには教育内容を民衆の希望と要求に沿うようなものとしなければならないという私学制度の特性のために、ソフィストによって設立された私立の修辞学校はギリシア人の生活の堕落を促進する結果になったとディルタイはいう(IX, 35)。学校の設立形態に関して私立ではなく公立を支持するディルタイは(IX, 35)、個人的利害を全体に服従させようとする「プラトンの理想国家の断固たる偉大さ」(IX, 41)を積極的に承認する。プラトンの教育とは「青少年を指導して、国法によって定められた先哲の奨めた生活態度にいたらせ、もって彼らが成人になってから納得のいくような心情を植え付ける働き」なのである(IX, 42)。

さらにディルタイは、教育される対象についての「心理学」(IX, 43)をも包括する体系的な考察をなした点にもプラトン教育学の偉大さを認めている。プラトンは、魂の三区分とポリス内の各階層の区分とを結びつけ、理性による魂の指導という心理学的命題を哲学者によるポリスの指導という政治的命題に結合することにより、政治的教育の心理学的土台を明らかにしたのである。もちろんこの心理学は記述心理学のことであるから、プラトンの魂の三分説は心的内容の歴史的連関と関連させられ、魂とポリスのプラトン的類比は、魂と歴史の類比として解釈される。欲求は「柔弱で利殖と享楽とを求めることの強いフェニキア人、エジプト人」の精神、気概は「北方のバルバロイ」の精神、そして理性は「ギリシア人」のなかで強い精神であり、それぞれの精神は歴史的発展の段階を表現しているとみなされる。こうしてプラトンの説は民族精神の歴史的三段階論へと変換され、プラトンの考察は「最初の歴史哲学的研究」とみなされるのである (IX, 43)。

ディルタイが教育学を講義した一八八〇年代は、ドイツが帝国の統一を成し遂げ、ビスマルクの指導のもとに列強の勢力均衡の主導権を握っていた時代である。こうした時代にベルリン大学教授であったディルタイが、国民教育論を強く打ち出すことの政治的意味は明快である。彼は自由主義的な「ドグマ」からのプラトン批判に対して反発する。「しかしながら、当時において自由主義の行方はどこであったか。また今日のヨーロッパにおいて自由主義はどこへわれわれを導いたか。……この主義の真理は、年一年と疑わしくなってきたではないか」(IX, 41)。ディルタイの教育論に含まれる政治性は、当時の教養市民層に共通するものであり、[21] とりたてて強調する必要はないが、『序説』にみられた精神科学論とこのような政治性との関係についてはふれておきたい。彼の政治的教育論の特質は、ギリシア的知の歴史化にあると思われる。プラトンの教育論は、人間の共同体全体に配慮する、技術としてのポリティケーとしての政治論の一環をなしていたといわれるが、[22] ディルタイのプラトン論ではそうしたポリティケーの独自の意義はほとんど無視され、歴史的民族的共同体の一体性ばかりが評価されている。これは、言うならばポリティケーなき共同体論、つまり共同体の全体を配慮する知性が場所をもたない共同体論である。というのも、ここで知性は歴史的発展の結果としてすでに共同体的秩序に実現しており、あとはこの秩序をいかに守るかということだけが問題となっているからである。このためこのギリシアをモデルとした政治社会論は、すでに存在する国家的前提への服従の教説となりかねないものである。たしかにディルタイには、『序説』に明確にみられた個人主義的立場や先に指摘した法治国家思想が一貫し、国家権力による人格支配には明確に反対する契機が存するのであるが、しかし例えば法治国家はもっぱら国家作用が行われる形式ないし手続きを示すだけで、権利・自由を制約する法律の内容を国民自身が決定することを建前とする民主主義と必ずしも結合しているわけではないという法治国家批判とまさに同じ批判が、ディルタイに対して向けられる余地はあるのである。(23)

三　ディルタイ教育学における歴史的考察 II
――ローマ、中世――

ローマの教育を特徴づけるものは、ギリシア以上に国家的なその性格である (IX, 55)。ギリシアは統一国家を形成することができなかっただけではなく、市民の法意識を強固にするための宗教意識も欠如し、さらには弱体な法意識を強化するための学校制度も私学制度と奴隷制度によって機能不全に陥ったために、ついにはあらゆる法的概念の破壊へと行き着いた (IX, 58)。これに対して、「英雄時代」のローマは統一国家を形成し、それとともに強固な法的関係を構成し、子どもの教育機関としての家庭と青年の市民的教育との場が有機的に結合し(24)、「現代は過去によって結合され、過去に負うところが多いとの意識、恭順、継続性、法感情――これらのものが教育全般に漲っていた」(IX, 60)。

しかし、これらの特質もローマの発展とともに変化する。もっとも重要な変化は、紀元前二世紀におけるギリシア文化の流入によって、上記の古きローマの精神が廃れたことである。ディルタイによれば、「ヨーロッパの文明(Zivilisation) の連関は、この［ギリシア文明の］伝達、すなわち、普遍主義的なギリシア文明による古ローマの本質の破壊、に依存している」(IX, 64)。ギリシア文明の受容とは、具体的にいえば、ギリシア語の学習であり、そのための学校の創設である。これにより、古ローマの本質である「民族的陶冶 (die nationale Bildung)」から独立した「フマニタス (humanitas)」という理想がはじまり、これはやがて十六世紀における「高等教育機関 (Gymnasien)」の根本原理となるのである (IX, 65)。

紀元前二世紀中葉以後、ローマの高等教育機関はギリシアに範をとって組織されるようになり、やがて私的機関となって、一般社会の実利的な目的を教育の目的とするようになった。これによって、ローマの教育機関は「新興の諸民族のそれよりも民族文化のために機能しなくなり、やがて民族の壊滅を早める」ことになった (IX, 66)。もっとも、一方的に民族的性格の解体が進んだというのではない。大カトー (Cato, BC. 234–149) は古ローマの精神の復興を説き、キケロ (Cicero, BC. 106–43) はフマニタスの理想と民族的理想との統一を説いた。特に後者は、教育の目的をローマ市民としての有能性におき、それは世界市民の意識としてのフマニタスによってあらわされるとした (IX, 71)。ディルタイは、フマニタスをローマの国家意識とギリシア的一神論との結合と分析し、すべての人間は唯一の神の定めた同じ法律のもとに生き同じ使命を担っているがすべての民族を結合してこの理想を実現することこそローマの使命であるというフマニタスの理想のなかに、のちのローマ帝国の秩序形成原理が含まれていたとみる (IX, 72)。

衰退を示したとはいえ、共和制ローマでは教育を論じることは比較的自由であった。しかしローマも帝政に移行すると、学問と政治の関係が変化し、政治的学問の発達は阻害された。政治的な学問は「禁圧される」か、あるいは「絶対主義の弁護者へと堕落」し (IX, 74)、プラトン、アリストテレス、ポリュビオス、キケロなどの思想は衰え、それとともに、政治的に目的を与えられる本来の教育学も衰退した。教育学は政治学との関係を見失い (IX, 77)、政治的所与を前提として制度や教授方法という問題に集中し、教育目的を論じなくなった。このことをディルタイは、「当時にはじまって今日にまでつづき、いまだ完全に克服されていない」教育学の対象の「ズレ」として難じる(IX, 87)。「今日の教育学の課題は、プラトン、アリストテレスの偉大なる政治的立場に立ち、発達した諸科学を手段として教育制度に関する理論を確立することにある」(IX, 87)のである。

以上のように教育における国家的契機を重視するディルタイではあるが、先にも記したように、彼の思想の中にはそれだけには収まらない思想契機もみられる。前項ではその限界をもあわせて指摘したが、ここでは、ディルタイのその思想契機の源泉を彼自身の歴史叙述のなかから指摘したい。ディルタイによれば、すでにギリシアにおいて成立していた一神論の純粋な哲学的形式と比較するならばより「不完全」(IX, 91)ではあったが、しかし外的法則の規定者であるにすぎないギリシアの神に対して、キリスト教の神は各人の内部に所有される神であった。この神の意志は人間の意志を動かす力となって作用する。ディルタイによれば、この考え方によってキリスト教は、ギリシア衰退期の「知識のための知識」(IX, 52)や専門教育のための教養(IX, 53)などとは異なって、「人間の改良を指導する事実上の力」(IX, 92)をもつにいたった。この力によって、神の意志の実現されるべき世界として理念化された神の国が現実味を帯び、人間はあらゆる地上の限定を超え出た全く純粋な個性として、それ自体において価値あるものとみなされるようになる。ここに、純粋に個性としての発展を図ることを目的とする教育思想、すなわち「人格主義の原理」が誕生したのである(IX, 93)。

ディルタイは、キリスト教の人格主義が教育思想の歴史の中にもたらした根本的な問題、すなわち人格主義的教育と国民教育との関係という問題は、現代においても解決を見ていない問題であるという(IX, 94)。すでに確認したディルタイの見解に従えば、人間の歴史的規定性を無視した人格的な理想は、普遍妥当的な理想としては認められない。ただし彼は、この見解からただちにキリスト教的人格主義教育を否定するということはしていない。彼は、この人格主義が人間を内面から駆り立てる力を有している限り、それを積極的に評価している。しかしながら、やがてこの内面的な力は教会制度へと固定化され、信徒の「訓育」(IX, 110) の手段とされてしまうと、つまりキリスト教がローマ化すると、その生命力は失われる。ディルタイはこの時点でキリスト教と袂を分かつ。ディルタイが距離をおくローマ的なキリスト教の特質は、司祭養成の教育が教会行政上の組織と密接に絡み合うという形で、教育が支配に関係をもつこと (IX, 95)、つまり、ギリシア世界とは対照的に (IX, 22)、司祭がヨーロッパの教育の指導者となったことである (IX, 91)。聖職者が主導する支配装置としてのキリスト教に対するディルタイの評価は、中世期の教育論においてより明確に述べられる。

十一世紀までのキリスト教聖職者階級における教育の問題は、服従と科学的根拠抜きの知識伝承を特質とし (IX, 108)、伝承されたものの記憶の訓練が重視され、言葉の意味の穿鑿ばかりがなされる点にあった。このような「訓育」は、人格が本来もっている内面的な駆動力を枯渇させ、服従や恭順の生活理想によって、知性の停滞をもたらしたのである。しかし、本来のキリスト教が有していた人格主義は廃れることなく、騎士的倫理のなかに伝えられたとディルタイはみる。古代にも中世にも共通する騎士たちの生活理想は、独特の「人格的品位 (Würde) の感情」(IX, 111) にあり、その内実は、近代の個人主義・人格主義とは異なる「国家への献身」、「身体的発達と勇敢な防衛力」、「人格の私利からの自由」の三つである (IX, 112)。ディルタイは、訓育の制度としてのキリスト教が生み出す服従の道徳よりは中世騎士層の「自由な人格」に、また個人主義的自由主義社会の「利己心」よりは騎士層の「国家への献身」に強い共感を示している。別所においてディルタイは、中世の調和的精神状態を「交響楽的全体」(II, 1, 16) と捉えていることが示すように、キリスト教によって導入された内的駆動力を備えた人格主義とギリシア的国家主義とが騎士的精神のうちで一定の調和を実現していると考えているのである。しかし彼は、封建制という政治的条件のためにその政治的能力を衰退させた点に、中世騎士層の限界をみていた。高い人格的倫理と政治的能力の分裂というドイツの歴史に重くのしかかる歴史的負債は、ここに起源を有するのである。

四　ディルタイ教育学における歴史的考察 III
——人文主義と宗教改革——

ギリシアから中世にかけての教育史の概観を通して、ディルタイの教育思想を成り立たせる二つの契機が浮かび上がったといえよう。大雑把に言えば、国家的教育と人格的教育の二つであり、それらは不即不離の関係にあると考えられている。人文的教育の目指す個人の一般的陶冶は、国家的枠組みのなかではじめてよく実現され、また国家的教育の目指すよき市民は、人格的教育によってはじめて提供されるのである。この二つの契機のよりよき結合は、ディルタイによれば、ルネサンスよりもむしろ宗教改革にみられた。

ルネサンス運動の始まったイタリアの状況をディルタイは次のように評価する。「古代精神がまず最初に特別に作用したイタリアでは、憲法および国家支配の破綻と絶えざる変更のもと、統一ある学校制度の不断の発展はどこにもみられなかった。ここでは、下層の民衆に対しては男にも女にも教会教育の支配が維持された。人文主義者は財産が支配する一部の社会層、ヴェネチアやフィレンツェ等の貴族にしか働きかけることはなかった。この人文主義文化の薄い層をいたるところで反宗教改革が押し流した理由はここにある。人文主義文化は民衆生活という強力な層それ自体のなかになんらの地盤も持たなかったのである」(IX, 129)。これに対して「ドイツ人は教育制度の名組織者であり、この点においてすでに当時から他の民族にまさっていた」(IX, 130)。このためドイツでは、新しい精神が民衆的地盤を獲得することになったのである。

宗教改革における教育制度の組織者としてディルタイが挙げるのは、ルターの協力者メランヒトン（P. Melanchthon, 1497–1560）である。ディルタイによれば、彼の教育史上の役割は、真のアリストテレスの説と真のキリスト教とを結びつけ（IX, 137）、ギムナジウムを「フマニタスの学校」（IX, 139）としたことである。しかし、このフマニタスの学校は同時に国民の学校でもあった。メランヒトンの学校設立の協力者ルターが、一五二四年にドイツのすべての都市参事会員に対してキリスト教の学校を経営するようにと檄を飛ばしたことをディルタイは、「民族（Nation）の学問的教授は国家（Staat）の仕事であることを説いたもの」（IX, 140）とみなし、これをプラトンの公教育の要求に沿うものであると評価する（IX, 140）。宗教改革は、訓育制度としてのローマ教会から自立した世俗国家を創設し、そこに生ける指導力をもつ内的信仰という基礎づけを与えた。このようなプロテスタント信仰と国家権力との結びつきをディルタイはきわめて高く評価する。「個々の国家の生のなかにこれに生気を与えるエネルギーとして宗教心が取り入れられると、ここから古代の諸民族以来存在したことのない自由と力とが国家組織に生まれてきた。しかもその宗教心（Religiosität）は、いかなる信条（Glauben）との関係においても規制されることがなかったために、この点においてプロテスタントの新国家は古代のそれにもまさるものであった。それは、世界にいまだかつて存在したことのない宗教的・学問的・人倫的・教育的諸力の綜合であった」（IX, 143 傍点引用者）。ヨーロッパ精神史の課題としての国家主義とフマニタスの対立、また特にドイツにおける政治的能力と人格的倫理の分裂を克服する精神的形態は宗教改革を通して実現したのである。宗教改革はヨーロッパ的精神の分裂を克服する解答のモデルであり、ディルタイの教育改革論もまたそのモデルにならう形で展開される。こうして、ディルタイの語る歴史の物語は現代に接続するのである。

五　教育改革論と完全性の理念

ディルタイの教育改革論を理解するには、宗教改革論との対比が有効である。宗教改革にとってのカトリック教会は、ディルタイにとっては当時の領邦教会、学校制度、講壇哲学であり、宗教改革を進める宗教心は、ゲーテやシラー、ハーマンやシュライエルマッハーなどの「ドイツ運動[25]」のなかで生起してきた思想である。しかしこれは、改革の理念的方向性の大枠を語ったにすぎない。改革が唱えられる背景には、プロイセンにおける国民教育制度の歴史があったのである[26]。

ビスマルク体制の成立後、プロイセンの文教政策の理念を表現したのは一八七二年の「一般諸規定」であった。これは、産業資本の要求に適合的で開明的なイデオロギーを表現するものであったが、産業化の進展が教育に影響を及ぼすようになると、インテリ青年層の失業問題などが浮上し、中等教育制度全体のさらなる改革が余儀なくされた。これが一八八二年の「中等学校教則」による中等学校の改組となって実現する。これにより、中等学校として七つの型(ギムナジウム、プロ・ギムナジウム、実科ギムナジウム、実科プロ・ギムナジウム、高等実科学校、高等市民学校、実科学校)が認められたが、なかでも九年課程でラテン語を欠く代わりに実学主義に徹する高等実科学校はこのときに新しく公認されたものである。こうした趨勢のなかでディルタイは、八〇年代後半に書かれたと推定される『中等教育の問題と教育学』(Die Frage des höheren Unterrichts und die pädagogische Wissenschaft, SP) のなかで、「歴史的に生成したもの」つまり「国民全体の心情と緊密に結合したもの」(SP, 129) は損なわれることがないとして、歴史的生成物としての実科ギムナジウムは、その教育手段である「自然科学と近代の言語」を通じて、いかにドイツ国民のために役に立つのかを示してくれるだろうと述べる (SP, 129)[27]。こうして彼は、産業資本主義が発展していく歴史のなかから生まれた実科ギムナジウムの存在の有用性をまずは承認するのである。しかし自然科学の認容が自然科学一元論を意味しないように、実科ギムナジウムの肯定が実科学校一元論を意味するわけではない。『学校改革と教室』(Schulreformen und Schulstuben, 1890, SP) においてディルタイは、ギムナジウム教育における古典重視に対する世間の反発を踏まえながら、「われわれドイツ人があらゆる分野で堅実に思考しうるのは、文法的にしっかりとした教育を受け、意味が明瞭で論理的に確定され、決して常軌を逸することのない古典古代の型をわがものとしていることのおかげなのである」と言い、古典教育の重要性を訴えている (SP, 119)[28]。ディルタイが強調するのは、ドイツ文化における「歴史的感覚」の成長である。これによってドイツ人は「歴史的現実の全体を拾い上げ、それにより精神的現実のあらゆる様相を認識し正しく評価する並々ならぬ能力を手に入れた」(SP, 119)。このドイツを支える教育をもっとも忠実に表現し、またその担い手となっているのが、人文主義ギムナジウムにほかならない。こうしてディルタイは、たんなる実学志向に批判的な態度を表明し、「多様な文化的諸力や文化的関心」(SP, 120) による全人的陶冶の重要性を強調するのである。

歴史の経過のなかであらわれてきた実科的教育課程と人文的教育課程の分化の必然性を認識し、双方の意義を認めるディルタイにとって、実科と文科との両課程を統一しようとする統一学校の計画[29]は、歴史の発展に沿わないものである。彼は、統一学校の設立によってではなく、それぞれの課程における教科内容の改革という手段をもってのみ改善を追求すべきであると主張するが、このドイツ皇帝の意見にも通じる思考を支えるのは、たんなる過去への愛着ではなく彼の歴史観である。改革は分化過程としての歴史の歩みに沿った地道な努力においてのみ可能である。「真の改革は教室での普段の骨の折れる教育活動を介してのみ成就される」のである (SP, 121)[30]。

ディルタイの官僚教育論は、以上の分化の歴史観を基礎にしている。ここで注意すべきことは、分化は分裂ではないということである。歴史の過程としての分化は、全体の調和と矛盾するものではない。否むしろ、調和が成し遂げられることによってのみ、分化としての歴史は偉大な力を生み出すと考えられている。改革期のプロイセンの文部官僚ジューフェルンの業績をまとめた論文（Süvern, 1894, IV）でディルタイは次のように述べる。「このような［ジューフェルンの］思考様式から、ゲーテ・カント・シラーの理想的な人格説の導入にその特徴のあるこの比類なき時代において、個性と個々人への配慮に対する感覚とプロイセン官僚国家の偉大な観点との結合が生み出されたのである。この結びつきこそ時代の特質なのである。そしてこの結びつきの上に、今世紀のドイツとその成功が築かれたのである」（IV, 476 傍点引用者）。つまり、官僚に要請されるのはドイツ運動が生み出した歴史的個性に対する感覚であり、このような形で国家と精神が結合する限りにおいて、ドイツの発展は可能だとみなされているのである。本項の冒頭に述べたように、宗教改革的精神と世俗国家の結合にかわって今やドイツ精神と官僚国家の結合が期待されているのである。もちろんディルタイは、こうした結合が簡単にできると考えているわけではない。ジューフェルンの世代においてさえ創造の時代の後には「停滞と失望の時代」（IV, 451, 504 ff.）が続いたのであり、ディルタイの時代にはさらに自然科学一元論の広がりという事情が加わるのである。ディルタイにとってまず対抗しなければならないのは、歴史感覚不要論を導く自然科学的形而上学、特にその歴史論への応用であり、そのような方向にむけられた教育内容の一元化の動向である。

後期の『学校改革』（Schulreform, 1900）においてディルタイは、いずれの高等教育機関にも同等の大学入学資格を与えるようにすべきであるという考え方に対して、このような考え方は民主主義の精神が力を増していく状況にふさわしいものであり、その原理的な正当性を否定することはできないとする一方で、「プロイセンの官僚たちに対してこのような制度のもつ有害な作用をはばむことだけは、今日でもまだ可能である」（SP, 126）[31]と述べる。民主主義的平等の理念はフランス革命に影響を及ぼした抽象的原理という側面をもち、その意味で自然科学的精神を基盤とする。この抽象的原理が社会生活に適用されると「平等という根本命題にしたがって統治される国家という空虚な理想」(SP, 128)[32]に通じ、現存するすべての制度の批判、ことに家族制度の批判を招く。プロイセン官僚に対する「有害な作用」とはこのことであり、ディルタイの課題はこのような抽象的原理の進行にいかに対抗するかである。

「メランヒトンの時代以来唯一ドイツ文化のみが、経験主義に抗しつつギリシア精神の美的かつ知的な気構えを堅く守り、これにキリスト教とその本来の源泉についての独特の理解を結びつけ、そしてその後、ライプニッツの時代に近代経験諸科学の共通した研究活動へと参入することによって、われわれの普遍的かつ歴史的な感覚が成長した。そしてこの感覚によって、われわれは歴史的現実の全体を拾い上げ、それにより精神的現実のあらゆる様相を認識し正しく評価する並々ならぬ能力を手に入れたのである」(SP, 119 傍点引用者)[33]。抽象的原理への対抗策は歴史感覚の涵養である。これは古典古代とキリスト教、ならびに近代自然科学を歴史的に継受するところからはじまる。例えば、フリードリッヒ大王時代の官僚の予備教育では「古典語による精神の論理的訓練、ローマの歴史と文芸に基づいた国家意識や法意識の養成、さらに究極的にはまたギリシアの精神生活の理想に基礎づけられていた」(SP, 126)[34]し、フランス革命を契機にあらわれた歴史学派では「歴史発展の連続性、社会制度の国民的統一、公法の恒常性、そしてこれらと結びついた君主制の原理」(SP, 128)[35]が主張された。このように、歴史感覚のあるところでは抽象原理が幅を利かすことはないのである。「したがってわれわれは、歴史意識の発展を法律家や官僚の予備門として主張することによって、君主制のために戦うのである」(SP, 128)。普遍妥当的な教育目標を定めることを不可能としたディルタイは、ドイツのおかれた当時の歴史的連関のなかで妥当する教育の方向性について、このように明確に語る。まさに、「教育学の真理は政治学の真理に依存している」(IX, 236)[36]のである。

ところで、何度も繰り返すように、『序説』の個人主義はディルタイのなかに生き続けるのだが、先に指摘したように、その個人主義は個人の自由を守るという点への配慮が十分になされているようには見えない。たしかに彼は、「われわれはすべての人間を人格として尊重しなければならず、人と人との間の関係は形而上学的なものである」(SP, 114)[37]と述べているように、「教育のいっそう深い必要性と権利との源」としての比較を絶した精神的個人を認めていたということは間違いない。しかし彼は、このような形而上学的個人主義が抽象的原理として社会に作用する場合の危険性をフランス革命のなかに認めたために、ドイツ教育学の出発点となる個人主義は「個人、ならびに個人の教育の課題は、社会システムのなかにいる個人の立場を越えたところで達成されるという思想」(IX, 237)[38]と表現するのである。「個人は全体の状態や課題への適応においてのみ、自己の生を芸術作品として完成することができる」(IX, 237)のである。これは全体への個人の吸収という嫌疑がかけられそうな言葉ではあるが、ここから読みとられるべきことは、フランス革命にみられたような全体から個人を形而上学的に切り離す危険性に対する恐れである。これは、プラトン評価の際に指摘した自由主義批判にも通じる。個人をそれを含む全体の中の一員として捉えるディルタイの視点は、彼が教育目標のために用いた「完全性」(SP, 112)[39]という概念からもうかがえる。「完全性」の内容は時代や文化によって規定されるのであり(X, 110)、したがってそれは民族と文化との連関のなかで考察されなければならない(SP, 131)[40]。ディルタイの教育改革論、官僚教育論は、十九世紀後半のドイツという歴史的連関における「完全性」のための議論だったのである。

「完全性」という視点からあらためてドイツ的教育の内容を振り返ってみると、完全性を成り立たせる主要契機として挙げられていたのは、ギリシア精神、キリスト教、近代経験科学、十九世紀の歴史感覚であり(SP, 119)、ローマの国家精神（SP, 126）であった。特に、キリスト教に由来し、十八世紀のドイツ運動で覚醒した個人の人格的価値と、ギリシア・ローマに由来し、十九世紀のドイツ国家形成を導いた国家的意識とが、現下における完全性にとって不可欠なものと考えられていた。完全性の内容がこのように考えられていたからこそ「国民教育だけが自由の素材となるものを提供できる」（IX, 236）[41]と述べられたのである。

第二節　歴史解釈と現代的課題の連関

ディルタイの個人主義が提供する自由は、政治的自由というよりも、共同体と個人とが内的に結合する倫理的完全性としての自由である。この共同体と個人を結びつける教育は、特定の歴史連関の中で目標設定を行う。したがって教育とならんで歴史認識もまた自由と不可分の関係をもつことになる。学問的キャリアをそもそもキリスト教の歴史研究からはじめたディルタイは、九〇年代のはじめから再び歴史研究に力を注ぎはじめる。この歴史研究の特質は、精神科学の歴史的考察が試みられた『序説』第一巻第二部に「哲学の歴史が問題なのではなかった。わたしが書きたいと思ったことは、人間精神がいかにして歴史的社会的世界をその発展の特定の場において問題として把握するのかであった」(Zusätze aus den Handschriften, I, 410 傍点引用者）と述べているように、歴史的社会的世界と人間精神との関わりを考察の中心におく点にある。ディルタイにとって、考察の焦点は危機の直接の源泉である近代であり、その人間精神・生活態度のあり方である。このディルタイの問題意識からすれば、現代における生の危機を招来した自然科学一元論の思考の元になった「自然の体系 (das natürliche System)」や、それに対抗する歴史学派的発展的思考の系譜、さらにそうした思考の闘争の中におけるドイツの思想的遺産とその政治的運命も同じように重要な歴史のテーマとなるのであり、実際それらについてディルタイは主に全集第二巻におさめられた諸論考でふれているのであるが、ここでは教育史の分析との関連から近代初頭の考察に集中したい。具体的に言えば、前節の教育史の分析と重なる時代について書かれたディルタイの歴史的作品『十五世紀及び十六世紀における人間の把握と分析』(Auffassung und Analyse des Menschen im 15. und 16. Jahrhundert, 1891, II 以下『把握と分析』と略記)[42]を中心に考察し、危機意識と歴史物語がどのように結びついているのかをみていくことにする。

一　中世形而上学の特質

『把握と分析』は、ルネサンス期の歴史的偉人の生活感情 (Lebensgefühl)・生活態度 (Lebensführung) を分析の対象としている。しかし、ルネサンス期がただちに分析されるのではない。それが、ヨーロッパの歴史のなかでいかなる位置を占めるのかを示すために、ディルタイは中世期の生活感情・生活態度の概要を、ギリシアにまでさかのぼって分析し、ルネサンス期をギリシア以来のヨーロッパ史の連関のなかに組み込むのである。

ディルタイは、中世期形而上学の「基本動機 (Grundmotive)」(II, 1) を分析して、三つの契機を引き出している。その第一は「宗教的動機」(II, 1) である。ディルタイによれば、宗教的動機はあらゆる形而上学に含まれ、あらゆる民族の初期の発展段階を支配し、人間の内心の生活を導く根本動機である (II, 1f.) が、これが各々の発展に応じて、法や道徳、認識の体系を支える宗教的概念となって人間生活を指導するにいたる。もっとも、宗教的動機は決してヨーロッパ中世形而上学に限定される契機ではない。特殊ヨーロッパ的条件をなすのは、第二の契機であるギリシア人の「対象的形而上学」と第三の契機のローマ人の「意志の立場」である。

ギリシア人の「対象的形而上学」とは、「認識においてわれわれのうちの精神的過程がわれわれの外の存在者を自分のものとする」形而上学である (II, 7)。「外の存在者を自分のものとする」というのは、ディルタイの「対象的」という言葉の他の用例[43]から考えると、自我の明証性を基礎にした外的対象の把握ではなく、われわれの内なるものと外なるものとの一体性に基づく把握を意味していると思われる。この内と外との一体性に基づいて、「認識とはそれに対立している存在を意識のなかへ取り入れること」が可能となる (II, 7)。「同等のものは同等のものによってのみ認識される。認識の内で行われる存在の意識における模写は、思惟するものと全自然との親和性を前提とするが、この関係の意識はギリシア人の自然宗教に由来している。このように、人間理性と理性的全世界との親和性は、結局われわれのすべての思惟と行為との基礎をなしているのである」(II, 7 傍点引用者)。ギリシアの形而上学は、その自然宗教に由来する思惟と存在との親和性に基づいて、概念(思惟)に対応して実体形相(存在)を、概念の関係に対応して概念の体系を打ち立て、対象を自我と分離させるのではなく、思惟と一体なるものとして把握するのである。これがギリシア的な対象的形而上学である。

ローマ人の「意志の立場」は、ギリシア人の形而上学とは異なって、それとしては哲学へと発展することのない「生活概念」と「国民的形而上学」のなかに表現されてきた (II, 8)。意志の支配、合目的性、有用性などの「生活概念」の思想連関から生まれたのがローマ法である。法は、支配に役立ち、利害を保全する「有用性と合目的性にその実在原理を有している」(II, 10)。プラトンの対話篇のような哲学的な思考とは別種の、この生活概念に基づく思考をローマ人は「感知把握」(II, 10) の器官にまで仕立て上げ、ローマ法の内部に「自然理性 (naturalis ratio)」の存在を導いたのである (II, 11)。こうして法は書かれた理性となり、既得権は共同生活の不可侵の基礎となる。この思考により、ローマ人の歴史意識はギリシア人以上に高まる。「既得権の不可侵性と、自然理性を介して行われる論争の余地のない主体的権利にもとづいた社会秩序の確固たる建設とは、ローマの文明的世界支配へと向かう歴史の進歩という観念の基礎と内容を彼ら「ローマ人」に与える」(II, 11)[44]からである。もっとも、ローマ人の意識は、ギリシア人のコスモスのように包括的で統一的な概念を形成することはできず、ギリシア人に哲学的神学を作ってもらうことになった（II, 12)。ストア派は、ローマ的生活概念のためにできる限り堅固な基礎を求め、「本有の素質(angeborne Anlagen)」(II, 13) の中にそれを見出した。「本有の素質」とは、道徳法則や神の意識など万人に同意される疑いない原理である。ストア派の内にすでに完成されていた自然法の思想もまた「本有の素質」によって基礎づけられ、「すべての道徳的・法的・政治的生活概念」(II, 13) も同様に基礎づけられる。「今やこの哲学はその生活概念を神の証明から宇宙にまで拡大し、かくて生活の法的・道徳的・政治的概念および規則を永遠的なものによって強固にし、他方人間と宇宙との関係を、ギリシア的な理性的な結合を超えて、生活概念から内容的に規定することができるのである」(II, 14)[45]。

ディルタイは、これら三つが「交響楽的全体」(II, 1, 16)[46]として統一されて、特殊ヨーロッパ的精神が形成されたとする。注意したいのは、この三者がディルタイによって基本的な心的要素とみなされた「感情」「表象態度」「意志過程」(V, 203) に対応しているということである。ヨーロッパ精神という外的形態は、人間の心的全体という内なるものと照応する関係にあり、そうした関係によって歴史の理解が可能となっているのである。このような歴史理解の方法は、人間の内にはないが人間の外なる歴史のなかにはある何ものかを理解することはできないのではないかという疑問を起こさせる。しかしディルタイの見方からすれば、こうした疑問の方がむしろ倒錯である。そもそも外的世界の実在について人間はいかにして知ることができるのか。内的に与えられる意識の事実は確実なものと認めることができるが (XIX, 86)、「外部経験における所与、つまり外的世界や事物の実在性は疑問視される」(XIX, 179) のである。そこでディルタイは、外界の実在性を意志の経験、つまり意志衝動が出合う抵抗に基づいて考える。すなわち、意志衝動に対する抵抗には、抵抗を与える他者と抵抗を受ける自我の両者が与えられているというのである（Beiträge zur Lösung der Frage vom Ursprung unseres Glaubens an die Realität der Außenwelt und seinem Recht, 1890, V, 90ff.）。ディルタイはここで、外的世界の実在に関する論理的な答えではなく、信念の起源となる経験について論じている。彼は、論証の出発点におかれた意識的な自己が生み出される経験の基層に立ち返ることによって、世界と自己とを新たに「相関的な事実」（XIX, 182）として捉え、「他者のない自我、内のない外などというものはナンセンスな言葉」（XIX, 338）であるとするのである。この歴史認識の背後にある世界観については次章で詳しく論じることにする。

二　ルネサンス

右のように人間の内的経験の世界と歴史の世界の照応関係が措定されることによって、ディルタイにおいて歴史的危機が人間の内面的危機としても把握される所以が明らかとなろう。先に繰り返し述べたアナーキーの危機は、歴史的危機であると同時に、人間の内的危機なのであり、したがって、歴史的危機の起源の説明は、人間の内的危機の構造に即して叙述されることになる。思考や趣味のアナーキーという内的危機の認識は、歴史的世界における危機の認識と照応するのである。ルネサンスが問題化されるのはこうした連関においてである。統一的な世界が崩れさった危機の時代に知の実践性を求めたディルタイにとって、それまでの人間生活を規定したヨーロッパの統一的精神が崩壊したルネサンス期は、人間の生き方に新しい指標を提示する、さながら見本市のような時代となるのである。[47]『把握と分析』でディルタイは、この時代を代表するペトラルカ、マキアヴェッリ、エラスムス、モンテーニュの四人を論じた。彼らは、危機の時代における生活態度の「典型・類型（Typen/Typus）」（II, 17）[48]なのである。

ペトラルカ (Petrarca, 1304–1374) は、近代的な生活感情 (Lebensgefühl) をはじめて抱いたルネサンスの先駆者である。近代的な意味での自然感情と内省的な自我の持ち主であった彼は「クモの巣のごとく張りめぐらされた煩瑣なスコラ学の体系を、充実した生の一瞬と引き換えにあえて放棄する覚悟をもった一人の詩人」であった。「かかるものとしてペトラルカは、完全な全体的人間であることを意欲し、おのれの生命を完全に生き抜くという理念を把握し獲得することができたのであった」(II, 20)[49]。しかしながら、絶え間なく死の意識を含むこの人生においていかにして魂の平安に到達するのかという問いに対して彼は、情念の隷属のもとにある魂を徳によって解放すると同時に、神の援助をも認めるという、いわばセネカとアウグスティヌスを結合する形で、魂の平安の問題の解決を図るのである (II, 22)。こうした態度は結局のところ、情欲や倦怠という世界苦のペシミズムに屈服し、セネカよりもアウグスティヌスへと傾いていく。ペトラルカは、生の解放を成し遂げる哲学の源泉を古典古代の著作に求め、アウグスティヌス主義とストア派の折衷という独自の生の哲学を築いて、魂の平安への解答を用意したわけだが、このような折衷策が結局は、生の充実から背を向け、世界苦に対する天上からの解決に身をゆだねる形に終わったことを、ディルタイは「僧院病」(II, 23)[50] とよんで批判的に総括した。

では、「教会は腐敗し、個人を動かし陶冶した国民的国家 (ein nationaler Staat) は存在せず、引き離された諸個人における富と、感性的喜びと、芸術家的才能と、抑えがたい支配欲とがあるにすぎず、しかし古代ローマの支配思想もまた、いたるところで退化していた」(II, 26)[51] 時代において、人間の生活態度を指導する力はどこに求められるのか。マキアヴェッリ (Machiavelli, 1469–1527) は「教会的な仕方で生活の道徳的規律と人格の道徳的発達とが達成されうると信じなかった」(II, 27)[52]。彼は、宗教の意義を「国家ならびに国家の必要とする習俗、誓約、誠実に対するその影響力にしたがって」(II, 28) のみ測定し、道徳性を保証する機関としてただ「国家」(II, 28) のみに期待した。「道徳の原理の起源は、彼［マキアヴェッリ］にとってもっぱら、直接的にせよ、宗教を介してにせよ、誓約・忠誠・献身を要求する国家による教育のうちに存する」(II, 28)。[53] こうしてマキアヴェッリは、すべてのことを「国家理性 (Staatsräson)」(II, 28) の観点で考察し、「道徳と政治との完全な世俗化」(II, 29) を成し遂げたのである。今や人間は「自然の力、生けるエネルギー」であり (II, 24)、その生活はもてるエネルギーを最大限に発揮すること、すなわち「支配」(II, 29) なのである。こうしてマキアヴェッリにおいて、ペトラルカに残っていたキリスト教の残滓はきれいに清算され、地上の人間の充実した生活が人間の本質から基礎づけられた。それは政治的生活であり、この生活に関わる「学問としての政治」には、「ただ政治家の計算を検算し、彼らのすべての操作の根底に存している比例法を見出すという課題」のみが残されるのである (II, 29)。[54] マキアヴェッリの政治論は、古き形而上学の崩壊と社会の混乱のなかから秩序を形成し、人間の生き方を指導する力、支配意志、権力国家を創り出す試みであり、まだ刊行されていないディルタイの手稿によると、アリストテレスのラテン語翻訳が近世イタリア諸国家と出合うことで生み出された思想の「典型」なのである。[55] その支配意志は運命の前にたじろいで神に助けを求めるようなものではなく、運命さえもてなずけようと猛然と振る舞う意志である (II, 34)。こうしてディルタイは、ペトラルカをストア派とキリスト教の連関のなかに位置づけたのに対し、マキアヴェッリを強力なローマの支配意志の連関のなかに位置づけるのである。この立場は極めて高く評価されているが、しかしディルタイのキリスト教評価を鑑みると、宗教的生の意義を十分に把握せず、その内的エネルギーを支配のための手段としてのみ捉えるマキアヴェッリに対して彼は距離を置いているように思われる。そこで次に、『把握と分析』の順序とは異なるが、宗教者エラスムスをとりあげてみたい。

エラスムス（Erasmus, 1466–1536）、「十六世紀のヴォルテール」、修道院で生活を送り、それを憎み、「反キリスト教的運動を指導」（II, 42）することになるこの精神的指導者は、「時代が育んでいた一切の矛盾するものが、彼のうちで和音を奏でる」（II, 43）[56]人文主義の教養に満ちた詩人であった。彼の課題は、中世形而上学の一元的支配の崩壊とキリスト教会の堕落に対して新たな神学的解答を用意し、真のキリスト教を提示することであり、彼が用意した解答は、政治的事象に関しては自由主義的理念、神学的には歴史的批判的な聖書註解である。これらの補助手段を通じて彼は人文主義的なキリスト教理解へと進み、「キケロ・セネカ・プラトンの哲学と一致する」「キリストの哲学」（II, 44）へと至る。真理はローマ人やギリシア人にも啓示と霊感として現れ、聖書は寓意や象徴として解釈されるのである。

ディルタイによれば、このエラスムスの宗教理解はイタリア人文主義の「宗教普遍主義的有神論（ein religiös universalistischer Theismus）」（II, 45）あるいは「普遍的有神論（ein universaler Theismus）」（II, 42）の影響を受けている。宗教普遍主義的有神論とは、神性が全自然を通じてまたあらゆる人間の意識において全く普遍的に働いているとする考え方、つまり諸宗教や諸哲学のなかに神性が同じように働いてきたと確信する立場であり、いわばキリスト教のなかの汎神論（Pantheismus）ないし万有在神論（Panentheismus）[57]である。ディルタイによれば、この宗教普遍的有神論は、さまざまな宗教の異なる生活態度を比較考察した十五世紀の人文主義的研究から生じ（II, 45）、聖書の歴史的文献学的批判と結びつき、異教世界とキリスト教世界とを一つの人類全体に対する普遍的啓示によって結びつけた。「真のキリストは目に見えず、あらゆる時代に、またあらゆる場所に、存在している」（II, 47）[58]。これが北方にも浸透して、エラスムスを生んだのである。エラスムスの立場は、キリスト教と古典古代との融合、キリスト教的人文主義として、歴史的連関のなかに位置づけられる。

最後はモンテーニュ (Montaigne, 1533–1592) である。ディルタイが「思考のアナーキー」(VIII, 194) の歴史的事例として挙げたルネサンスの後期にあって、「明朗な悟性と喜ばしい信条の固有の結合」を示す「フランス人の典型」(II, 37) であったモンテーニュは、真の「生活指導の基礎」(II, 36) となるものを求め、「徳は自然に即した生活にある」というストア派的な定式をさらに「人格的な生活態度 (persönliche Lebenshaltung) へと仕上げた」(II, 36)。[59] モンテーニュは、ソクラテスの「汝自らを知れ」の意味における懐疑主義の精神に拠りながらさまざまな形而上学体系の権威失墜に手を貸すと同時に、道徳意識の自律性を確信し「神学的ならびに形而上学的な教義学を必要としない自立的な人間」(II, 37) を主張した。彼は、人間の自己保存という目標を自然のなかに位置づけ、ストア派の理想である魂の平安や自由を追求する。このような道徳の追求のために、彼はキリスト教を利用しさえするが、それはペトラルカにみられたようなキリスト教への屈服という形ではなく、あくまで道徳の自律性を補助するという形においてである。またこのような形でキリスト教を利用するモンテーニュは、マキアヴェッリのように道徳を政治に依存させず、あくまで道徳の自律性を信頼し、それを前提にして、宗教との提携を考慮するのである。

以上が、ディルタイのルネサンス人分析の概要である。中世の統一的な世界把握が崩壊した後で、各思想家が、古典古代の哲学、教父神学、中世形而上学といかなる連関をもちつつ、現実の生に即した理論を形成したのか、これがディルタイの課題の中心をなす。彼らに共通しているのは、行動性、彼岸から此岸への関心の推移であり、そこでは「真の宗教性は、宗教的戒律のうちにではなく、日々の義務の尊敬に値する完遂のうちに存する」(II, 49)[60] のである。しかし、前節で確認したように、ルネサンスの精神は上層の貴族層に影響を与えたにすぎない。新しい精神が民衆にまで及ぶのは宗教改革を通してなのである。

三　宗教改革

ディルタイは、宗教改革の精神史的背景として、人文主義による宗教普遍主義的有神論と、それに対応する活動的な生活理想、すなわち現世における享受的生活や自然的素質の展開を肯定する生活理想と、エラスムス的な「キリストの哲学」の調和を指摘する(II, 53)[61]。「学問的思考と敬虔な信仰との男らしい統一のうちに生きていた、この健全な・健気な・誠実な・現世享受的信仰心は、わが国において、中世の崩壊しつつある秩序、特に道徳的宗教的過程の教会による他律的規制を、健全な悟性によって担われる批判にゆだねた。人間における宗教的道徳的な過程を単純化し、教会的機構に対して独立に形成すること――これがわが国のいたるところで喚起された要求であった」(II, 54 傍点引用者)[62]。このような現世享受的信仰に対して、改革者はどのように相対したのか。

ディルタイによれば、改革というものは歴史的連続性と宗教的社会結合と結びついてのみ持続的発展を期待できるものであるが(II, 55)、「行為と支配のために生まれ」つき、その著作に「大胆不敵な人間の権力感情」(II, 54)[63]が表れている「最もドイツ的な人間」(II, 62)[64]であるルター(Luther, 1483–1546)は、ユスティニアヌス法典という当時の法的基礎の上に立って、中世教会の中枢にあったアウグスティヌス主義を改造し、教会形成的なおかつ内面的に深められた宗教的経験の世界を切り開き、改革を進めた。「生が彼にとって第一のものである。……見えざるものの一切の知は、生……そのうちに与えられた倫理的宗教的経験に由来し、またそれに結合している。理性的存在を世界理性に結びつける宇宙の知性的な絆は、道徳的連関の背後に退くのである」(II, 58)[65]。ルターの登場とともに、ギリシア的キリスト教のコスモロジカルな世界は背後に退き、ローマ的キリスト教の統治的性格も克服される。いまや宗教的過程は見えざるものにまで入り込み、「教義的思惟の形象性と教会の統治的外面性とから完全に解放」(II, 58) される。こうして、「内的信仰過程はその表現と作用領域とを社会の外的秩序全体の形成のうちにもつ」ようになる (II, 58)。ディルタイによれば、『キリスト者の自由』(1520) における自由はストア的な自由概念と一致しており (II, 60)、『善き業について』(1520) は活動的な人間観に基づいて信仰と行いの結合を強調し、「社会道徳の形成原理 (das gestaltende Prinzip der sozialen Moral」(II, 60) としての業を説く。『ドイツ国 (deutsche Nation) のキリスト教徒貴族に告ぐ』(1520) は、この改革の担い手に対してその方策を論じる。今や、「信仰の行いの領域は、世俗社会とその秩序」(II, 61) である。この命題こそ「かつて人間が有したなかでもっとも偉大で創造的な思想の一つ」(II, 61) である。ドイツのキリスト教社会は、神によりその強制力を与えられている世俗権力によって組織されなければならない。ルターは国家権力に対して「新しいキリスト教精神の名において、聖俗両秩序におけるドイツ社会の改造を要求する」(II, 62) のである。[66]

しかしながら、この「一五二〇年のルターの理念」(II, 63) は、周囲の客観的な事情のために、純粋に実現されることはなかった。このためディルタイは、以降のルターについてはもはや論じず、ツヴィングリ (Zwingli, 1484–1531) へと目を転じるのである。ここにディルタイのルター解釈の特徴をみることができる。ディルタイは、ルターのいわゆる「二世界統治説」[67] を全く扱わず、一五二〇年のルターの政治・宗教の一元的改革思想のみを評価するのである。ルターからただちにツヴィングリへと議論を展開するのも、ツヴィングリが教会と国家を単一の組織に合一せしめようとする改革者であったことを考えあわせると了解しやすい。

ツヴィングリとルターとの相違としてディルタイが強調するのは、ルターが宗教普遍主義的有神論を拒否したのに対して、ツヴィングリがこれを受け入れたということである。「意思に統一された人格の自律的内面性へのキリスト教の改造は、ツヴィングリにおいて成就した」[68] (II, 63)。そこではソクラテスやセネカも永遠の生命に選ばれているとされるが、ディルタイにとってこの発展は祝福すべきものである。「改革信仰の立場のより自由な形成によって、宗教普遍主義的有神論がきわめて有効な意味を持っていたことが、承認されなければならない」(I, 65)[69]。普遍主義的有神論によって信仰はストア派的な道徳と結合され、「活動的な力」となる。「この力はその活動の規則を倫理法則のうちにもち、この力によって人間は神の道具になる」(II, 67)[70]。かくて信仰は「真に社会的な倫理(eine wahrhaft soziale Ethik)」(II, 68) となるのである。

しかしながら、ディルタイによれば、宗教改革はついに社会形成のための原理を提供することはできなかった。キリスト教はたしかに社会形成のための社会倫理を要請しているが、「福音書の宗教特有の内容は、なんといっても人間社会の形成に必要な目的論的な諸原理を含んでいないのである」(II, 68)[71]。宗教的な教えを社会に純粋に適用するならば、まさに再洗礼派が主張したように、利子を取ること・誓約すること・剣を抜くことは禁止され、所有物は貧者に与えなければならないことになるだろう。しかし、これでは社会は成り立たない。この問題を解決するためには、ルターにせよツヴィングリにせよ、聖俗一元論的な思考を断念し、何らかの形で二元論的な思考を導入しなければならなかったのである。ルターにおける(ディルタイが論じることさえしない)二世界統治説、ツヴィングリにおける「内なる(理想的な)社会秩序」と「外なる社会秩序」(II, 68)[72]の二元論である。こうして宗教改革の社会倫理の中に形而上学的原理が侵入する。使徒の教会がローマの支配精神によって教会組織を作り上げざるをえなかったように (II, 70)、宗教改革の教会も教会外の社会原理によってその欠けを補わなければならなかったのである。世俗的倫理と宗教倫理の二元論を現世的な生活態度の教えによって克服し、それにふさわしい社会秩序の形成を志向した宗教改革ではあったが、ディルタイによれば、そのプロジェクトは中途半端に終わり、課題はなお今日にまで継続している (II, 72)。そこでディルタイは、この課題を克服するための歴史的遺産に目を向ける。それは、教会の外に立つ二つの神学的な立場であった[73]。

二つの神学的立場の一つは、エラスムスに代表される神学的合理主義である。神学的合理主義とは、信仰内容の上位に悟性の反省を置き、その反省を通じて信仰内容を分析する立場である。もっともこの場合、悟性には限界の意識がともなう。エラスムスの場合、彼の懐疑主義がそれであった（II, 77）[74]。これは、「内的経験の事実」に依拠することによって、事実連関を形而上学的なもののなかに追求するあらゆる試みを退ける一方で、文献批評という歴史的批判的研究と結びつき、伝統的な教義学の土台を掘り崩した。ディルタイは、エラスムスからコールンヘルト（Coornhert）、ソッツィーニ派およびアルミニウス派へといたるラインをひき[75]、十七世紀の「自然的体系」という思想の鎖の重要な一環をなす理神論者へとつなぐのである。ディルタイは、この思想の系譜を評価しつつも、それがもたらしかねない自然主義的一元論のために距離を置いているように見える。

正統派の外にあって、宗教改革と近代神学とをつなぐもう一つの経路が、思弁神学である。思弁神学とは「人間と事物の本性に永遠に基礎づけられている意識連関の表現を、個々の宗教の歴史、とりわけキリスト教の歴史のなかにみる」立場である（II, 77）。この立場は、合理主義神学のように悟性を頂点におかず、したがってまた合理主義神学のような悟性の限界という意識をともなうこともない。思弁神学はあくまで人間と事物との間の本性的連関を捉えることができると考える。ディルタイは、思弁神学の源流を神秘主義に求め、改革期におけるその担い手に、再洗礼派とスピリトゥアリスムスの思想家[76]、すなわちカールシュタット（Karlstadt）やミュンツァー（Münzer）、ハンス・デンク（Hans Denck）、セバスティアン・フランク（Sebastian Franck, 1499–1542）などを挙げ、その流れの下流に、カントやシュライエルマッハーの宗教哲学を位置づける。ディルタイは、この思想の潮流をもっとも評価するのである。

ディルタイが『把握と分析』の最後に取り上げる思想家セバスティアン・フランクは通例、聖霊の内的力と真のキリスト者による見えざる教会を強調したスピリトゥアリスムスの思想家として扱われる人物である。[77] 人文主義の精神によって養われ、宗教普遍主義的有神論を高く評価するフランクは、不可視であり内面的であり無形象である信仰過程はいかなる教派団体によっても担われることがないとし、あらゆる教派の外部に真のキリスト者の存在する場所を見出した。あらゆる外的教会組織の外部に存在する真のキリスト者からなる「見えざる教会」では、信仰の過程は全く内的なものであり、それを外部から制約するものは存在しない。したがって「見えざる教会」はときところに限定されることなく、「人類の歴史のいたるところに存在する」(II, 82)。[78] こうしていかなる外的組織にも支配されることのない信仰過程は、人格的存在の中心であると同時に、「歴史の中点、歴史における結合者 (das Verbindende)」(II, 82) となる。こうして、フランクにおける宗教普遍主義的有神論、特にその展開である「見えざる教会」の思想は、「普遍史の〈紐帯 (Bindriemen)〉」(II, 82) となる。

フランクの宗教普遍主義的有神論では、神は意志も情念もない絶対的な善であり、この絶対的善に対する絶対帰依という宗教的意識と自律的な道徳意識とが調和すると考えられている。人間は自由に意志するが、その意志の働き(人間の行為)は、世界連関を規定する神の力によって制約されているからである。「利己心に駆られて取引をする都市の買占人や貪欲者は、実は全体の経済的利益に奉仕しているのである」(II, 83)。マンデヴィル (B. Mandeville, 1670–1733) やアダム・スミス (A. Smith, 1723–1790) を連想させるこの歴史観の基礎にあるのは、個人の意志の選択とそれを目的論的連関のなかに編入せしめる神の力であり、それらの相互作用から「歴史の連関」(II, 83) が生じるとされるのである。このように、歴史の核心は倫理的宗教的過程におかれ、その具体的な歴史的連関は、あくまで普遍的なもの(神と人との原関係)の象徴として捉えられる。例えば、あらゆる人間に普遍的に存在する利己心は、アダムの堕罪という歴史的事象(フランクは聖書の物語を歴史的事象として述べている)において象徴的に表現されており、キリストによる贖罪という歴史的事象はあらゆる人間に普遍的に妥当する利己心からの救済という神の力の象徴的表現である。だから、個々の歴史的事象は、寓意的に解釈されなければならないのであり、また寓意的解釈を通して、普遍史的連関は獲得されるのである。

ディルタイがフランクの寓意的解釈を高く評価するのは、それが従来の寓意的解釈を超えて、カント的な宗教哲学の準備をしているからである(II, 83)[79]。ディルタイによれば、フランクは、従来の寓意的聖書解釈が前提としている「聖書は二重の意味を有する」という仮定と、「永遠の真理は歴史的象徴において表現され、したがってこれ[象徴]にはなんらの歴史的妥当性も帰せられない」という仮定を区別して、自らを後者の仮定の下におく(II, 86)[80]。聖書が二重の意味を有するという場合、この世とそれとは別種の永遠の世界を関係づける何らかの形而上学や教義学が要請されるが、それでは世界を世界そのものから解釈することはできない。ところが、永遠の真理が歴史的象徴に表現されるとすれば、解釈のための素材と真理が一つになり、世界を世界そのものから解釈するための道が切り開かれることになる。

ところで、歴史における永遠の真理の象徴的表現という構想は、「見えざる内なるもの」が「客観的なるもの・外的なるもの・時間的なるもの」へと自己を対象化する「表象形成(Vorstellungsbildung)」の問題に直面する(II, 86)[81]。つまり、事象の寓意的意味としての「見えざるもの」はいかにして特定の「外的なもの」の形を取って内なる意味を表現するのか、という問題である。フランクによれば、神はその本質にしたがって歴史のなかに具現される(II, 87)。不可視であり内面的であり無形象である信仰過程は、どんなにすぐれた人間でも、その有限性のために、何らかの組織や団体、儀式や著作などの形に外在化されるし、信仰ならざる不信仰の場合にも、例えば専制君主のような悪政として外在化されるが、いずれの場合でも、それらは神の連関のなかで神の道具となって働くのである (II, 87f.)。人間の有限性が、内的なものを外在化させ、その外在化されたものを通して、普遍的な過程が進行するのである。

宗教普遍主義的有神論は、それぞれの宗教の形態を普遍的なものの象徴的な表現形態と捉えることによって、対立を超えた理解の地平を切り開く。フランクはこの宗教普遍主義的有神論を歴史の領野に拡張し、自らをソクラテスやセネカの属する「見えざる教会」のなかに位置づけ、この視点から歴史全体を見おろす。「見えざる教会」は地上のどこにもないために、いわば歴史外的視点として機能するかのようであるが、しかしこれは人間の内的経験に基礎をおく視点として歴史の中に基礎づけられているのである。このような普遍史的視点から見た歴史は外在化された偉大なる諸形態の交替をたびたび示すため、これを語る歴史家はイロニーに満たされる。だからフランク自身は、いかなる外的な教会にも属さず、またそれに期待もしない。彼は、歴史の中心である「見えざる教会」のなかに自己を置き、歴史のなかのさまざまな教会をこの観点から批評するのみである。このような悲観主義にディルタイ自身は与しないが、しかし歴史の内部から普遍史へと迫り、宗派的対立を超えた宗教性の次元を切り開いたフランクをしてディルタイは「真に天才的な思想家」(II, 80f.) と評価するのである[82]。

以上のようにディルタイは、信仰や価値のアナーキーのなかにおかれたルネサンスや宗教改革期の偉人の思考と態度を分析することを通じて、現代の危機の根源とヨーロッパ的な生活態度の遺産とを明らかにしようとした。この歴史的分析のねらいは、ディルタイ自身の普遍史的構想を確認することによって、いっそう明瞭になる。

四　ドイツ史と普遍史の連関

ルネサンスや宗教改革などの歴史の特定の場面が意義を有するのは、それを含む全体的な連関との関わりにおいてである。しかし、全体的な連関を普遍史として提出することは、ディルタイ自身の歴史観から、また歴史学の置かれていた状況から、根本的に困難であった。ヨーロッパを中心とする国民国家とそれに支配された植民地という十九世紀の世界連関の中で、普遍史の実体は万国史でしかなかったのであり、またディルタイの方法論として全体的なものから出発するわけにはいかなかったからである。とはいえディルタイは、第二章で確認したように、部分に接することで「予見」として手に入れられる全体についてまで否定したわけではなく、むしろそれを積極的に方法として採用しているのである。このような意味においてディルタイは、トレルチが指摘しているようにそれはたしかにイデオロギー的でもあるのだが[83]、精神史的な普遍史を「予見」し、それに基づいて歴史の部分を評価していたのである。以下、ティーレンの研究に拠りながらそれを概観したい。

まず普遍史のはじめに位置づけられるのはオリエントである[84]。そこでの精神的生活は、感情や心情、人間のもっとも奥深くにある人倫的宗教的経験を中心にしている。この宗教経験は一方では神々の教えを通じて民の道徳性を高め、他方では万物と神との親和性から一元論的世界観を要請する。この知的道徳的発展は社会的には聖職者のヒエラルヒーによって支えられる道徳的文化を生み出し、宗教、道徳、法が緊密に結びついた専制的な社会秩序が形成され、この固定的な社会秩序から逃走する禁欲的な遁世の諸形式も誕生する。このようにオリエントは、心情を基礎とした文化、宗教のはじまりとして捉えられる。

次はギリシアである[85]。ギリシア思想は審美的な直観能力と形式感覚を根本とし、これにより宗教的基礎から切り離された。心的生活の秘密や自由な人格の理解に対する深い感覚は欠如したが、心情的文化から自立した思惟の世界を確立することにより、このギリシアにおいてはじめて自然認識と精神科学がはじまった。このようにギリシアは思考の契機を発見したが、しかし国家社会の法的秩序構成という点でギリシアは不十分であった。これに対して、支配精神と法意識を体現して、意志的構成の文化を形成したのはローマであった(86)。ローマはギリシア文化を受容し、特にギリシアの自然法を実証法学と結びつけることで、欠如する哲学的理論を補い、法学的政治的志向のさらなる発展を達成したのである。しかし、ローマは帝政にいたると、新しいインペリウムの支配と「恐るべき行政マシーン」(II, 206) の登場によって固定化の段階を迎える。ローマの文化はこれらの支配のもとで自立性を損ない、生の装飾と記憶の永続化の手段でしかなくなった。この衰退傾向のなかで力を伸ばしてきたのがキリスト教である(87)。

ローマの宗教としてのキリスト教の文化的な意義は、オリエント・ギリシア・ローマの思想のモチーフを宇宙的なパースペクティブのもとに一体化したことにある。このためキリスト教は、その具体的な形態としては、古代宗教の魔術の体系をも取り入れたシンボルと儀礼の体系となり、まさにその文化の包括性がこの宗教の指標となったのである。ギリシア、ローマの英雄時代にそれぞれの古代宗教が対応して存在していたように、中世というヨーロッパ諸民族の英雄時代に対応する宗教がこのシンボル体系としてのカトリック教会であった。しかしそれは、ゲルマン人に独特の歴史的課題を押しつける宗教でもあった(88)。

ゲルマン人の精神的特質は本来、戦闘精神と戦いの喜び、および大地との親密な関係にあり、その制度的特徴としては戦闘社会の構造を反映した民族集会 (Volksversammlung) が、文化的創造物としては詩と神話が挙げられる。この集会をディルタイは、デモクラシーの概念と結びつけるのではなく、様々な氏族を一つにまとめ上げて民族感情なるものを作り出すものとして捉え、この多様なものが織り込まれた一体性としての共通精神こそ、ゲルマン的生活の本質的契機をなすとする。ところが、「共通感覚、戦闘精神、大地との関係」(DM、47)、詩や神話の形で表現されるこれらゲルマン的生活の本質的契機は、キリスト教の布教とともに衰退する。キリスト教の教える見えざる世界との関係において、ゲルマン人はその伝統としてきたところの文化的独自性を失い、古き民族宗教は衰退を余儀なくされた。古典古代の文化的遺産を含むキリスト教を受容し、自らの古き民族宗教を失ったゲルマン人はギリシア人やローマ人とは異なって見えざる世界との関係を自らの力によってもつようになったのではないのである。このことが一つの「矛盾対立」(DM, 55)をドイツ人の本質にもたらした。ゲルマンの英雄歌は廃れ、国家生活を導く諸概念はキリスト教の要求と矛盾し、苦悩が生じた。しかし、この矛盾は同時にまた、国民的発展を超えたより高い生の理想を導き、宗教改革において一つの解決をみるのである(DM, 52ff.)。

ルネサンスは近代ヨーロッパ諸民族の解放であり、人文主義は人格の価値と自律性を束縛から解き放ち、「あらゆる価値の価値転換(eine Umwertung aller Werte)」(II, 215)をもたらした[89]。この背景にあったのはイタリア諸都市の急速な経済発展であり、これが教会からの離反の下支えをして、新しい学問芸術の興隆をもたらしたのである。しかしこれは、先にもふれたように、ごく一部の上層の市民にしか影響を与えることはなく、広く民衆を教化する働きをしたのは宗教改革の方であった。ディルタイは、ルター派の職業観念や義務感を強調し、改革派の自由の理念を賞賛する一方、改革がもたらした混乱については沈黙しているが、それはディルタイが中世の矛盾対立との関連において宗教改革を評価するからにほかならない。

しかし、宗教改革によって事態が完全に落ち着いたわけでは全くない。ルネサンスと宗教改革によってもたらされた新しい思考は、十七世紀の「自然の体系」とよばれる思想連関を創造し[90]、近代的合理性に裂け目を、ホッブズの機械論的自然法とボダン、アルトジウス、グロティウスの「社会的」自然法の分裂をもたらした （II, 451）。ディルタイは後者の流れに共感を抱きながら、この分裂に和解をもたらすことをヨーロッパ精神史の課題とみなす。しかし、このヨーロッパ的危機の上にさらにドイツには三十年戦争によってもたらされた負の条件が存在した。[91]三十年戦争を終結させたウェストファリア条約はドイツの分裂を固定化し、近代国家の指標とも言うべき主権は、神聖ローマ帝国ではそのカリカチュアとでもいうほかないものとなった。分裂の克服、主権の確立、法治国家の実現を可能とするのは大領邦国家のみであり、宗教改革によってもたらされた共通の精神的遺産の上にのみ統一の事業は期待されるのである。この歴史的課題の担い手がプロイセンであった。

以上は、いうならば「遅れた国民」形成のための「ドイツの特殊な道」に関するディルタイの理解である。[92]ここで重要なことは、このドイツの特殊な課題がヨーロッパの知的連関の中に位置づけられ、普遍史的意義を与えられているということである。すでにふれた十七世紀の「自然の体系」がはらむ分裂の契機は、十八世紀の啓蒙思想においても克服されることはなかった。むしろ啓蒙思想は、自然の体系のホッブズ的契機を受け継ぎ、唯物論を生み出すにまでいたったのであり、その抽象的原理の現実化がフランス革命であった。これによってルネサンス以来の精神的分裂状況はますます深刻化したのだが、こうした動きに対してプロイセンでは、中産層が政治から閉め出された結果そのエネルギーが内的なものに集中して文学や宗教が革新され（XIII, XXXVI）、フランス革命と接することによって独自の歴史意識が誕生するにいたった（I, XV f.）。そこには国家と精神との分裂という根本的弱点が存在したが、しかしプロイセンの改革派官僚によって示された両者の宥和という道を進み（Die Reorganisatoren des preussischen Staates. 1807–1813, 1872, XII）、[93]それによってプロイセンの国民的課題を遂行することは、ディルタイが教育改革論でも示したように、ドイツの歴史意識を啓蒙の精神と結合することによって、啓蒙の抽象的原理のもつ実践的破壊性を克服すること、つまりヨーロッパ的調和を取り戻す普遍史的課題の遂行に通じるのである。ドイツの発展は、歴史的感覚を啓蒙の精神と結合させて、普遍史的発展に寄与するところに開かれる。

こうして、今や教育の目的と普遍史の構想とは結合する。教育が個々の精神的遺産と結びついて個人の内的完全性を目指す一方で、歴史はこの完全性を実現する限りにおいて普遍史的連関のなかに位置づけられるのである。この普遍史的連関はあくまで予見として意識されており、したがってまとまった形において叙述されることはなかったが、個々の歴史的教育的研究のモチーフを規定していたのである。しかし、このようなモチーフと研究の隠れた関係は、まさに隠されているが故にさまざまな価値観のアナーキーな乱立への強力な対抗力とはなりがたい。危機に対処するためにはたんなる歴史叙述だけでなく、そうした歴史叙述が可能となる根拠、普遍史的連関と個別的事象の学的結合が必要であった。

註

（1）半沢孝麿「フランス革命以後の政治思想状況」(『近代政治思想史』有斐閣新書、一九七八年) 七頁。
（2）この点はドイツにおけるルソー受容に典型的にあらわれている。ルソーほどドイツに影響を与えたフランスの思想家はないが、その影響はルソーの教育学的理念に集中した。むろん、政治論の無視もまた独自の政治論の表現である。Vgl. Halborn, Der deutsche Idealismus in sozialgeschichtlicher Beleuchtung, 1952, in: H-U. Wehler (hrsg.), 1966, 91.
（3）梅根悟『西洋教育思想史』第三巻、誠文堂新光社、一九六九年、一四頁。
（4）カント「啓蒙とは何か」(一七八四) (『カント全集第十三巻』(小倉志祥訳) 理想社、一九八八年) 三九頁。
（5）前掲書、四一頁。
（6）カント「世界市民的意図における普遍史のための理念」(小倉志祥訳) 前掲書、一六頁。

(7) 前掲書、二九頁。
(8) 前掲書、三二頁。
(9) 梅根悟、前掲書、二五頁。
(10) Fichte, Reden an die deutsche Nation, in: Fichtes Werke, hrsg. von I. H. Fichte, Bd. VII, Berlin 1971, 274.
(11) 梅根悟、前掲書、一三〇頁。
(12) 「普遍妥当的な教育の可能性について」(『ディルタイ教育学論集』(ディルタイ協会訳) 以文社) 一九八七年。
(13) 例えば、岩本俊郎・福田誠治編『原典西洋近代教育思想史』文化書房博文社、一九八九年、一〇八頁。
(14) 前掲邦訳書、二三頁。
(15) ディルタイの教育学講義は、二期に分けて行われている。全集第九巻の編者ボルノーによると、第一期のブレスラウ時代には、「心理学を体系樹立に応用する教育学史」(一八七四)、「教育学の歴史と体系綱要」(一八七四/五)、「プロイセン教育史」(一八七八/九)が講義され、教育と国民的エートスとの相互作用、教育の政治的意義などが述べられているという。ベルリン大学における第二期は、一八八四年から九四年まで、夏学期には「教育学の歴史と体系」を、冬学期には「教育学への心理学の応用」を講義した。第二期は、若いときの政治的観点が弱められ、歴史への沈潜という姿勢が目立つという (IX, 1f.)。
(16) 前掲邦訳書、一一五~六頁。なおこれは『教育史講義』と同じ時期になされた講義に基づいている。
(17) Groothof, 1981, 129.
(18) もちろんディルタイは、昔日のギリシアと現下のドイツの違いを無視するわけにはいかなかった。古代ギリシアが、全体的な共同社会を形成していたのに対して、近代社会は分業体制によって成立するから、個々の活動は「生ける人格」から切り離され、機械の歯車のように部分的活動に結びつけられるようになる。ディルタイは、こうした事情の下でも古代のような体育教育的課程をつくることは不可能ではないという希望を述べ、そのために欠如しているものとして、遊戯の喜び、競技の有する倫理的力、年をとってからの身体的問題との関係付けを指摘している (IX, 29)。
(19) ディルタイが挙げるのは次の例である。エウクレイデスが講義をしたときに、その弟子の一人が「それを学べば何になりますか」とたずねた。これに対してエウクレイデスは、「この男に半ドラクメの金をやってくれ。勉強すれば金になると望んでいるらしいから」と答えて、これを辱めたという (IX, 32f.)。
(20) 「プラトンは個人の利害関係から、どうにもならぬ人間の本性の真の姿から出発したのではなかったから、彼には、現実の国家の土台である利益共同体という組織は生まれてこなかった、むしろ彼はこの組織を下等なものとして軽蔑し、労働、工業、商業を少しも研究しなかった。この根底にひそんでいる誤った高貴の方向は、ギリシア人が自然認識の領域のいたるところで示した方向に類似している。それで思想と物理的な力とはどこまでも国家を団結させるのであるが、それとは反対に国家内の諸階級の利害関係は離ればなれになり、国家を引き裂かずにはおかないのである。一種の思想の絶対主義でもって、個人の現実的な利害関係は、政治的技術家にとってはたんに反抗する材料として取り扱われていて、国家意志として表されるところの、依存と共同の組織が、利害を統合する結果として認識されそうもなかったのである。そのためここでは国家が空中楼閣となった」(『精神科学序説』下巻、五三頁)。このプラトン批判の眼目は思想の絶対主義に対する批判にあり、教育論におけるプラトン評価は政治と教育との結合にある。両者はディルタイのなかで矛盾するものではない。

(21)　Ringer, 1969, 81ff.

(22)　佐々木毅『プラトンと政治』東京大学出版会、一九八四年、四四四頁。

(23)　ディルタイの民主主義に対するアンビヴァレントな態度については、Groothof, 1981, 28f.

(24)　ディルタイは特に家庭教育の重要さを指摘する。ギリシアでは、子どもは七歳にして乳母の手を放れて奴隷の家庭教師にあずけられたが、ディルタイによれば「奴隷には子どもの心に服従と躾を植え付ける権威はなかった」(IX, 58)。これに対してローマでは家庭が堅固な生活単位として存在し、たしかに家長は法律上無拘束な支配権を有していたが、慣習的に子どもの教育に対する母親の支配権が認められていたという (IX, 58)。

(25)　疾風怒濤からロマン主義にいたる時期のドイツの精神運動のこと。特にディルタイの弟子であるノールによって用いられた用語である。Vgl. Nohl, 1970.

(26)　以下の論述は主として、長尾十三二『西洋教育史第二版』東京大学出版会、一九九一年、ルントグレーン『ドイツ学校社会史概観』(望田幸男監訳) 晃洋書房、一九九五年による。

(27)　『ディルタイ教育学論集』以文社、一八二頁。実科ギムナジウムは、ギムナジウムで必修のギリシア語のかわりに英語を課し、自然科学の授業も多かった。なおラテン語は実科ギムナジウムでも必修であった。

(28)　前掲邦訳書、一九〇頁。

(29)　一八八九年に結成された「学校改革連盟」は、実科学校をも含む六年課程の統一中間学校と、これに接続する三種類の上級ギムナジウムという構想を発表した。これに対してギムナジウムの側では、従来の制度やカリキュラムを擁護し、実科ギムナジウムをギムナジウムに吸収し、高度の一般陶冶の保証と、これによる教養階級の分裂の回避を訴えた。この両者の対立は、一八九〇年十二月のドイツ学校会議で決せられたが、それは冒頭の皇帝演説によるところが大きかった。すなわち、「皇帝は、ギムナジウムの教育の根底に国家主義が欠けていること、人格形成と体育がおろそかにされていて実生活の要求にこたえていないことなどを批判し、その上で古典的陶冶を旨とするギムナジウムと実学的陶冶を課題とする学校さえあれば十分で、中途半端な実科ギムナジウムは不必要と断定したのである」(長尾十三二、前掲書、二一八頁)。

(30) 前掲邦訳書、一九三頁。

(31) 前掲邦訳書、二〇〇頁。

(32) 前掲邦訳書、二〇二頁。

(33) 前掲邦訳書、一九〇〜一頁。

(34) 前掲邦訳書、二〇〇頁。「ギリシア・ローマの古代は、いわば歴史的世界の理解のための小学校である」(VI, 80)。現代の歴史教育における古典古代の重要性については次を参照。Thielen, 1999, 251.

(35) 前掲邦訳書、二〇三頁。

(36) 前掲邦訳書、一六六頁。

(37) 前掲邦訳書、一七五頁。

(38) 前掲邦訳書、一六七頁。

(39) 前掲邦訳書、一七三頁。

(40) 前掲邦訳書、一八五頁。

(41) 前掲邦訳書、一六六頁。

(42) ディルタイ『近代成立期の人間像』(小林靖昌訳)理想社、一九六六年。

(43) 例えば「対象的把握(gegenständliche Auffassung)」はVII, 25, 121などに、「対象的思惟(gegenständliches Denken)」はED, 174などに例がある。このようなディルタイの「対象的把握」という思想をゲーテの「対象的思惟」と比較して論じているものとして、高橋義人「ゲーテとディルタイ」『ディルタイ研究』第一号、一九八七年、がある。「対象的」の意味については、この論に大きく負っている。

(44) 前掲邦訳書、二九頁。

(45) 前掲邦訳書、三四頁。

(46) 前掲邦訳書、一一、三九頁。

(47)『把握と分析』のルネサンス論の視点は「人間分析と生活態度論(Theorie der Lebensführung)」(Vgl. II, Inhalt 傍点引用者)である。このような視点は、美術史中心のルネサンス史の叙述において独特の視点であったということができよう。ブルクハルトに対して中世とルネサンスとの連続性を強調する見解としては、すでにW. Pater, The Renaissance: studies in art and poetry, 1873 [ペイター『ルネサンス』(別宮貞徳訳)冨山房百科文庫、一九七七年]やH. Thode, Franz von Assisi und die Anfange der Kunst der Renaissance in Italien, Berlin 1885. があった。ディルタイは基本的にはブルクハルトと同じ切断説的なルネサンス観を共有しながら(I, 354)、人文主義を重視して、古代とルネサンスとの連続性の究明にも努力する点に特徴がある。しかし、独自の発展観を懐古的に投影するディルタイの歴史叙述は、詳細な研究には耐えられないと批判されてもいる(Brandt, 1987.)。

(48) 前掲邦訳書、四一頁。なおI, 351(『精神科学序説』下巻、二一五頁)も参照。

(49) 前掲邦訳書、四七頁。

(50) 前掲邦訳書、五一頁。

(51) 前掲邦訳書、五七頁。

(52) 前掲邦訳書、五九頁。

(53) 前掲邦訳書、六一頁。

(54) 前掲邦訳書、六三頁。

(55) Thielen, 1999, 180.

(56) 前掲邦訳書、八七頁。

(57) 汎在神論とは、ノヴァーリスが一七九八年にこの概念の元になるような言葉を残してはいるが、それとは別個に一八二八年にクラウゼ(K. Ch. F. Krause)によって新造された概念である。これは、世界から神を放逐する理神論、世界と神とを同一視する汎神論に対して、世界の中に、しかし世界から超越して存在するものとして神存在を特徴づけるものである。したがって、汎神論と汎在神論とは、その当初の意図においては明確に区別されるものであった。しかしディルタイの歴史記述においては、両者は並置され、近代の新プラトニズムや神秘主義を表現するものとして使用されている。Vgl. Dierse u. Schröder, Panentheismus, in: HWP, Bd. 7.

(58) 前掲邦訳書、九五頁。

(59) 前掲邦訳書、七六頁。
(60) 前掲邦訳書、七六頁。
(61) 前掲邦訳書、一〇七頁。
(62) 前掲邦訳書、一〇八頁。
(63) 前掲邦訳書、一一〇頁。
(64) 前掲邦訳書、一二五頁。
(65) 前掲邦訳書、一一七頁。
(66) ディルタイのルター解釈は主としてリッチル (Ritschl, Die christliche Lehre von der Rechtfertigung Bd. I, 1882, 126 ff.) とヘルマン (Herrmann, Verkehr des Christen mit Gott, 1886)、ハルナック (Harnack, Dogmengeschichte III, 700 ff.) に拠っている (II, 56)。しかし、キリスト教神学者とは異なる視点は次のリッチルに対する批判からうかがえる。「この新しい生活理想の宗教改革に対する意義を論証したことはリッチルの功績である。しかし、好んで宗教的発展を文化の連関から孤立させているように、彼はこの新しい宗教的生評価がドイツ社会の進歩から発したことを認識しなかった。ルターの周辺では、力に溢れた、熱心で敬虔な多くの人間が、同じ新しい価値評価に達したのである。……意志として現実的に何かをなし、現実を作り出し、この世界の事柄に満足するゲルマン的活動性は、ルター同様、この時代全体にも妥当するのである」(Das natürliche System der Geisteswissenschaften im 17. Jahrhundert, 1892, II, 216)。別所でディルタイは、リッチルの観点は象徴主義者 (Symboliker) のもので、歴史家のものではないと述べている (II, 514)。
(67) 二世界統治説についてルターが明瞭に語るのは『世俗的公的支配について、どこまでそれに服従しなければならないか』(1523)、およびその前身である『一五二二年十月十九日から二十六日に至るヴァイマルとエアフルトにおける旅行中の説教』(1522) である。なお、二世界統治説 (Zwei-Reiche und Regimente-Lehre) がドイツにおいて果たした政治的意義については、倉松功『ルター神学とその社会教説の基礎構造』創文社、一九七七年(特に第一部)を参照。
(68) 前掲邦訳書、一二七頁。
(69) 前掲邦訳書、一二九頁。
(70) 前掲邦訳書、一三五頁。
(71) 前掲邦訳書、一三六頁。
(72) ディルタイは、分化の過程を歴史の進歩とみるから、政治と宗教の分化そのものを否定しているのではない「ルターにとって信仰の活動の機関が世俗社会ならびにその秩序の中に配置されることは、はかりしれない進歩であった。あらゆる職業 (Beruf) と世俗的官職 (Amt) は彼にとって、この組織の中で作用する宗教的倫理的力の機関 (Funktion) であった」(II, 216)。彼が批判するのは、世俗的社会倫理の外側に別個にドグマの領域が設定されることである。なおディルタイが、宗教心が世俗的行動の原動力となるようなキリスト教を評価することについては、彼が『俗事についての慰めと永遠の命の確信』(Trostgedanken über das irdische und Zuversicht auf das ewigen Leben) を書いた大モルトケ (Helmut von Moltoke, 1800–91) に対する評価を参照のこと (XIV, 474 f.)。

(73) なお、ルターと並び称され、第二世代の改革者として知られるカルヴァン (Calvin, 1509–64) についてディルタイは『十七世紀における精神科学の自然的体系』のなかでふれている (II, 229 ff.)。ディルタイは当時「ルターのエピゴーネンのように」(II, 238) 扱われていたカルヴァンをルターとの対照において描き出し、その特質として汎在神論の排除 (II, 231) や哲学の排除 (II, 235 f.) を挙げ、精力的な外的活動の精神史的帰結としての政治的活動 (II, 239 f.) や、その総合的思考の帰結としてのユニテリアン的な志向 (II, 241)、人文主義から生じた文献学との関係 (II, 242 f.) などの多様な側面について描き、これら二つの神学的立場の複雑な位相を記している。

(74) 前掲邦訳書、一五二頁。

(75) コールンヘルトはオランダのカルヴィニストであるが、人文主義の影響も受けて良心や意志の自由を認めた。ソッツィーニ派は人間の善性を信じ、贖罪の刑罰代償説に反対して道徳感化説をとり、キリストの神性を否定する。アルミニウス派はキリストの神性は認めるが、原罪の深刻さ・贖罪の完全性を否定し、善なることをなしうる人間の自由意志を認める。

(76) トレルチは、再洗礼派にとって決定的に重要なのはキリストの命令であるのに対して、スピリトゥアリスムスにとっては聖霊 (Geist)、その自由と内的運動のみであると述べて、再洗礼派とスピリトゥアリスムスを区別した (Vgl. Troeltsch, 1923, 863.)。これに対しディルタイは、両者の概念規定を曖昧にしたまま並置することが多い (II, 79, 247)。実際、ディルタイが再洗礼派の特質の一つとして挙げるのは、寧ろスピリトゥアリスムスの特質と思われる「内なる言葉 (das innere Wort)」なのである (II, 78)。ディルタイは、両者を区別しつつも、重なる部分があるものとして扱っている。なお、カールシュタットやミュンツァーをスピリトゥアリスムスに位置づけることに関しては、有賀弘、一九六六年、四一頁を参照。最近の著作の中ではロールスが、ミュンツァーを再洗礼派とスピリトゥアリスムスを結びつけるものと位置づけ、カールシュタットからデンク、フランクなどをスピリトゥアリスムスの代表者としている (Vgl. Rohls, 1997, Bd. 1, 54 f.)。

(77) Rohls, 1997, Bd. 7, 54 f.

(78) 前掲邦訳書、一六二頁。

(79) 前掲邦訳書、一六五頁。

(80) 前掲邦訳書、一六八～九頁。

(81) 前掲邦訳書、一七〇頁。

(82) 前掲邦訳書、一五九頁。

(83) Troeltsch, 1922, 511. [トレルチ『歴史主義とその諸問題』(近藤勝彦訳)ヨルダン社、トレルチ著作集第六巻、七二頁]

(84) Thielen, 1999, 243ff. ティーレンがディルタイのオリエント像を描く際に典拠としているのは、主として次の箇所である。II, 1–4, 495; III, 3f.; VIII, 43–51; X, 106; XI, 209.

(85) Ebd., 246ff. ギリシア像の典拠は次の箇所である。I, 145, 216–234; II, 4f., 494; III, 5; VIII, 51f.; 17, 25, 55; IX, 17, 25, 55; XI, 209.

(86) Ebd., 250ff. ローマ像の典拠は次の箇所である。I, 244f.; II, 9f., 206, 494f.; III, 6, 10ff.; VI, 80; IX, 55–58, 61–66, 72–76, 115; XVII, 124, 310–318; DM, 4f.

(87) Ebd., 255ff. キリスト教史の典拠は次の通りである。I, 50, 250–255; II, 205f., 500; IV, 76; VIII, 60f., IX, 91, 104; XIV, 473, 475; DM, 7, 13f.

(88) Ebd., 258ff. 中世の歴史像の典拠は次の通りである。DM, 6f, 12, 16–60, 63f., 66, 71, 75, 86, 98, 145–166; I, 353; VI, 239; VII, 373; IX, 100–105, 109, 111–113, 116–124; XVI, 112.

(89) Ebd., 267ff. ルネサンス像の典拠は次の通り。I, 23–26, 200, 267f., 323, 326, 351–356, 416; II, 16, 39–42, 53–58, 62, 212–215, 246, 322–326, 517; III, 56; V, 39; VIII, 64f.; IX, 125f., 129, 131, 156; XV, 1; XX, 111.

(90) Ebd., 279ff. ヨーロッパ十七世紀像の典拠は次の通り。I, 223; II, 90, 93, 95–97, 245, 258, 271–276, 276–282, 346f., 365, 440f., 451, 439, 462f.; III, 12.; IX, 156f.

(91) Ebd., 261ff. 三十年戦争と神聖ローマ帝国に関するティーレンの記述はすべて出版されていない手稿によっている。

(92) Ebd., 290.

(93) ディルタイは、特にシュタイン (Freiherr von Stein) の改革案を国民的精神の一体性を形成するものとして評価する。

第五章　歴史的理性批判と啓蒙の精神
――後期ディルタイのアポリア（一八九七〜一九一一）――

ディルタイの歴史の物語は、国家と精神との結合を目指す文化国家と教養主義の理念を表現している。この今となっては古めかしい歴史観の背後には、しかし歴史的世界の認識に関わる哲学的問いが潜んでいる。スチュアート・ヒューズは、前世紀末から今世紀初頭にかけてのヨーロッパ精神の研究のなかで、「［ドイツの社会学思想の中の］理解という方法は、私にとっては、この研究でぶつかったもっとも難しい思想的問題――ドイツ社会科学の方法の迷宮にある数多くの暗所のうちの一隅――であった」と述べているが、(1)この難問の最初の定式化をなしえた人物が後期のディルタイにほかならない。

第一節　類型の解釈学

中期から後期にかけてのディルタイの発展をどのように解釈すべきかという問題は、周知のようにディルタイ解釈の一つの争点であり、ディルタイ思想における生けるものとは何かという本質的な問題に関わっている。この問題を解釈する手がかりは、中期末のディルタイが直面していた二つの批判に対するディルタイの対応にある。

一　記述心理学への批判と反批判
――中期末ディルタイの課題――

批判を招いたのは『記述的分析的心理学論考』(Ideen über beschreibende und zergliederunde Psychologie, 1894, V) である。この論文は、何らかの心的要素の構成から精神現象を説明する構成的・説明的心理学 (konstruktive oder erklärende Psychologie) を廃して、全体的な内的経験の分析と記述に取り組む心理学、すなわち記述心理学を唱えるものであった。ディルタイはその課題を次のように述べている。「記述的分析的心理学という言葉で私が理解していることは、あらゆる発達した人間の心的生活の中に斉一的に (gleichförmig) あらわれでる構成要素と連関の叙述であり、これらの要素と連関は何かの思いつきや推論によってではなく、体験によって得られる (erlebt sein) ただ一つの連関のなかで結合している」(V, 152)。ここに述べられているように、この論文のなかで注目すべき内容は、心的生の連関とその体験的把握、そして連関の斉一性ということである。

まず第一に、記述心理学は、説明心理学が使用する心的要素ではなく連関によって心的生の分析を試みる。ディルタイの分析とは、全体に基づいて部分を考えることであり、究極的実在としての部分に全体を分けることではない。したがって心的要素は、内的経験によって与えられるものとは異なり、思考が生み出した一つの仮説にすぎず、心的生の現実そのものではないとされる (V, 142)。精神科学の基礎学として現実そのものの記述を志向する記述心理学は、説明心理学の心的要素という仮説を拒否し、「心的生の連関」という内的に与えられる全体的なもの、現実的なものによって、精神的な世界を分析しようとするのである (V, 143)。心が連関をなしているということは、以前からディルタイの記述心理学にみられた考えであるが、ディルタイはこの論文のなかで種々の連関についてふれている。まず、心的生は、欲求や感情、判断などが関係しあって統一をなしている「構造連関」(V, 206) として存在する。この構造は、幸福や満足を得るようにある目的を中心に結合しているから「目的連関」(V, 207) ともよばれる。構造は、それぞれの機能が一つの目的を実現するために有機的に結びついているのであり、この目的はあくまで心的生に内在的な目的であるが、しかし心的生ははじめから十分に目的を達成するような連関を有しているわけではない。そのため、心的生は、内在的な目的をより十分に実現するように活動し、「発展」(V, 218) する。構造連関の重要な特質はこの発展にある。

第二に、記述心理学は連関の体験の叙述を目指す。「構造連関は体験される」(V, 206) と言われるが、この場合の体験とは、連関をこれ以上「背後にさかのぼることはできない」(V, 238)「第一の所与」(V, 237) として受けとめることである。ブレスラウ草稿以来の表現を使用すれば「意識の事実」は第一に連関として与えられており、その連関を何らかの要素や契機に還元して説明することはできないということである。ところで、イギリス経験論流の説明心理学ならば、一般的に存在する斉一的な心的要素によって各人の心理を説明するから、各人の同一性を心的要素の同一性によって、各人の個性を心的要素の組み合わせの相違によって、双方を説明することができる。ところが、心的要素の仮説をとらず、全体的な構造連関というアイディアをとることによって、ディルタイは一つの難問に直面する。各人がそれぞれ独自に連関を有しているとすると、それぞれの人間の心を理解するとはどういうことなのか、自分の心は自分だけに独特のものならば、他人を理解するということは根本的には不可能ではないか、という問題である。

そこで、三つめに重要な概念として登場するのが「斉一性 (Gleichförmigkeiten)」である。「今世紀［十九世紀］

の心理学［説明心理学］の主要な対象をなす斉一性は、内的な生起の形式に関係している。心的生の力ある内容豊かな現実性は、この心理学をはみ出す」（V, 152）。偉大な詩人の心理は、説明心理学が前提とする心的要素などによっては説明できない。説明心理学の前提する斉一性は、人間心理に普遍的なものであるからである。しかしディルタイは、すでに第三章でふれたように、これとは違った意味で斉一性ということばを使用する。それは、「内的な生起の形式」に関わる、例えば偉大な詩人の魂の斉一性・同型性である。この場合の斉一性は、精神科学に独自な斉一性であり、それは体験を通して見出される斉一性と言うべきものである。[2] 先に引用した「斉一的にあらわれでる構成要素と連関」（V, 152）とは、仮説によって構成されるものではなく、連関として体験されるものを意味するのである。

さて、この『記述的分析的心理学』に対しては、哲学と心理学の両方面から批判がなされた。一つは、新カント派のヴィンデルバントによる批判である。彼は『歴史と自然科学』（一八九四）[3] という講演において、周知のように、内的知覚に基づく精神科学という考え方や、自然科学的心理学と区別される記述心理学というディルタイの二分法を否定し、学問は内容や対象によってではなく、方法論によってのみ分類され得るとし、「法則定立的（nomothetisch）」な自然科学的学科と「個性記述的（idiographisch）」な歴史的諸学科とに区別をし、自然科学は「自然法則という普遍的なもの」を、歴史学は「形態における個別的なもの」を探求すると述べた。[4] もう一つの批判は、ベルリン大学の実験心理学者エビングハウスが『説明心理学と記述心理学について』（一八九五）[5] という論文の中で行ったものである。エビングハウスは、ディルタイがヘルバルトから現代の実験心理学までを一括して説明心理学に含めるなど、現代の心理学の発展状況をよくわきまえていないと難じ、自然科学的心理学はディルタイの記述心理学の課題をすでに成し遂げようとしていると論じた。最後に、公に発表されたものではないが、ディルタイの友、ヨルクによる批判がある。ヨルクは、ディルタイが追究しようとする歴史的なもの、一回限りの個性的なものは、ディルタイの心理学的把握という方法それ自体によって傷つけられているのではないかと問いかけた（BW, 193）。

これらの批判の内、エビングハウスの批判は、心理学という言葉の意味についての相違によって生み出されたところが多く、われわれの考察にとってあまり重要ではない。ただし、この批判を受けてからディルタイは、誤解をさけるために心理学という表現をあまり使用しないようになるということには注意が必要である。[6] たとえば彼は、エビングハウスの批判を読む前は九五年四月のアカデミー講演をもとにした原稿の表題を「比較心理学」にするつもりであったのだが（JD, 189）、同年十月にエビングハウスの批判を読んだあと、印刷されるまえに「比較心理学」の原稿を回収し、翌九六年『個体性研究のための論考』（以下、『比較心理学』と略記）という表題でその一部を公表した。[7]

問題はヴィンデルバントとヨルクである。ディルタイは『比較心理学』のなかで、ヴィンデルバントの二元論を事例をもって一つ一つ反証を試みている。ヴィンデルバントの主張にしたがえば、例えば天文学や生物学などは個性記述的であるから歴史的学科ということになり、経済学や言語学などは法則を探究しているから自然科学ということになるが、それはおかしいのではないか、と（V, 242ff.）。しかし、そのような一般的な分類に対する批判にまさってディルタイが重大な関心を抱いたのは、ヴィンデルバントが心理学を自然科学に分類し、自然科学と区別される精神科学の基礎学としての心理学に反対したことである。ヴィンデルバントによれば、心理学はその手続き、その方法的態度において全く自然科学に属するが、[8] しかしディルタイにとって問題となる個性記述は心的斉一性についての法則的認識を必要とするのであり、したがって個性記述と法則定立とは分かたれるのではなく、関連させられねばならないのである（V, 256）。

このディルタイのヴィンデルバント批判は、年来の精神科学論、とりわけその「斉一性」の理解から導かれる当然の批判である。ただし、自然科学的斉一性と精神科学的斉一性を区別したとしても、なお両者の関係如何という問題は残る。ディルタイは、この問題を解くために外的経験と内的経験とをつなぐ「超越論的」経験に言及する(V, 246f.)。マックリールによると、(9)この概念が導入されることによって、自己理解の拡張としての理解なのかそれとも自己を滅却した過去への沈潜としての理解なのかというディルタイの理解論にかけられる嫌疑に対する解答の一歩がはじまる。つまり、これによってディルタイは、自己拡張的他者理解に対する一定の限界を自覚しつつ、他者なるものを通じた理解、つまり解釈の必要性を自覚し、理解論を漸次仕上げることになるというのである。たしかに、ディルタイの理解論に反省の契機が入るようになることによって、理解は間接的なものとなり、それが後に述べる体験・表現・理解の三肢構造となって展開されることになるということはいえよう。しかし、以下に述べるように、それでもなおディルタイの理解論は独特の全体と個別の照応関係を基礎にしているのであり、あくまでもそれをもとに右の三肢構造を理解する必要があると思われる。

二　個性理解の方法

——類型と比較——

ヴィンデルバントによる批判とは異なり、長年の思索の友ヨルクがディルタイに投げかけた疑問は、ディルタイが『記述的分析的心理学』(一八九四)で提起している「比較(Vergleichung)」という方法に関わるものである。ディルタイは、連関の体験的把握が「より完全により深く」なるためには、「連関とその創造物」——例えば、詩人の心的連関と詩人の作品——を「比較する」ことが必要であるとする(V, 180)。この比較というモチーフが、「類型

(Typus)」――前章では「典型」という言葉を用いた――という概念を得て展開されるのが、『比較心理学』(一八九五／六)であった。ディルタイが類型という言葉に込める意味は、全体(普遍)を象徴する部分(個別)である。「ある類型的な生の外化(eine typische Lebensäußerung)は一つのクラス全体を現前する(repräsentieren)」(V, 279)。この類型的な外化――例えば詩人の作品――をみて、そこに込められた何らかの全体(普遍)を見出すことが「類型的にみるということ(das typische Sehen)」(V, 279)である。ディルタイの「比較」とは「類型的にみる」ということであり、それは、外的なものから内的な普遍的意味内容を読みとる創造的な作業なのである。

ヨルクは、この「比較」を批判した。「とくに、比較という手続きが、精神科学の方法として要求されていますが、私はここであなたと分かれます。なぜなら、あなた自身もある箇所で、比較という手段は言語の形態的な側面を把握するにすぎないと言われているように、私も比較が……歴史的認識を解明し、生ぜしめたとは思わないからです。比較というのは、つねに美的なものであり、形態に関わるものです。ヴィンデルバントは、形態を歴史の本質としましたが、あなたの類型の概念は全く内面的なものであり、そこで問題になっているのは性格であって形態ではありません。彼にとって、歴史は形象や形態の羅列であり、それは美的な要求から出たものです。……しかしあなたの歴史の概念は、力の結合、力の統一の概念です」(BW, 193［1895/10］)。かく批判するヨルクが求めるのは、歴史と人間との理解を通した生き生きとした関係である。それは、ヨルク自身の表現によれば、「［創世記三十二章の］ヤコブの格闘と似ていて、格闘する者自身にとって一つの収穫」(BW, 133)を得させるようなものでなければならない。しかし、ディルタイが『比較心理学』で展開しているのは歴史的個性の形態的、外面的な類型であり、それを自分自身の「似た思い出」(V, 279)と美的に比較することによって、歴史を理解するという試みである。ディルタイは、人間の同質性・斉一性を前提にし、しかも歴史の外面的な形態にだけ関わることによって、『記述的分析的心理学』を批判したヴィンデルバントと同じ立場に陥っているのではないか、それは「存在的なものと歴史的なものとの種属上の差異(die generische Differenz zwischen Ontischem und Historischem)」を強調することのあまりの少なさ(BW, 191)、認識批判上の不徹底さ(BW, 193)を示しているのではないか、これがヨルクの批判であった。

生の歴史性に即した内面的な理解というヨルクの方向性を思考したのが、ハイデッガーであり、ガーダマーである。ハイデッガーは、次のヨルクの言葉を『存在と時間』のなかで引用している。[10]「精神物理的な所与の総体は、存在するのではなく、生きている、そのことが歴史性(Geschichtlichkeit)の発芽点なのです。そして、抽象的な自我でなく、充実した自己に向けられた自己省察(Selbstbesinnung)が私を歴史学的に規定されたものとして見出すのは、ちょうど物理学が、私を宇宙論的に規定されたものと認識するのと同様でしょう。私は自然であるのとまさに同様に、歴史なのです」(BW, 71 [1888])。哲学は、この歴史性から分離することはできず、したがって、存在的なものに対して歴史的なものをカテゴリーとして摑み出さなければならない。たしかにボルノーの『ディルタイ』[11]が晩年のディルタイの作品から生のカテゴリーを取り出して示したように、ディルタイの哲学は歴史的なものを摑むための先駆的な試みであったが、ハイデッガーによればそれは、ヨルクが批判したように精神の客観化された形態を理解する哲学であり、「「歴史であるとは、何のことか?」ということのなかにひそんでいるところの歴史の謎をみない[12]」哲学なのである。ガーダマーもまた、「比較というものは、種々のものを自由に扱う認識主観の気ままな性格をすでに前提にしている[13]」として、有限性の感情に立脚するはずの歴史的理念に適さないとみている。

とはいえ、われわれの論じている時点ではハイデッガーもガーダマーも関係はない。さし当たりディルタイはヨルクにどのようにこたえたのか。残念なことに、ヨルクはこの議論からさほど間をおくことなく、一八九七年に亡くなる。そしてディルタイは一九〇〇年に『解釈学の成立』を発表する。このことは、ディルタイがヨルク的方向へ転換したことを示しているかのように思わせる。というのは、解釈学で焦点となるのは、比較や類型という形態学的なもの、客観的なものではないからである。実際ディルタイは、人間を「歴史的存在（ein geschichtliches Wesen）」であると繰り返し強調し、[14] その様態を分析するための言葉を開拓することによって、ヨルクが要求し、のちにボルノーによって分析されるような人間の歴史性の考察へと向かっているようにみえるのである。しかしながら、ディルタイが人間の歴史性（Geschichtlichkeit）という表現をほとんど用いていないということが示すように、[15] ディルタイの基本的な姿勢は、比較の方法を受け付けない人間の歴史性の分析ではなく、比較の方法の適用できる歴史的存在としての人間の究明でありつづけるのである。ヨルクの批判にもかかわらず、ディルタイがかくも比較の方法にこだわるのは何故なのだろうか。これを理解するためには、ディルタイにおける比較が何を意味するのかをもっと吟味しなければならない。

そもそもディルタイが比較という方法を強調するようになったのは、精神の学の構想を練る前期であった。ディルタイは、歴史の比較的研究、シュライエルマッハーの解釈学における比較的方法を強調したが、その意図はロマン主義的な究極の全体性という想定を否定し、解釈を経験科学の枠のなかに置くことによって、学としての厳密性を確保しようとすることにあった。これはたしかに経験論哲学の受容という一面をもつが、しかしディルタイは、ミルの逆演繹法のもつ歴史感覚の欠如を批判して、歴史的比較を強調したのでもある。このように、ディルタイの比較という方法は異なる思想的起源を有しており、たしかにヨルクによって批判されるような思想契機を含まないわけではない。しかし、決定的なのは次の言葉である。「もしも人が生のさまざまな形式の比較によって生の構成的な特徴の背後へ回ろうとするならば、それもまた方法的な誤解であろう」（1892/93, XIX, 347）。

ディルタイの比較の方法とは、歴史的生の背後に回ることではない。比較は、ヨルクの危惧にもかかわらず、ディルタイにとってはあくまで生から生を理解する方法なのである。このような意味での比較をディルタイは、先に引用したように、「類型的にみる」と表現した。この生内在的な比較としての「類型的にみる」ことを可能とする根拠が、歴史的存在としての人間存在なのである。歴史的存在であるということは個と全体の照応関係にあるということを意味するが、それを理解するにはディルタイ独特の他者観をみる必要がある。

三　理解における自己と他者

後期の解釈学への転回を告げる作品とみなされてきた『解釈学の成立』(Die Entstehung der Hermeneutik, V, 1900) は、そもそも九六年および九七年になされた学士院の報告に基づいたものである。『比較心理学』(一八九五／九六) からほとんど間をおかずにディルタイが解釈学に取り組んだことは、両者の関連性を想像させるが、実際『解釈学の成立』の冒頭におけるディルタイの問題提起は『比較心理学』の問題と一致している。「かつて私は、比較心理学を内容とした論文『個体性研究のための論考』において芸術に論及し、文学的創作における人間の個性化の叙述を取り扱ったことがある。いまここでは、個々人の学的認識ということを問題にしようと思う。これはしかし、一般に個的な人間存在の偉大な形式ということについての大問題に関係することになる。いったい、このような個性認識は可能なことであるのだろうか。また、どういう方法で、このような目的が達成されるのであろうか」(V, 317)。

ちょうどこの時期にディルタイは、ヨルクに宛てて次のように書き送っている。「人は生から出発しなければなりません。それは生を分析しなければならないというのではなく、生をその形態において追体験し (in seinen Formen nachleben)、生のなかに存する結論を内的に引き出さねばならぬということです。哲学とは、生すなわち主体をその諸関係において、活動性として、意識にまで高め、徹底的に考え抜く行為なのです」(BW247［1897］傍点引用者)。

問題関心ははっきりしている。個性認識とは、個性を普遍的なにものかで説明し理解することではなく、個性を成り立たせるそのもの、内的な形式そのものの認識なのである。ディルタイはこの個性認識の課題に対して「理解」という方法を唱える。すでに『記述的分析的心理学』の中では、次のように述べられていた。「このこと［体験とは連関の体験であるということ］はすでにわれわれ自身と他の人々との理解の本性を規定している。われわれは純粋に知的な諸過程によって説明するが、しかし把握するときにはすべての心情の力の共働によって理解する。そしてわれわれが理解するときには、われわれに生き生きと与えられている全体の連関から出発して、その連関に基づいて個々のものをわれわれにとって把握できるようにする」(V, 172)。『序説』(一八八三)では明確に使用されなかった理解と説明の対比が、『記述的分析的心理学』(一八九四)ではこのように使用されるようになり、『解釈学の成立』(一九〇〇)では次のようになる。理解とは「感覚的に与えられる記号(Zeichen)から、記号として外化する心的なものを認識する過程」である(V, 318)。理解という問題は、心理学から解釈学へと異なる名のもとで追究されるようになったが、この変化が決定的な転換を意味しているとは考えにくい[16]。そもそもディルタイは、ドロイゼンの歴史論の影響を受けて、説明と理解の対比を初期の段階から使用していたし、また心理学という表現を避けるようになったのには、エビングハウスからの批判という外的事情があったということを思い起こすべきである。ディルタイにとって「理解」とは、決して個体性の心理学においてはじめて問われた問題なのではなく、早い段階から歴史的世界の認識の問題として自覚されていたものなのである。

八〇年から九〇年にかけて書かれた『序説』第二巻の第六部の草稿でもこの問題はとりあげられている。『序説』第六部の草稿は、精神科学の方法の中心をなすものとして自己省察と他者理解に同等の資格を与えている。「中心をなすのは自己省察と理解である。自己省察が第一義的であるが、しかし他者の理解の方が自己省察を規定している」(XIX, 276)。『序説』第四部の『ブレスラウ草稿』の中で自己省察は、意識の事実そのものに向かう態度とされていた。第六部では、それがよりいっそう具体的に記述され、自己省察による自己への帰還は歴史を経由するとされている。「歴史は、個性的な内面に言葉を与え、それを語り説明するもっとも力強い補助手段である。自分自身のなかに見出すものを、人はまずはじめに歴史においてみることができるのである」(XIX, 276 傍点引用者)。自己省察と歴史的理解とは、同時的・相関的なものである。たしかに意識の事実の考察は、まずはじめに自己の意識に与えられたものから出発しなければならないから、自己省察が第一義的なものとされるが、しかし、自己省察において見出されるものは、同時に歴史において理解されるものだというのである。「歴史と自己省察は同盟者であり、それどころか、それらは互いに相手を伴って、一なるものをなす。主観的内面性は、ここから出発する。普遍妥当性に近づく拡張は、ここから出発する」(XIX, 277)。歴史的世界の他者の理解、つまり個性の理解は、自己省察に作用し、自己省察の深まりが他者の理解を広める。歴史的な他者理解と自己省察は一体であるというのである。このような認識から発展してディルタイはさらに、個性と歴史との一体性について語る。「ゲーテは、ファウストというその一個人において人類を解明し、人類の運命を一人の人間に結びつけた。個体の生 (vita singularis) と普遍史 (historia generalis) とが全体として一つであるということは、個々人をして歴史的素材の対象とする関係からすでに生じている根本思想なのである」(XIX, 295 傍点引用者)。

全体的なものは個性的なものに表現され、個性的なものの理解を通して認識される。歴史的全体、人類の歴史としての普遍史は、個別的生の歴史の中に形をとり、個別的生の理解を通して把握される。逆に、ある個別的歴史が普遍史的発展として位置づけられるのは、人類を結びつける内的完全性をそこで実現するからである。このような個体と全体の一体性、照応関係こそ歴史的世界の理解を成り立たせ、歴史に意味を与える構造なのである。この構造のなかで普遍史的なものとして把握されるにいたった個体的なものは、もはやたんなる個別性ではなく、普遍的なものを表現する「類型(Typus)」(XIX, 294)である。類型は、歴史を通して伝えられる普遍性を有している限りにおいて、歴史的個別性に還元されきらない普遍的な型であり、この型をとおしてはじめて歴史は構造づけられ、記述可能となるのであり、またその比較を通してより妥当な認識へと近づくこともできるのである。[17]

もちろん、以上は中期後半の思考の跡であり、マックリールが論じるような『比較心理学』(一八九六)以降の変化を否定するものではない。しかし、以上の中期の思考は後期においても次のような形でなお生き続けている。「精神(der Geist)とはある歴史的存在(ein geschichtliches Wesen)であり、すなわちそれは全人類の記憶(Erinnerung)で満たされ、その記憶は縮図となって精神のなかに生きている。精神が記憶で満たされ得るのは、まさに精神自ら記憶を生み出すことができるからである」(VII, 277)。[18] 人間の歴史的存在性が歴史理解の根拠なのである(VII, 277f.)。[19] 例えば、自分の中にある自立の意識は十五・十七世紀の精神を、科学的精神は十七世紀の精神をそれぞれ「記憶」として有しているのであり、このような意味で個体は歴史と照応している。この照応関係によらないで何らかの宗教的信念や形而上学に基づいて歴史を整理しようとする普遍史は許されない(VII, 272)。ディルタイは、解釈学的哲学が要求するように歴史的生の背後にさかのぼろうとはせず、一切を歴史的なものとして把握しようとするのである。

問題は、全体と個別の照応関係という、ゲーテ的な観念それ自体は非歴史的なものではないかということである。ヨルクがディルタイの歴史に形態的なものの嫌疑をかけたのは、ディルタイの歴史のこの構造に対してであった。おそらくここで道は二つに分かれるのだろう。ヨルクの如く、これを非歴史的とし、全体と部分の照応関係を認めず、歴史的なものと存在的なものとの差異につくというのはたしかに一つの道ではある。しかしディルタイにとってみれば、この照応関係を認めず、したがって類型を否定する歴史性の立場は、歴史を記述することができない。なぜなら、そうした類型を欠く場合、歴史的世界は無限に豊かな事象のなかに埋もれるほかないからである。[20]ディルタイは、ヨルクの批判の意味を理解しながらも、歴史を分析しつつ記述するために、この類型を棄てることはできないと考えたと思われる。ディルタイがそこまで歴史叙述にこだわった理由は、学問と生の関わりに関するディルタイの信念にある。

第二節　歴史的啓蒙の政治学

歴史的個性の理解という問題に取り組んでいたディルタイが、ヨルクの批判にもかかわらず、比較を採用し、類型の解釈学を切り開いたのには、彼の精神科学を導く実践的意図が大きく作用していたと思われる。われわれは、この意図を彼の現代に対する危機意識から読みとることができる。

一　文化的危機と啓蒙への決断

すでにたびたび強調してきたように、ディルタイの精神科学確立の努力は、その時代に対する危機意識に由来する。一八九八年の講義序説『現代の文化と哲学』(Die Kultur der Gegenwart und die Philosophie, VIII)[21]によれば、現代の特質の第一は「現実感覚とその関心の此岸性」(VIII, 190)、第二は自然科学による人間の「大地に対する支配」(VIII, 191)、第三は「不変の社会秩序に対する信仰」の消滅と「合理的な原理に基づく」ところの「秩序の変革」(VIII, 192) である。このような現代社会を生み出した歴史的契機としてディルタイが指摘するのは、第一に、商工業の発展とそれにともなう市民階級と労働階級の出現による国内政治条件の変化、第二に、個人の権利意識の無制限の成長、第三に、自然科学の方法の社会への適用と、それによってつくられた法則による社会変革の構想の誕生、最後に、社会変革の主体として啓蒙君主に代わる「民族の至上の意志」の登場である (VIII, 192f.)。産業の発展にともなう政治情勢の変化、とりわけ民主化の動向を指摘するディルタイは、このような歴史の趨勢を基本的に承認し、特に第三に挙げた科学的業績の偉大さを称賛して、学生に対して次のように述べる。「諸君は、このような現実感覚、われわれの関心のこのような此岸性、生に対するこのような科学の支配によって、自分自身を全く満たさなければならない」(VIII, 193) と。[22]

しかし、ディルタイは、学生に対するこの励ましの裏にある困難さをも自覚している。彼は、自然科学を基準とした近代の学問体系は、学からその目的を放逐し、そのために「現代は、個人や人類にとっての行為の究極的な目標がどこにあるのかという問いを突きつけ、現代を貫いている深い矛盾を露にしている」(VIII, 193) と述べる。ディルタイによればこの事態は、第一に、実証科学によって伝統的な宗教的信仰と哲学的確信の前提が解体されていること、第二に、特に十八世紀における意識と認識の分析によってこの解体作業が効果的に推進され、外界の実在性まで疑われたこと、第三に、歴史的比較によってあらゆる歴史的確信の相対性が明らかにされたこと、以上の三つの要因によってもたらされたのであり、その結果、生の価値と行為の目標についてすべてが疑問視されるようになったのである (VIII, 194)。ディルタイはこのような時代の先例としてギリシアの啓蒙期、帝政後期のローマ、ルネサンスの時期を挙げているが、それらと比べても現代ほど懐疑の深まった時代はないと断言する。「われわれの時代においては思考のアナーキー（die Anarchie des Denkens）が、われわれの思考と行為の前提にまでますます及んできている」（VIII, 194）。ディルタイは、意味や目的が懐疑され、行為を導く前提が失われるような事態を何とか克服する道を模索し、実証科学の意義の究明と、諸科学の連関の新たな構想をもって、思考のアナーキーに秩序をもたらし、実践の方向付けを確保しようとするのである（VII, 195）(23)。

『十九世紀の歴史意識』（Das geschichtliche Bewußtsein des 19. Jahrhunderts, VIII, 1900）もまたこの混迷の歴史的背景にふれている。ディルタイは、十八世紀の合理的精神が進めた「宇宙の合理化（Ratilanalisierung des Universums）」は「人間の精神の貧困化」（VIII, 202）を招いたとし、スコットランド学派のコモン・センス哲学の平板性、フランス実証主義の単純な唯物論、ドイツ啓蒙主義の通俗化を指摘した上で、そうした合理主義・啓蒙主義の平板性・単純性・通俗性に対して十九世紀の歴史的意識の内面的な深さを指摘し、「人間の本性が、自らの現実性と力のうちに、すなわち人間の現在の生き生きとした豊かな可能性のうちに、自己を所有せんとするならば、それは、ただ歴史的意識においてのみ可能である」（VIII, 203）と述べる。「人間の本性の全体性（Totalität）は、ただ歴史のうちにしか存在しない」（VIII, 204）からである。

ディルタイがここでふれていることは、一見すると十八世紀の合理主義に対するロマン主義的反動というお馴染みのテーマにすぎないように思われるかもしれないが、もしもそういうことならば、彼がここで「人間の全体性」の危機を唱えるとき、それは当然ゲーテ的な感性の再評価、（ゲーテ自身はやがて批判する）ロマン主義的な歴史評価に身を投じることになるであろう。しかし彼は、先に指摘した学生への訴えに見られた実証主義的精神によって、今度は歴史意識のもたらした問題の方に批判の矛先を向けるのである。「このように過去を蘇生させる能力は、自らの確固たる意志において未来を形成する力を、結果として人間の精神から奪い去ってしまったように思われる。ロマン主義者は、その全人格を無抵抗に過去へとゆだね、十八世紀が獲得した偉大な成果を失わしめたように思われる。……私たちが意識のなかで歴史的なものを結びあわせるとき、そこには解体や懐疑主義や無力な主観性といった、密やかな作用が含まれてはいないであろうか」(VIII, 204 傍点引用者)[24]。このように問いかけるディルタイは、相対性と普遍妥当性との繋がりを、「すべての過去を共感的に理解することが、未来を形成する力となる」ための道筋を (VIII, 204)、見出さねばならないとする。そしてそのために、十九世紀の歴史的精神は、それが真に歴史的な精神であるためには、十七・十八世紀が獲得したものと対立するのではなく、それと結びつくようでなければならない、というのである (VIII, 204 f.)。

あらためてわれわれは『解釈学の成立』(一九〇〇) の課題をふりかえってみよう。「個々人の、すなわち特殊な人間存在の偉大なる形式の、科学的認識への問い」(V, 370)、すなわち「個体性の認識」は、人間の行為や幸福を生み出す源泉であると同時に、行為的世界としての歴史的世界の成立根拠である。「われわれの行為は一般に他の人格の理解を前提としている。人間の幸福の大きな部分は、異なる心の状態を追体験 (nachfühlen) することから起こる」(V, 317 傍点引用者)。個体性の認識は、それが普遍性を有している限りにおいてのみ、過去の人格や行為を現代によみがえらせ、それを通じて現在の行為を導く歴史意識の働きが成り立つのである。かりに、理解がたんに主観的なものならば、各人は勝手にばらばらな過去を思い描くばかりで、過去の理解によって受け取る文化の力も幸福も、現在を共に生きるための行為も生まれることはないだろう。それゆえ、個体性の認識を課題とする『解釈学の成立』の究極の課題は、それによって共同的な実践を指導する力を現在に取り戻すことなのである。このような未来形成の営みをディルタイが「十八世紀が獲得した偉大な成果」(VII, 204 傍点引用者) とよんでいることが示すように、彼が解釈学の成立を論じる背後には、反啓蒙的な歴史意識ではなくて、むしろ啓蒙の精神をこそ継承しようという意図があったということができる。

啓蒙の精神と歴史意識の結合を目指すディルタイの立場は、シュネーデルバッハの歴史主義的啓蒙主義という捉え方に照らすことでよりよく理解できるように思われる。シュネーデルバッハは、啓蒙的理性の本質を批判性に見出し、十八世紀の合理主義を歴史的に批判する歴史主義は、啓蒙思想に対立するものであるというよりも、啓蒙思想の批判精神を啓蒙思想自身に対して遂行するものであると捉える。[25] シュネーデルバッハが啓蒙思想に基礎をおいて歴史主義をその発展型として捉えるのに対して、歴史主義直系のディルタイは歴史主義を基礎において啓蒙思想を継承しようとしている。この立場をここでは歴史的啓蒙とよぶことにする。

二　主観性の悦楽と歴史への献身
――ニーチェとディルタイ――

歴史的啓蒙の課題をディルタイは『十九世紀の歴史意識』（一九〇〇）において次のように述べている。「相対的なものにおいて普遍妥当的なものを、さまざまな過去のなかで確固たる未来を、歴史意識における主体の上昇を、未来における私たちの進歩の尺度としての現実的なるものの承認を、未来の明確な目標に結びつけるという課題」を解くためには、まずは「自然民族から現代にいたるまでのあらゆる人間の生活形式（Lebensform）を自らに引き受け」なければならない（VIII, 204）。「確固たる未来」とは、ディルタイの歴史論および教育論から、古代オリエント以来の人類史の発展を踏まえた内的人間の完全性の実現する世界と考えられる。このような「未来」へと向かう「進歩」は、歴史の否定からではなく、「現実的なもの」の「承認」からはじまる。[26] 現実的なものはすべて「相対的なもの」ではあるが、しかしそれを普遍史的視点から眺めてみるときに、「普遍妥当的なもの」が現れる。このように「相対的なものにおいて普遍妥当的なもの」を見出す「歴史意識」をもった「主体の上昇」こそ、自然から解放されて自由を獲得するにいたる人間の歴史過程の終末的局面——ただしこれは終わることなく継続する終末である——なのであるが、そこにいたるためにまずは「あらゆる人間の生活形式」を受け入れなければならないのである。こうしてディルタイにおける歴史的主体は、人間の自由を実現する主体として歴史発展の目的とよびうるような地位につく。この点において、序論の冒頭にも記したハイデッガーの指摘(27)は正しいように思われる。

しかし、こうした近代の主体の形而上学を指摘するだけでなく、このような要求をするにいたるディルタイの具体的な問題意識をふまえておくことも重要なことであろう。「われわれの時代においては思惟のアナーキー (die Anarchie des Denkens) が、われわれの思惟と行為の前提にまでますます及んできている」(1898, VIII, 194)。翻ってみれば、ディルタイはその学的キャリアの出発において神学を批判し、教授資格論文では倫理学の現状を批判し、『詩学』では趣味のアナーキーを批判した。後期にいたると、引用した一八九八年の言葉が示すとおり、思考のアナーキーを問題化し、一九〇三年の古稀記念講演では次のように述べる。「歴史的世界観は、人間精神を、自然科学や哲学がいままで壊したことのない最後の鎖から人間を解放した。しかし、それによってわれわれを脅かすように生じる信念のアナーキー (die Anarchie der Erzeugungen) を克服する手段はどこにあるのか。これに関連する長い一連の問題の解決のために、私は生涯を費やしてきた。私にはゴールが見える。私はそこにたどり着けないとしても、同学の諸君は目的地にまでいたれるようにと私は願っている」(VIII, 5)。このゴールを目指した取り組みが死の直前までつづいていることは、『世界観の類型』(Die Typen der Weltanschauung und ihre Ausbildung in den metaphysischen Systemen, VIII, 1911) が示している。「歴史的意識の進歩発達から生じた疑惑は、人間の意見の対立ということから来る懐疑的な帰結よりも、はるかに深刻である。ギリシア人やローマ人の歴史的思考の支配的な前提をなしていたのは、特定の内容をもった人間という類型であった。同様に、その人間なるものは、第一のアダムおよび第二のアダムについての、また「人の子」についてのキリスト教教義の基礎であった。さらに十六世紀の自然的体系も同じ前提によって支えられていた。それは、キリスト教のうちに宗教の抽象的永続的範例を、すなわち自然神学を見出し、ローマの法学から自然法学を、またギリシアの芸術からは趣味の模範を描き出した」(VIII, 76f.)[28]。このようにディルタイは、形而上学を中心とした中世的統一が崩壊したあとに人生態度の指針をさまざまな形で提供した十六世紀の自然的体系の思想を、ヨーロッパの歴史伝統に接続するものとして肯定的に評価する。しかし、十八世紀の分析的精神によってこの自然的体系の統一性は崩壊しはじめ、十九世紀の発展の思想によって「人間という類型はこの発展の過程のなかに瓦解してしまった。……かくして起こった発展説は、歴史上の一切の生の形式が相対的であるという認識と必然的に結合している」(VIII, 77)[29]。そこでディルタイは結論する、「諸々の偉大な体系にかくの如く破壊的な働きをなした歴史意識の形成も、各哲学体系の普遍妥当性の要求と、これらの体系の歴史的アナーキーとのあいだの、解き難き矛盾をなくすることに役立つものでなければならない」(VIII, 78) と。

以上のように、歴史的啓蒙の課題が晩年にまでつづく課題であったことは明らかである。この問題意識のなかで、ディルタイが対決すべき相手として意識していたのが、ニーチェ (Nietzsche, 1844–1900) であった。すでに『現代文化と哲学』(一八九八) においてディルタイはニーチェにふれている。ディルタイによれば、ニーチェの思想が示しているのは「あらゆる尺度が廃棄されあらゆる確固たるものが揺り動かされるために、精神は、無制限の承認の自由、際限のない可能性との戯れによってその主権性を享受すると同時に、内容の虚しさという痛みを受けとる」(VIII, 194) という事態である。ディルタイはニーチェの矛盾と、その歴史的方法のいかがわしさを指摘する。『道徳の系譜』と『善悪の彼岸』からの引用[30]によって、ニーチェの批判する従来の哲学者像とニーチェの唱える真の哲学者像を示した上で、ニーチェの価値創造は、内容的に無規定的なものであり、この価値の創造に働きかける哲学者の方法もまた、個人的な直観以外の何ものでもない、とディルタイは批判する。ニーチェは、個人の目的を文化の発展から切り離し、その結果、文化の目的連関から解き放たれた個人は、内容的に空虚であるだけでなく、形式的にも「進歩する確固としたもの」への関係を失うにいたったというのである (VIII, 201)。これに対してディルタイは、価値創造は歴史の目的連関とつなげることによって内容的に規定しなければならず、また哲学者は直観以外の着実な方法を身につけなければならないとする。「知の永遠性と芸術的な理解の永遠性か、あるいは進歩する文化それ自体か、いずれかに対して人格的に深まっていくところに、生の肯定が存する」(VIII, 201)。ディルタイによれば、これこそ近代の倫理であり、ニーチェが離反し、彼が保持する立場なのである。

先ほどふれた古稀記念講演でもディルタイはニーチェにふれている。「ニーチェは、孤独な自己省察のうちに、根源的な自然と自らの歴史なき本質を求めたが、それは徒労でしかなかった。一枚一枚と彼は、自己のおおいを取り去っていったが、はたして何が最後に残されたのか。それは、しかし、他ならぬ歴史的に条件づけられたもの、すなわちルネサンスの巨人たちの特徴であった」(VIII, 226)。ディルタイには、ニーチェの試みが歴史をご破算にして新しくはじめようとする試みに思われた。しかし、そうした試み自体が、ディルタイによれば実のところ「過去の伴奏者」(VIII, 226) によって条件づけられているのである[31]。だから、ディルタイは述べる。瞬間の苦しみやつかの間の喜びから人間が解放されるのは、「ただ歴史が生み出した大いなる客観的な力に献身することによってのみである。独立の人格が世界の歩みと宥和を成し遂げることができるのも、かかる歴史の力への献身によってこそであり、決して恣意や悦楽の主観性によってではないのである」(VIII, 226)[32]。さらに最晩年の『構成』続編の草案には、次のようにある。「あらゆる歴史現象とあらゆる人間的社会的状態の有限性、またあらゆる信仰の相対性についての歴史意識は、人間解放の最後の一歩である」(VII, 291)[33]。

ニーチェとは異なる歴史の道の選択は当然ニーチェの直観的な方法にかかわるディルタイの着実な方法の裏付けを必要とする[34]。ディルタイはそれを解釈学に求めたのである。

第三節　解釈学と実践の帰結

一　ディルタイ解釈学の展開

解釈学は、ニーチェのような直観によらないで歴史との宥和を果たすために、ディルタイが選んだ方法である。『解釈学の成立』の末尾でディルタイは次のように述べている。「解釈学は、ロマンティックな恣意や懐疑的な主観性の絶えざる侵入に対して、歴史的領域における解釈の普遍妥当性——これにこそ歴史の確実性が依存する——を理論的に基礎づけなければならない」(V, 331)。

ところで、ディルタイの「解釈学」というのはそもそも何を指すのだろうか。戦後のディルタイ研究の視角を大きく規定することになったガーダマーの『方法と真理』のために、解釈学という視点からディルタイを問題化することは自明のことであるかのようになっているが、ディルタイ自身は解釈学という表題のもとに自分の思想を展開しているわけではない。それどころか、ディルタイ自身が解釈学に込めた意味は、「文書という遺物の解釈の技術

学 (die Kunstlehre der Auslegung von Schriftdenkmalen)」(V, 320) というきわめて狭い意味である。ところが、一般にディルタイの解釈学として分析されるものは、これよりも広いものである。例えば、解釈学の歴史を概説したフェラリスの書物においてディルタイは「実証主義、プラグマティズム、歴史主義」という章の一節の中で、ランケ、ドロイゼン、ヨルクなどとならんで扱われている。フェラリスは、ディルタイの理論を「十九世紀解釈学の中でももっとも重要な歴史的方法的な研究である」[35]とみなしているが、そこで言われているのは『構成』(一九一〇)の中の体験・表現・理解の連関、およびその『構成』続編の草案の客観的精神論のことであり、これらをもってディルタイ解釈学の内容とした上で彼は、そこにつきまとう難点を、ガーダマーやハーバーマス、あるいはリクールの批判によりながら指摘するのである。[36] ディルタイの解釈学について論じる場合、今日でも多くがフェラリスと同じような仕方をとっている。つまり、ディルタイ解釈学を論じる者の多くは後期ディルタイに関心を集中し、彼の思想の全体的連関に十分に注意を払っていないという傾向があるのである。

ディルタイの解釈学論は、若き日の『受賞論文』(一八六〇)にまで遡ることができる。それによるとディルタイは、個々の作品を心理的・文法的コンテクストから解釈する方法、また予見的解釈と比較的解釈とによって、全体と個別を一致させることのない解釈学的循環の遂行を重視していた。このことを踏まえて『解釈学の成立』を読み直してみると、次のようなディルタイの解釈学の特質が浮かんでくる。

第一に、ディルタイは、アレキサンドリア学派とアンテオキア学派の対立を寓意的解釈と文法的解釈の対立として描いているが、この対立においてディルタイが共感を覚えているのは、明らかにアンテオキア学派の方である。「アンテオキア学派は、その本文解釈においては、全く文法的歴史的原理にしたがって遂行した」(V, 323)。寓意的解釈ではなく、文法的解釈にディルタイが共感しているのは、ディルタイの解釈学が、たんなる文献の解釈学ではなく、歴史の解釈学たろうとしているからだと思われる。寓意的解釈学を歴史の解釈学に応用する場合、そこでは歴史的事象それ自体から読みとられる意味ではなく、何らかの神学的哲学的な意味が押しつけられるであろう。その実例が歴史哲学である。そこでは歴史事象の具体的な連関そのものではなく形而上学的な原理から歴史事象が組み立てられる (I, 86ff.)。

第二は、ディルタイが初期の著作で評価していたシュライエルマッハーの文法的解釈が影を潜め、その心理的解釈が強く打ち出されていることである。「彼は、その解釈というものを、模倣、追構成として、文学的創作の働きそのものへの生ける関係においてのみ分析した」(V, 327)。これは「新しい心理学的歴史学的直観」(V, 327) とよばれる。この心理的解釈への偏りは、おそらく『解釈学の成立』が『比較心理学』の課題を引き継いでいることから生じているものである。この心理的解釈に偏したところから、ディルタイは徐々に、文献的なものを媒介にして解釈の客観性を確保する方向へと進んでいく。最晩年の『構成』で論じられる「体験・表現・理解 (Erleben, Ausdruck, Verstehen)」の三肢構造 (VII, 86ff.)[37] がそれである。

以下、この最晩年の解釈学について考察してみよう。通常「体験」は、何事かの体験としてその目的語を明確にもつ(つまり、何かを体験したという表現形式をとる)ものである。[38] しかしディルタイは、体験の対象とその主体の区別を前提する主客二元論の立場をとらない。むしろ、ディルタイが「体験」という表現を用いるのはその二元論を避けるためである。[39]「人間の状態が体験され、それ(状態)が生の外化したもの (Lebensäußerngen) となって表現され、さらにこれらの表現が理解される限りにおいて、人間は精神科学の対象となるにすぎない」(VII, 86)。[40] ここで、体験されるものとよばれる「人間の状態」は、体験以前に存在しているものではない。体験以前のものは、精神科学の対象ではなく、実証主義や自然主義一元論による形而上学的構成物である。精神科学はこれを否定し、体験と相即的な、体験される現実から出発する。

体験につづいて今度は理解、とりわけ理解の対象についてみてみよう。ディルタイによれば、理解における「所与は、つねに生の外化である」(VII, 205)[41]が、理解の仕方や理解によって獲得されるものは、生の外化に応じてさまざまである。「概念、判断、思考によってつくられたもの」(VII, 205)は、表現の根にあった体験から切り離されて、論理的な世界を作り出す。このような生の外化した世界の理解は、論理的思考と同じであり、それを理解するとは、それと同じように思考できることを意味する。理解の対象である生の外化の第二の事例は、「行為」(VII, 206)である。しかしディルタイによれば、行為という生の外化は理解の対象としてはきわめて不確定なものである。彼はまず、行為の原因となりまた行為によって表現されるところの「心的生活の状態」と「その状態が基礎としている生の連関」(VII, 206)とを区別する。前者は行為の主観的な動機であり、後者は行為の主体が織り込まれている生の流れ全体を意味している。生の外化としての行為は、生という全体的な営みを基礎とする主観的な動機から導かれる。行為という生の外化の理解は、したがって、たんに主観的な動機ではなく、そのような動機をも規定する生の全体的な流れを理解するということである。しかしながらディルタイは、行為によって表現される「心的生活の状態」は生の根源的世界ではなく、しかも行為という外化は別の外化の可能性を消失させるという特質をもつものであるから、「行為は生の連関という背景から引き離されている」(VII, 206)[42]とする。だから、行為は理解の対象、つまり精神科学の対象としてはふさわしいものではないとみなされる。

これらに対して、ディルタイが理解の対象としてすぐれているとみなすのは「体験の表現」である。広義では右の二つも体験の表現に入るのだが、ここでは上の二つ(概念的論理的思考および行為)から区別される狭義の表現が問題となる(VII, 206)。それは、利害関心によって支配され、絶えず過ぎ去ってやまず、その解釈も一時的なものにすぎない日常的な体験の表現とは異なり、利害関心に支配されず、過ぎ去ることがなく、しかも立場によって解釈をかえるようなことを許さない「偉大な作品」である（VII, 207）。「偉大な作品において、精神的なものが、その創作者、つまり詩人・芸術家・作家から切り離されるときには、われわれはもはや欺くことのない領域に足を踏み入れるのである」（VII, 207）。こうしてディルタイは、作者の意図から切り離された、自立した体験の表現としての偉大なテクストを、精神科学の理解の対象にふさわしいものとみなすのである。

このような理解が、精神科学の方法として取り入れられる後期解釈学の特質である。「解釈学はつねに歴史的懐疑や主観的な勝手気ままから理性の確実性を守ってきた。まず第一に解釈学は寓意的解釈に打ち勝ったときに、ついでトリエント宗教会議の懐疑主義に対して聖書はそれ自体から理解されるとする偉大なプロテスタントの説を正当としたときに、さらにあらゆる懐疑に抗してシュレーゲル、シュライエルマッハー、ベックなどにおける文献学や歴史学の将来確実な進歩を理論的に基礎づけたときに、解釈学はそうであったのである。現在、解釈学は、歴史的世界の連関の知識を説明し、それを実現するための手段を見出すという一般認識論的な課題との関係を求めなければならない」（VII, 217f.）(43)。

歴史的連関の不可知論を排し、その認識の手段を見出すという課題にこたえるのが、体験と表現と理解の三肢構造である。しかしながら、それによって、精神科学は本当に豊かなものとなったのだろうか。『序説』において理解の対象とされたのは端的に「歴史的社会的現実」であった（I, 3f.）のが、いまやこの現実は理解できる対象に縮減され、偉大なテクストに還元されてしまったのだから、この疑問は正当な問いかけではあるまいか。

二　客観的精神論と実践の変容
――ヘーゲルとディルタイ――

テクストに代表される理解の対象を、ディルタイは「生の客観化」(VII, 146)、あるいは「客観的精神 (der objektive Geist)」(VII, 150) とよんでいる。ここには後期ディルタイの、ヘーゲル思想の批判的受容があった。

『構成』のなかでディルタイは、精神科学における「精神」という言葉を、モンテスキューの「法の精神」、ヘーゲルの「客観的精神」、イェーリングの「ローマ法の精神」と同じ意味で用いていると述べているが (VII, 86)、このことは『序説』から『構成』へいたるディルタイ思想の変化を象徴している。ディルタイは、モンテスキューについては『序説』でふれていないが、イェーリングについては、精神科学が実生活のなかから生まれ、職業教育のなかで発展してきたことを論証する実例として引照し (I, 21)[44]、ローマ法を、生活のなかにおいてなされた思惟が概念として客観化される文化的世界の実例とみなしている (I, 60)[45]。このようなローマ法の理解は、『構成』にまで通じている。これに対してヘーゲルに対する評価は、『序説』から『構成』にかけて大きな変化をみせる。『序説』ではヘーゲルの「精神」は「無色の抽象の中で歴史的世界経過を包括する抽象的本質存在であり、場所もなく時間もない主体」(I, 104)[46] であるとされ、このため「哲学体系がある時代の全精神を代表する性格をもつ」(I, 111)[47] という彼の理論は「誤っている」とみなされたのであるが、『構成』では「ヘーゲルは、発展をその全範囲にわたって明確にするような、新たな概念の連関を得ようとつとめた」(VII, 100)[48] が、その「発展の思想を精神科学の中心に据えることによって……過去を振り返ることと未来ならびに理想へと進むことを結びつけた。歴史は新たな尊厳さを有することになった」(VII, 105)[49] というのである。

周知のように、ヘーゲルにおける客観的精神とは、主観的精神と絶対精神とのあいだの第二段階をなし、主観的な意志が客観的世界にあらわれ、法・道徳・人倫として自己を展開し、世界史へといたるまでの段階である[50]。ヘーゲルの客観的精神論は、主観的精神における意志という近代の立場を前提にしつつ、共同体的精神の展開を問題としており、経済、とりわけ賤民の発生にみられる疎外や、権力の構成を問題化した。これに対してディルタイの客観的精神は「個人間にあてはまる共同性を客観化して、感覚の世界にあらしめた種々の形式」(VII, 208) であり、精神科学的理解の対象を問題化したものである。例えば、客観的精神の実例としてディルタイが挙げるのは、子どものある特定の意味をもつ身ぶりや動作である。それらがある特定の意味をもつことができるのは、特定の共同性のなかにおいてであり、子どもがそのような意味をもった身ぶりや動作をするのは、そうした共同性のなかで育てられるからである。このような意味で身ぶりや動作は、ある特定の共同性における意味という客観性を担っている。ヘーゲルが絶対的精神の展開に含めた宗教、芸術、哲学も、このような客観性を担うものとして、ディルタイは客観的精神に含める (VII, 208)。客観的精神は、ある歴史的連関における客観的な意味解釈論の根拠をなし、精神科学の土台を形成するのである。

ディルタイが自ら説明するヘーゲルとの相違に耳を傾けてみよう。ヘーゲルの客観的精神は、主観的精神と絶対的精神とのあいだに位置づけられ、精神の発展を理念的に構成する役割を負わされた。このような理念的構成は、「時間的・経験的・歴史的な連関」を不問にしており (VII, 149)[51]、精神の契機と歴史的状況との作用を問題化することができない (VII, 271)[52]。ディルタイはこの点においてヘーゲルとの相違を強調するのである。しかし他方で彼は、客観的精神という概念が果たした歴史的役割を認める。その役割とは、ドイツ啓蒙主義から歴史学派にいたるまでの国家と法律に関する意識を、概念にもたらしたということである。「ひどく誤解を受けたが、ドイツ啓蒙思想は、国家の意義は個人に内在する人倫を実現する・すべてを包括する共同体(das allumfassende Gemeinwesen)にあると認めた」(VII, 150)。[53] ヘーゲルは、この啓蒙的国家観を古代における人倫と国家の理念とに結びつけて、歴史における共同性、共同精神の働きを発見し、客観的精神という概念をもたらしたのであった。ディルタイは、ヘーゲルの客観的精神を、古代ギリシアの国家観に結びつき、ドイツ啓蒙からさらには歴史学派へといたる国家観の思想的中核を表現したものとして、積極的に評価するのである。

ヘーゲルの客観的精神の理念的構成を批判する一方で、歴史における共同性を概念化した点について評価するディルタイは、[54] 共同性に記述心理学的な基礎づけを与えることによって、ヘーゲルを自己のなかに取り込もうとする。ディルタイは「心的連関の全体が働いている」「生の実在性」(VII, 150) を自己の立脚点とする。心的生の全体性という所与から出発すれば、「客観的精神は理性に基づいて理解することはできない」し、「客観的精神を理想的な構成に組み入れることもできない」(VII, 150f.)。[55] むしろ「精神の現実の基礎を歴史のなかに据えなければならない」のである。「精神の現実」とは、端的に言えば、生である。普遍的な理性としての絶対精神を歴史の基礎におくことによって、ヘーゲルの主観的精神、客観的精神は、絶対精神へといたる経路としての位置づけを得たが、ディルタイは生を歴史の基礎に据えることによって、ヘーゲルの理念的な構成から手を切り、歴史を精神的現実、すなわち生の表現としたのである。このような枠組みのなかで、ヘーゲルの客観的精神は練り直され、生の外化という鋳型に流し込まれることになった。これによって客観的精神は、絶対的精神との連関を断たれ、生内在的な歴史的世界の表現として存在することになる。ヘーゲルの客観的精神は、歴史のなかに埋め込まれた。ヘーゲルの歴史主義的解釈である。[56]

われわれは、ディルタイの生概念の起源のひとつであるアリストテレスのプラクシス概念にさかのぼって考えてみよう。すでに論じたように、前期ディルタイはアリストテレスの実践を歴史的生に置き換えて理解したが、同じことがヘーゲルの客観的精神の理解においても行われている。この十九世紀の歴史的実践精神の受容を、やや唐突であるが、二十世紀の実践哲学の復興と比較してみると、その性格がいよいよ明確になる。ヨアヒム・リッターによれば、アリストテレスのプラクシス概念は、「生活の営みや生活様式ならびにそのようにしてなされる活動としての生」、またそれぞれの生き物に固有で、その生き物にとって存在そのものである「運動」としての「行為」を意味した[57]。このような広義の意味のプラクシスつまり実践は、ビオス (bios) つまり生と同義語として用いられるものであった。このことをふまえてみれば、ディルタイがプラクシスをレーベンに置き換えるのももっともなわけである。ところが、ディルタイがアリストテレスを引用している部分は、『ニコマコス倫理学』の第一巻第三節であり、道徳の目標が認識ではなくプラクシスにあったという文脈であるから、ビオスはビオスでも、ビオス・ポリティコス (bios politikos)、つまり観照的生活に対する活動的生活 (vita activa) を意味する場面である。リッターの古代の実践哲学の理解によれば、実践とは、法や国家などの機構制度という現実態における市民の活動であり、その活動する市民的主体としての存在の実質は倫理的な機構制度の方にあるとされるが[58]、しかしそれは、人間が歴史的存在だからではなく、ポリス的存在だからである。人間が「ポリス的動物」であるのは、アリストテレスによれば、自然のことである[59]。アリストテレスは「自由の原理そのものからでも、自分自身のために存在する個人からでもなく、倫理的な機構制度の中にはめ込まれた生の中にある個人から出発した[60]」。「理性的存在としての人間は、……たんに倫理的機構制度だけではなく、具体的にはポリスおよびその制度機構に照らされてわかるのである。ポリスは人間の自然本性の現実態であり、それが現実化したところにおいてのみ人間は人間存在に到達することができるのである[61]」。リッターが近代啓蒙主義の理性的人間像とは異なるアリストテレスの人間像を描き出すその意図は、「抽象的な人間の本性」ではない、機構制度に現実化される人間の自然本性という「実践哲学の核心」を現代に活かそうとすることにある。[62] ディルタイもまた、共同体や制度から切り離された抽象的な人間を規準にすることはないが、リッターのようにポリス的存在としての人間の自然本性を問題にするわけでもない。生・実践の歴史化とは実際には何を意味するのか。

古代のみならず普遍史的連関に即したあらゆる歴史的形態を受容する精神科学は、歴史的発展に即した偉大な作品の理解を通して、人間の生の完全性を目指す。歴史とは人間の内的完全性、つまり自由へと向けた進歩の過程にほかならないから、このような個的人間の完全性の実現は同時に歴史の目的の実現ともなるのである。しかし、このような形の歴史的実践としての精神科学は、歴史的遺産の深みを実証主義的な生の平板さのなかに生きる人間に味わわせ、生活の指針を提供するという、きわめて教養主義的な形態をとることになる。これが歴史化の実際的な意味内容である。この観想的性格はどういうことであろうか。あれほどに理論と実践のつながりを強調していたはずの精神科学は、なぜこのような態度に陥ったのだろうか。ここではその理由の一端を記すにとどめざるをえない。

第一章の冒頭にも引用した若きディルタイの精神は、老齢の大学者のなかにも生き続けていたように思われる。若きディルタイは、かつて次のように述べた。「われわれは死すべきもののなかに不死なるものをみ、現世的なもののなかに超俗的なものをみ、われわれはまちがいを犯し、空想し夢をみ、それ故にまた高貴なる魂はみな夢から目覚めて、自分が夢の空想の遊びによって近くに寄せたとみるものへと自らを引き上げることを、熱心で確固とした、覚醒した行動のなかで求めるだろう。偉大で、深い魂の持ち主はみな、愛するものであるが、しかし愛のなかに永遠の充足を見出すものはないのである」(JD, 1)。この充足を見出すことのできない生について、老学者はヘーゲルの哲学から学んで次のように語る。「乖離、苦痛、労働、制限は、生そのものの過程に根ざすゆえに、いかなる人間状態も逃れることのできない契機である」(VIII, 187)。

しかし、この生の乖離や苦痛は歴史の統一のなかで外化され表現されるのであり、したがって歴史的に理解できるものと考えられている。そして理解は苦悩に対する処方箋なのである。初期から後期まで一貫する音楽的比喩から引用してみよう。「多様性のなかの統一の表現」(JD, 1)である「リズム、メロディー、ハーモニー」は、「気分の高揚や沈滞」「運命、苦悩、至福」などの側面の表現であるが(VII, 223)、このような生の表現としての音楽を生み出す天才は「このような音の世界においてはどんな運命やどんな苦悩も忘れる」(VII, 222)のである。たしかにディルタイは苦悩や運命がないと述べているのではないが、しかしそれは音楽的表現として与えられるというのである。「音楽にはこういうもの一切が入っているといっていい」(VII, 222)[63]。このような音楽観は彼の中の母方の血筋[64]を証明するだけのものではない。歴史的世界の表現の理解が人間の自由を実現するとするならば、その表現の代表は音楽である。「器楽はその最高の形式として、生そのものを対象とする」[65]からである。つまり、生の多様性をその多様性のままに表現しうる形式は音楽なのである。ところで「音楽を体験する人は、記憶したこと、浮揚する形象、創造の歓喜のただなかで人のなかに差し込むいつか過ぎ去りゆく不確定な気分を、自らの内部で聴き取るのであるが、それはある時はリズムの発見から、他の時にはハーモニーのつながりから、あるいはまた体験からはじまるであろう」(VII, 244)[66]。生そのものを対象とする音楽がこうならば、歴史的世界の他の表現の理解もまた、なおさら特定の形式においてのみ理解されることになると想像することも許されよう。注意すべきは、このように歴史的世界を音楽的な形式として理解するということの反面に、歴史的世界における雑音の排除がありはしないかということである。ディルタイが、解釈の対象として過去の偉大なテクストだけを選び、またそれによって観想的態度が優位するにいたったことの理由の一端がここにあるのではないだろうか。運命の過酷な苦悩や苦痛を客観的に表現した作品を通じてのみ、人はそれを統一性のなかに受容し、運命との和解を実現することができる。しかしそれは、雑音のままに存在する運命に耳を閉ざす限りにおいて可能なのである。

この精神科学の定礎者がこよなく愛したドイツは、やがて第一次世界大戦に突き進んでいく。彼はこの運命の過酷さに直面することなく世を去るという幸運に恵まれたのであった。

註

（1）ヒューズ、一九七〇年、一二九頁。

（2）「心的生の同形性(斉一性)がまず前提され、それによって他者が理解されるというのではなく、自己と他者との分節化を通じて、内的経験において与えられた同形的な心的連関がいわば鍛えられていく、これがディルタイが同形性ということで考えていたことではないだろうか」(伊藤直樹、一九九四年、四五頁)。

（3）Windelband, 1894, in: Präludien, Bd. 2, 1921.

（4）Ebd., 145.

（5）Ebbinghaus, Über erklärende und beschreibende Psychologie, in: Rodi u. Lessing(hrsg.), 1984, aus: Zeitschrift für Psychologie und Physiologie der Sinnesorgane 9, 1896.

（6）エビングハウスの批判は様々な余波をもたらした。ディルタイは、W・ジェームズらに国際心理学会によばれていたのだが、エビングハウスと席をともにすることになるこの学会への出席を取りやめ、さらに九五年以後、心理学の講義も取りやめる。フッサールはこのエビングハウスの批判のために、ディルタイの『記述的分析的心理学』を読まずに済ませたという。Vgl. Ermarth, 1978, 185.

（7）全集第五巻におけるタイトル表記は、次の通りである。[Über vergleichende Psychologie.] Beiträge zum Studium der Individualität. ここでは慣例に従い『比較心理学』とよぶことにする。なお、この出版にまつわる事情は、マックリール、一九九三年、二三九頁、を参照。

(8) Windelband, a.a.O., 143.

(9) Makkreel, 1975, 251. [マックリール、一九九三年、二八七頁]

(10) Heidegger, 1957 [1927], 401.

(11) Bollnow, 1936.

(12) ハイデッガー「時間」(『存在と時間』(桑木務訳) 岩波文庫、下巻) 三一〇頁 [Heidegger, Die Zeit, Vortrag gehalten am 25. VII. 1924 vorder Marburger Theologenschaft (Nachschrift von Dr. K. Löwith)]

(13) Gadamer, 1990 (1960), 237 f.

(14) 「詩人の表現することのできる生の意味がすべての時代にとって同じものとして通用する核が存在する。したがって、偉大な詩人は永遠的なものである。しかし人間は同時に歴史的存在 (ein geschichtliches Wesen) である」(1887, VI, 241)。後期の文章では、「個人が歴史を理解するのは、個人自身が歴史的存在 (ein historisches Wesen) だからである」(1910, VII, 151『精神科学における歴史的世界の構成』(尾形良介訳) 以文社、一〇三頁、以下『構成』と略記)。後で引用する VII, 277 (『構成』二七二頁)、VII, 278 (二七四頁) や、さらに VII, 278 (二七五頁)、VII, 291 (二九三頁) を参照のこと。

(15) ディルタイが歴史性という言葉を使用するのは、人間によって生み出されたものについて語る場合である。例えば、「文化の歴史的性格はそのときにはじめて理解されたのである。これはヘーゲルとシュライエルマッハーの功績であった。彼らは、文化の抽象的な体系の構造にその本質的な歴史性の意識を浸透させ、それに比較の方法と発展史的考察を適用した」(Rede zum 70. Geburtstag, 1903, V, 7)。

(16) 例えば法の理解について『序説』(一八八三) と『構成』(一九一〇) の記述を比較するとたしかに転換は明瞭である。「内的側面について知識を得るために、心的な生の流れ、すなわち心理学を当てはめるのは、よくある誤りである。……ある法律がある特定の時代に、このような共同体のなかで施行されているとして、法律を歴史的に理解することは、先の社会的な一連のものから、全体意志によって成就し、実施される法律の命令の精神体系……に立ち戻ることである。イェーリングがローマ法の精神をあつかったのもこの意味であった。だが、この精神を理解することは、心理学的認識ではない」(1910, VII, 84 f.)。しかし『序説』のなかでイェーリングの方法は心理学と結びつけられていた (1883, I, 59 f.)。この矛盾は、ディルタイの心理学に込める意味の変化によって説明できる。『序説』の心理学は「記述心理学」(I, 59) のことでありその主要な関心は「内的側面について知識を得る」ことを含みつつ、それだけにとどまらない広がりをもっていた (I, 58)。後期では、マックリールの指摘している通り、他者なるものを通じた理解論に傾斜するために「心理学」は否定されているが、しかしそこで追究される課題は記述心理学に重なっている (I, 56 と VII, 85 を比較されたい)。なお次も参照。Riedel, 1977, 3, 23. アンツ、一九八七年、七四頁。

(17) したがって、ディルタイの歴史学的構想は普遍史的枠組みのもとになされる比較史という姿をとることになる。これは、最近の歴史学の潮流にみられる比較史とは異なる。後者は、近代歴史学の志向した普遍史に対する異議申し立てとして唱えられている。そこでは、普遍的基準という発想は断念され、比較のための共通の枠組みはあくまで作業仮説的に認められる(樺山紘一『世界を俯瞰する眼』新書館、一九九九年、一八〜九頁)。作業仮説的な共通枠組みの設定が「種々のものを自由に扱う認識主観の気ままな性格」(ガーダマー)を脱することができたかどうかは、そこから生まれた作品によって評価しよう、というのが歴史家の態度であるようである。これに対し、ディルタイは、比較の枠組みの中におかれる類型は歴史的存在としての人間によって基礎づけられているがゆえに、類型的考察は「認識主観の気ままな性格」から免れているとされる。もちろん、ここで類型なるものは、歴史外的視点から構成される形態的なものではなく、生それ自身から理解されるものである。

(18) 前掲邦訳書、二七三頁。

(19) 前掲邦訳書、二七四頁。

(20) 逆の立場から言えば、ディルタイ的な歴史は捏造であり、現実は無限の生の豊かさにほかならないとする批判もあり得よう。バーリン、一九九七年、三八頁を参照。

(21) ノール編『生の哲学』(久野昭監訳) 以文社、にも邦訳があるが、ノールによる編集とドイツ語版全集第八巻の構成は若干異なっている。

(22) ここで想起されるべきは、およそ二十年後に、同じように学生に向けて語りかけられたマックス・ウェーバーの講演である。そのなかでウェーバーは、「近頃の若い人たち」のあいだにはやっている一種の偶像としての「個性 (Persönlichkeit)」と「体験 (Erlebnis)」とに対して、きわめて冷ややかな対応を示し、専門化された科学の非人格的な営みに対する献身を説いた(『職業としての学問』(尾高邦雄訳) 岩波文庫、一九五一年)。ディルタイは、彼の『体験と創作』が「体験」という言葉が流行するきっかけを作ったにもかかわらず (Gadamer, 1990 (1960), 67.)、学生に対して、ウェーバーと同様の精神の重要性を語りかけるのである。

(23) 前注に記したディルタイとウェーバーの近い距離が、ここでは遠くなる。ウェーバーが学問の営みとその生における意義とを切り離し、後者を各自の主体的な決断の問題に還元しようとするのに対して、ディルタイにおいてはそれらが結びあい、学問が生に対してもちうる意義と指導性を疑わなかった。ウェーバーにおいて切り離されるものが、ディルタイにおいてはまだ結びついている。言い方をかえれば、ウェーバーが「神々の闘争」を思考と行為の前提である事実とみなすのに対して、ディルタイは「神々の闘争」を克服すべきアナーキーとみなし、その克服を哲学の課題としたのである。

(24) ノール編『生の哲学』、八二頁。

(25) Schnädelbach, 1987, 9ff.

(26) もちろん、そのような自意識とは別に、ヨーロッパと異なる世界に対する彼の認識が、きわめてヨーロッパ中心であったことは否定できない。ヴァイツ（Waitz）の人類学に関する一文のなかのディルタイの次の一節は十九世紀ヨーロッパ知識人の意識の一端を伝えるものであろう。「[体形の変化の原因の第三のものは]精神生活の生み出す文化にある。これが外側に見える現象としてもたらすもっとも興味深い変化は、顔立ちの個性化である。未開民族においては顔立ちが同じであると大げさに言われてきた。しかし、進歩した文明では、頭の形それ自体や人相の一般的な表れが変わってきているのである。したがってギニアの黒人のあいだで、そのような場合、下顎が後退し、頭蓋の形までもが変形することがハンコック（Hancock）によって観察されたのであった。そこでウォード（Ward）は主張している。アメリカの一部の黒人は、肉体的道徳的状態の直接の影響を受けて、そのふくれあがった唇と突き出した下顎は部分的に失われ、はじめにもっていた特徴は概して薄くなったようであると。特に昔の英国の画家の手になる絵で認められた張り出した頬骨は、ヨーロッパ民族においてさえその顔立ちが文明にふさわしく変形してきたことを示しているように思われる」（XVI, 1863）。なおヴァイツについては、Smith, 1991, 46ff.を参照。

(27) 「デカルトは人間を〈主体〉として解釈することにより、将来の人間学のあらゆる種類と方向に対する形而上学的前提を創設する。諸々の人間学の台頭においてデカルトは自らの最高の勝利を収める。あらゆる哲学の全くの中止と停止という経過の中へと形而上学が移行するということは、人間学により惹き起こされる。ディルタイが形而上学を否認し、根本においてすでに形而上学の問いをもはや押さえておらず、従って形而上学的論理学に寄る辺なく対立していたことは、ディルタイの人間学的な根本の立場の内的帰結である。彼の「哲学の哲学」は哲学の人間学的廃止の高貴な形態であり、哲学の克服ではない。これまでの哲学がその中でなるほど任意に利用されてはいるが、哲学としては余計であると言明されているすべての人間学は、それ故に今やさらに、人間学の肯定でもって何が要求されているのかを明確に見て取るという利点を有する。そのことによって精神的状況はある明確化を蒙る一方、国家社会主義的諸哲学がそれであるような、きわめて背理的な諸成果の手間のかかる諸調整は、混乱をしでかすだけである。というのは、世界観は世界観として、有るものを独自に解釈し形態を与えることを引き受けてしまったからである。もちろん人間学ですら或る一事はなし得ない。すなわちデカルトを克服することは、あるいはデカルトに反対して立ち上がることさえも、人間学には出来ないのである。というのは、帰結は根拠に基づく以上、帰結がいつか根拠に立ち向かうことが出来るようなことにどうしてなるというのか」(マルティン・ハイデッガー「世界像の時代」一九三八年（ハイデッガー全集第五巻『杣径』(茅野良男、ハンス・ブロッカルト訳）創文社）一二〇頁 [Martin Heidegger Gesamtausgabe I. Ableitung Bd. 5 Holzweg, 99.])。

(28) ディルタイ『世界観の研究』(山本英一訳）岩波文庫、一九七六年、九～一〇頁。

(29) 前掲邦訳書、一一頁。

(30) 「哲学的精神がおよそなんらかの程度において可能であるためには、それらはつねにまず観想的人間の前から確立している型に変装し仮装せざるをえなかった。すなわち、僧侶・呪術者・預言者となり、一般的に宗教的人間とならざるをえなかった、ということになる。つまり禁欲主義的理想は久しいあいだ、哲学者に対して、その現れ方、その存在の前提条件として役立ってきたのである。——哲学者が哲学者でありうるためには、禁欲主義的理想を身をもって示さねばならなかった。それを示しうるためには、それを信じなければならなかったのである。哲学者たちに特有な世界否定的な、生命を敵視する、官能を信じない、感覚から脱落した超然的態度は、……何よりもまず、およそ哲学というものが成立し存続するために不可欠な条件の結果にほかならない。……禁欲主義の僧侶はごく最近にいたるまでいやらしい暗い毛虫の形をしていたのであり、この形においてのみ哲学は毛虫の恰好をしていたのであり、この形においてのみ哲学は生き永らえることを許されて這い回っていたのである」(『道徳の系譜』「禁欲的理想は何を意味するか」第一〇節(秋山英夫訳）白水社、ニーチェ全集第三巻(第II期)、一四六頁)。「しかし、真の哲学者は命令者であり、立法者である。彼らは「このようにあるべきだ！」と言う。彼らはまず人間のどこへ？　と何のために？　を規定し、その際にすべての哲学的労働者、すべての過去を圧倒した者の準備作業を意のままに使用する、——彼らは創造的な手でもって未来に摑みかかり、そして存在するもの、存在したもののすべてがその際、彼らのために手段となり、道具となり、鉄槌となる。彼らの「認識」は創造であり、彼らの創造は一つの立法であり、彼らの真理への意志は——力への意志である」(『善悪の彼岸』二一一節(吉村博次訳）白水社、ニーチェ全集第二巻(第II期)、二〇六頁)。

(31) ディルタイはニーチェの思想のなかに「ルネサンスの巨人たちの特徴」がみえるとした（VIII, 226）が、それは「あらゆる価値の価値転換」(II, 215）の時代にあらわれたマキアヴェッリの没倫理的思想を踏まえてのことであると思われる。

(32) ノール編『生の哲学』、九七頁。

(33)『構成』、二九二頁。

(34) ニーチェの側からディルタイを批判することもできる。とりわけ重要なことは、歴史的個体の解釈を通じた過去との接続が、歴史過剰の趨勢によってますます困難となり、かえって生の涸渇を招きかねないことである。ニーチェによれば、ディルタイ的な歴史的啓蒙の立場は「骨董的歴史」つまり、「自分を成立させた諸条件を自分の後より来るもののために保存しようとし、こうして生に奉仕する」(『生に対する歴史の功罪』(大河内了義訳)白水社、ニーチェ全集第二巻(第I期)、一三七頁)ものであり、「自分の存在はまったく恣意や偶然のせいではなく、ある過去からそれを受け継ぐものとして花となり実となって成長してくるものとして心得、したがって自分の存在の弁明どころか正当化すら出来るという幸福感」(一三八頁)にひたるものでしかなく、「生を保存する術を知っているだけであって、生は生産しない」(一四〇頁)のである。ちなみにディルタイはニーチェを価値のない哲学者とみなしていたわけではない。彼はニーチェを「現代のもっとも深い哲学者」(VIII, 229)として認めていた。ディルタイの『倫理学体系』(X, 13ff.)や『哲学の体系』(System der Philosophie, VIII, 190ff.)における時代認識は、ニーチェと一致しているし(Stegmaier, 1992, 66.)、ニーチェもディルタイの『序説』のなかにある形而上学批判に興味をもっていたようである(Vgl. Stegmaier, Phänomenologische und spekulative Ontologie bei Dilthey und Nietsche, in: Orth (hrsg.), 1984, 81.)。また、右の如くにディルタイをたんなる歴史主義者とみなすのではなく、「骨董的」「記念碑的」「批判的」歴史観の総合とみる可能性の示唆が、White, 1973, 273. にある。なお、ニーチェとディルタイの関係について、ディルタイの側の証言にばかり注意を払うことの問題性については、拙稿「ディルタイとニーチェ」(西村皓・牧野英二・舟山俊明編、二〇〇一年)を参照されたい。

(35) Ferraris, 1996 (1988).

(36) Ebd., 113. 代表的な批判は、生の哲学に含まれる非歴史性に対するものである。ディルタイの解釈は、時間的な距離を跳びこえて認識の対象に自己を投入することであり、それが可能な根拠として自己と他者の共通性、すなわち根強い心理学主義が残されているとされる。また、歴史的知識の科学性に対する啓蒙的幻想も批判される。さらにディルタイは客観化された歴史的生について十分なる解釈が可能であるとするが、その解釈者がデカルトにおける認識主観と同様に、いかなる利害関心にも左右されないような主体とみなされていることもその難点として指摘される。

(37)『構成』、二二頁以下。

(38) ガーダマーによると、体験(Erlebnis)という表現は、体験する(erleben)とは異なって、十八世紀には全く現れず、十九世紀の七〇年代になってようやく普通にみられるようになったという。この Erlebnis の造語の背景にあった精神史的背景についてガーダマーは、体験という語が伝記を通じて市民権を得るようになったという事実を挙げている。Vgl. Gadamer, 1990 (1960), 61 ff.

(39) ディルタイが初期の内的経験 (innere Erfahrung) という表現からだんだんと体験に重点を移し、後期ではっきりと Erfahrung (経験する) から Erleben (体験する) へと移行したのは、前者がもつ認識論的主知主義的語感を排除し、生の全体性の体験を表現するためであったと思われる。なお、リーデルは、この体験によってディルタイが三つの神話——意識を原子的な要素からなるとする連合理論、外的世界が意識の単なる現象であるとする独我論、主客二元論の基礎をなす物心二元論——を破壊したとするが、この三つの神話のなかでもっとも規定的なものは最後のものであろう。Vgl. Riedel, 1981, 34.

(40) 前掲邦訳書、二二頁。

(41) 前掲邦訳書、一七四頁。

(42) 前掲邦訳書、一七六頁。

(43) 前掲邦訳書、九〇頁。

(44)『序説』、上巻、四〇頁。

(45) 前掲邦訳書、上巻、八二頁。

(46) 前掲邦訳書、上巻、一三四頁。

(47) 前掲邦訳書、上巻、一四二頁。

(48)『構成』、四〇頁。

(49) 前掲邦訳書、四六頁。

(50) Vgl. Hegel, Grundlinien der Philosophie des Rechts, Suhrkamp 1986 (1821).

(51) 前掲邦訳書、一〇〇頁。

(52) 前掲邦訳書、二六三頁。

(53) 前掲邦訳書、一〇一頁。

(54)『青年時代のヘーゲル』(Die Jugendgeschichte Hegels, 1906, IV) のなかでディルタイは、ヘーゲルのうちにある「過去なるものと生き続けるもの」とを区別する試みを行い、「生き続けるもの」としてはヘーゲルの客観的精神論の規定をなす「生」を、「過去なるもの」としてはその客観的精神の形而上学的体系を指摘した (IV, V)。

(55)『構成』、一〇二頁。
(56) ディルタイのこのようなヘーゲル解釈は、初期の神学草稿に基づいた彼の『青年時代のヘーゲル』のなかにおいてすでに試みられていた。とくに IV, 141ff. を参照。
(57) J. Ritter, ›Politik‹ und ›Ethik‹ in der praktischen Philosophie der Aristoteles, in: Metaphysik und Politik, Suhrkamp 1969, 117.
(58) Ebd., 119.
(59)「明らかになるのは、ポリスが自然にあるもののひとつであるということ、また人間はポリス的動物であるということ、また偶然によってではなく、自然によってポリスをなさぬものは人間より劣ったものであるか、あるいは人間よりすぐれたものであるかのいずれかであるということである」アリストテレス『政治学』(山本光雄訳)岩波文庫、三五頁[Aristoteles, Politica, 1253a.])。ただし、リッターの著作を参考に訳文を一部変更している。
(60) Ritter, a.a.O., 118.
(61) Ebd., 128.
(62) Ebd., 130.
(63)『構成』、一九六頁。
(64) ディルタイの母親ラウラの父、ペーター・ホイシュケルは、ビープリッヒのナッサウ公国宮廷楽長であり、著名な作曲家ウェーバー (Carl Maria von Weber, 1786–1826) の師でもあった。
(65) 前掲邦訳書、一九七頁。
(66) 前掲邦訳書、一九六頁。

結　論

一　社会の分化と哲学の終焉

予備的考察に記したように、存在と思考とが弁証法的に統一された絶対的観念論の哲学では、現実と理性との結合が前もって保証されていたが、ディルタイにとってそうした結合は形而上学的夢にすぎなかった。現実と理性、真理と意味の一致を認められなかったのは、実証主義による観念論の解体と、近代社会における社会分化の加速化という事情があったからである。

ディルタイは社会分化を歴史の進歩過程であると考えていたが、システムや組織が分化の結果さまざまな形をとるようになればなるほど、その結節点としての人間は諸システムのあいだで価値の葛藤や意味の分裂をますます体験せざるをえなくなる。ディルタイは社会分化に伴う分裂を必然的な帰結とは考えず、克服されうる思考のアナーキーとみなし、その解決の手段を主として国民教育に期待した。個人を不可侵の存在と認めたディルタイはそこに、官憲国家が文化のシステム全般を支配管理するようなものではなく、個人の人格的尊厳を認める思想的伝統と結合した官僚に指導され、社会分化に即した改革をなしつつ、国民的詩による新たな神話によって統一を保つ教育システムを構想した。そのために彼は、ヨーロッパの精神的伝統との結合を不可欠であるとする教育論を展開したが、社会分化の全般的進行のもとで統一的精神を有する官僚養成をいくら要求しても、その可能性は本来低いものであったと言わざるを得ないだろう。なぜなら、社会分化にあわせて官僚もまた専門家として訓練されていかざるをえないからである。とはいえ、ここに示された社会分裂の進行に対する問題意識は、官僚制的化石化などの次の世代の中心的課題を予告するものであった。このため、ディルタイの教育論をはじめとする実践の処方箋がいかに批判される余地のあるものだとしても、その学問的理論的方向性にはなお学ぶべき点が残されているように思われる。社会を何らかの経験されざる実体によって秩序づけようとする形而上学を排して歴史の事実性を認め、歴史の事実的連関から歴史的世界に独自の意味を認識する方法は、解釈学的に言えば、形而上学と結びつく寓意的解釈ではなく、文法的心理的解釈である。この方法によって獲得された解釈は歴史的世界における行為を方向づけ、彼の言うところの歴史への献身の道を切り開く。学問は本来、その内的システムの自律化のために学問のための学問に陥りやすいのに対して、この精神科学論はあくまでも生の一環としての学問に踏みとどまる規律を有するのである。

精神科学論は社会分析のための方法的基礎としての有効性をなお有していると認めることもできるだろう。社会的歴史的諸制度を人間の生の連関として捉えることは、例えばイェーリングの目的法学、マルクス主義の実践的生の回復の方向性と一致するものであり、また、社会をもろもろの意味や目的連関のシステムとして捉えることは、物象化され、神格化されやすい人間活動の制作物から絶えず人間を解放する方向を示すであろう。とりわけ、哲学や科学それ自体の有する物神性を反省する契機を有している点に精神科学の特質がある。この意味において、エア

マースの歴史的ヒューマニズムとしての歴史的理性批判という規定はたしかに正しいだろう。(1)

しかしディルタイの精神科学論は、その普遍史的構想に明らかなように、人間の心的全体の完全性の発展をヨーロッパの歴史のなかに読みとり、それを内的経験による記述心理学によって正当化するという新たな歴史の形而上学に陥ったように思われる。たしかに、このような一切合切を包括するような精神科学論のなかには、こうした契機を否定する分析理論も含まれてはいた。しかし、例えば中期ディルタイのシステム分析論は、その理解論のために十分に機能することはできなくなったように思われる。ディルタイにおけるシステムの分析とは実際にはシステムの目的連関の理解であり、隠されたシステムや、またシステム同士の逆機能などの側面が考察されるようなことはなかった。この傾向は、晩年の客観的精神論にいたるとますます強まる。もちろんそこには理解ということが可能となる原理的な構造が示されており、たんなる学問方法論から人間存在の根本的体制としての理解という思想へ一歩を踏み出した点において評価されるべきであるが、しかし解釈されるべきものが古典的テクストへと縮減されることによって、中期のシステム分析論が有していた可能性の発展を閉ざすものとなった。その方法は対象とするテクストの静的安定性を前提としており、社会の動的な連関を分析することには不適切であったように思われる。ただ見逃してならないことは、このようなディルタイの精神科学が、社会分化の進展する時代の課題に対応しようとする過渡的な学問の営みであったということである。つまり、たしかにそれは古めかしい諸契機によって覆われているが、しかしそこにある新しい思想的契機のために次代の人文社会諸科学にとっての共通の遺産となりえたのである。このことは、実践哲学——ここでは政治学にのみふれる——の歴史をふまえてみると、いっそう明らかになる。

十八世紀末までのドイツでは政治学は実践哲学の一つに位置づけられていた。政治学の目的は善き生であり、十八世紀中葉においてもなおクリスチャン・ヴォルフは、アリストテレス実践哲学の回復の意図をもって厖大な哲学体系を樹立させようと試みていた。そしてそれは、西欧諸国とドイツとの差異を物語るものでもあった[2]。倫理学と一体である政治学は、教育学とも深い関係をもった。ヘーゲルと同時代のシュライエルマッハーは次のように述べている。「教育学と政治学とは、ともに倫理的な学問であり、同じ扱いを必要とする。政治学は、教育学をその要素として統合していなければ、目標に達することはできない[3]」。西欧世界におけるような主権概念の精錬を欠いたドイツ政治思想は、倫理的な学問として古代的なものを引きずっていた。このためにカントも歴史学派も、イングランドにおいてはロックからミルに至るまで支配的であった幸福主義、つまり個人の幸福を実現するための国家という考えを認めず、国家のみが担うことのできる倫理的な機能を強調したのである。

こうしたドイツの古き政治学が衰退に向かうのは当然のことであった。その学問の対象となっていた現実が変化してしまい、知的環境が変わっていったからである。共通善なるものについての常識が批判哲学によって疑問視されるようになり、それにともなって、共通善を中心にさまざまな領域を結束していた知的連関が失われ、また歴史学・歴史主義の発展によって、普遍的に妥当する政治の理論というものが時代遅れとみなされるようになった[4]。伝統的な政治学の諸領域は、主として国法学、経済学、歴史学に分かれていった。教育学、建築学、道路学（Wegbaukunde）、鉱山学（Bergbauwissenschaft）、地方学（Landwirtschaftslehre）なども、政治学から分かれた文化科学(道徳科学)であった[5]。

特に注意すべきは歴史学である。そもそもヨーロッパでは、ツキディデス以来の伝統が示すように歴史と政治との結びつきは堅固であったが、十九世紀のドイツでは前述の学問状況も手伝って、言うならば歴史が政治学になるという事態にまでいたるのである。ランケは、政治は歴史を基礎にすると考え、「管理されるべき国家について完全で精確な認識——過去に起こったことの知識抜きで考えることができる認識——に基づいた政治などはあり得ない。歴史 (die Historie) は過去の知識をそれ自身のなかに保持しているか、あるいはそれを手に入れようとしているから、この点において歴史と政治との両者はきわめて緊密に結びついているということは明らかである」と述べる。(6) しかしながら、このランケ的な政治と歴史の結合は、ロマン主義的な歴史的個体性の教養という鎖によるものである。このため、政治的歴史学は、歴史的生成物の究明というかたちの現状肯定に陥り、現状容認という政治的機能を果たすこととなる。(7)

古典的なエティカ・ポリティカが消滅したあとを襲った国家学 (Staatslehre) は、歴史学における個体的国家観の影響を受けて、国家の建前の規範的説明に従事する国法学、行政学として、具体的な社会的歴史的現実を究明しようとする姿勢をあまりもたなかった。(8) この趨勢を決定づけたドイツ帝国の成立年(一八七一)は法実証主義の勝利を記す年であるともいわれている。(9) こうした国家学の建前化のなかで、具体的な社会問題の深刻化に対する発言力を高めたのが経済学であった。政治学が国法学化され、残された市民社会的現実には経済学が対応するというこの実証主義的諸学の分業体制の確立こそ、伝統的政治学の敗北を意味するものであると同時に、精神科学が独自性を主張する前提なのである。

精神科学論は、分裂した諸科学を心的生という共通の土台によって基礎づける試みである。分裂の原因は主として経験主義・実証主義の一元化という趨勢であり、これに対する反発も分裂を加速させる動きでしかない。人間界に関わる知の分裂は行為指導者の分裂状態を意味するのであり、このことは学問が生をますます混乱に陥れるということである。この混乱状態を収拾するためには、行為指導者としての条件を満たす学問の資格審査が必要なのであるが、この審査にあたる基礎学としての地位を主張したのが精神科学論であった。精神科学論は実証科学をそれとして否定することはなく、それが行為指導者としての資格をもつ限りにおいては積極的に認めさえする。この資格条件は普遍史的知的発展にかなっているかどうかということによって決められるのであり、その判断は歴史的連関に即して記述心理学ないし解釈学によってなされる。このように精神科学論の実践的役割とは、ディルタイ自身の生の客観化の理論を借りていえば、統一的な生それ自らが外化し、分裂した社会のなかで回復されるべき全体性を指し示すところにあったのである。

二　精神科学の痕跡と現代の危機

精神科学論は、右の歴史的条件においてのみその存在の意義を主張し得た。したがって、実証的国家学や経済学、精神科学の存在基盤である所与の体制が崩壊したとき、まさに学問としての基盤をも失うのであり、その後には新しい精神が立ち現れなければならなかった。国家学に関していえば、ワイマール時代に入ると、法実証主義を批判するカール・シュミット、ヘルマン・ヘラー、ルドルフ・スメントなどの理論家が続々と輩出された。経済学では、講壇社会主義ないし歴史学派経済学が勢力を失い、ウェーバーやシュンペーターが登場するにいたる。精神科学論はその存在基盤と歴史的存在としての人間という分析対象を失い――というのは、戦争と帝国の崩壊という歴史の断絶が生じ、歴史的連続性への献身のための基盤が失われたからである――破片のように散らばって、ウェーバーやジンメルの社会学、ミードの相互行為論、ボアズの文化論、トレルチの文化総合、マンハイムの知識社会学、ハイデッガーの『存在と時間』、ヤスパースの心理学、ブーバーの対話思想などに痕跡を残すことになるのである。(10) もちろん、精神科学論が途絶した理由としては、序論に記した政治的事情や学問の専門分化とその制度化という事情も大きく関わったことが推測されるが、かりにそうした外的事情がなかったとしても、その基盤の崩落という事態は否定できないのである。それは、諸科学の危機意識の中に明確に現れている。例えばヘルマン・ヘラーの「国家学の危機」（一九二六）[11]は、国家学が社会学・倫理学的形而上学から切断されてきた歴史を振り返りつつ、「やがて国家は人種的あるいは階級的な抑圧手段としか見られなくなった。いずれにせよ国家は権力、権力そのものにつきると考えられるにいたった……十九世紀後半のドイツ国家学は、自然法的思考が国家問題に接近した三つのやり方のうちのひとつしか、つまり法律学しか知らなくなっていた[12]」とし、実証主義的法律学の自律化の事態を指摘して、それが国家学に対して与えた否定的影響を次のように述べている。「社会学、形而上学、倫理学に対する不安、没価値的で没事実的だと称される形式主義を求める一面的努力、これらのゆえに法律学的実証主義は、一般国家学の真の問題一切に対する完全な無力という宿命を負わされてしまった……つまり法律学は、法教義学として、せいぜい所与の共同体権威がくだす法的命法の意義を明確化し、このような支配秩序の論理的内容を解きほぐし示すことによってその命令を体系化しうるにすぎない[13]」。ヘラーは国家学にとっての本来の課題、すなわち国家の本質・現実性・統一性の問題、国家目的と正統化問題、法と権力との関係の問題、国家と社会との関係の問題などを挙げ、このような課題を扱う国家学は、経験的社会科学としてのみ可能であるという立場を主張し、危機の克服をはかるのである[14]。

しかしながら、この経験的社会科学という方向性が、社会学やその他の経験的学問の成果を国家学や政治学のなかに取り入れることだけを意味するとすれば、またも実証主義論争が再燃するにすぎないであろう。十九世紀の実証主義国法学の危機を別の経験的ないし実証的な学問によって繕うようなことでは、実証主義そのもののもつ危機が絶えずつきまとう事態に変化はないからである。実際、彼の同時代を制したのは、ヘラーのいう経験的社会科学ではなく、そうした危機や不安を一掃するかのような幻想を与えた人種論とナショナリズムの怪しげな混淆であり、血と大地の神話であった。こうした議論に対抗するためには、実証主義そのものにかわって、伝統的な政治学を復権させることが必要だと考えられたのも無理はない。シュトラウスやフェーゲリン、さらにはヘンニスやマイアーなどの試み[15]は、政治学の危機の原因を十九世紀に起こった政治学の伝統の断絶に求め、その伝統との接続によって新たなる政治学の可能性を探るものである。そこにはたしかに古い理論をそのまま現代に適用しかねないアナクロニズムの危険が潜んでいるが、しかしこのような理論の背景にある危機意識を見逃すことはできない。そこには、平板なる実証精神に満足できず全体的なものを渇望する人々が、経験主義や実証精神によってせっかく克服されたかに思われた怪しげな形而上学的議論に、またも簡単に取り込まれるという事態に対する深刻な問題意識があるのである。

古典の復興が、現代的な課題への関心から出発しつつも、なおアナクロニズムに陥らないためには、古典の意味をまずはそれぞれの時代においてもっていた意味に即して復元する作業が不可欠であるが、もちろんこの作業にしても現代的関心と分離することはできない。いわゆる実践哲学の復権とよばれる動きの嚆矢となったリッターの『アリストテレスにおける実践哲学の基礎づけ』[16]（一九六〇）ならびに『アリストテレスにおける〈自然法〉』（一九六一）があらわれた時期に、ちょうどドイツ社会学会ではポッパーとアドルノの、表面上は穏やかな、しかし背後では深刻な対立を含んだ報告がなされ、批判理論と批判的合理主義とのあいだにいわゆる実証主義論争[17]がはじまるという同時性は、現代的関心と歴史的関心の不可分性を象徴するものであるとともに、現代における研究の分業体制を物語るものであるように思われる。これらの研究の背後にある問題状況は、ディルタイの時代とあいも変わらぬ実証的精神の隆盛と、その時代とは比べものにならぬほどのテクノロジーの支配、そして哲学や学問全般の実践的指示能力の喪失である。これらの問題に対する危機意識はディルタイをして歴史研究から理論研究までを手がけさせたが、今や学問自体に及んだ分化の過程は、ディルタイのような学的営為の存立を許さないかのようである。一旦は歴史的な基盤崩落をみたディルタイの精神科学論ではあるが、右のような意味で現代と危機を共有するその理論からわれわれが学ぶところがあるとすれば、それは分析に偏ることに耐えられず、意味や目的を求めずにいられない人間が、新たな装いをまとって登場する形而上学や神々という偽金を見破るための、歴史的規律の厳しさではないだろうか。この規律の忘却は、いかに熱心な現代的問題への関わりによっても補償しがたい、歴史的存在としての人間の基盤の崩壊を意味することになるだろう。

註

（1） Ermarth, 1978, 341.

（2） Vgl. Maier, Ältere deutsche Staatslehre und westlichen Tradition, in: ders., 1969. マイアーによれば、十六世紀から十八世紀後期にいたるまで、ドイツの政治思想は、メランヒトンによって更新されたアリストテレス主義という土台の上でほとんど発展をみることもなく継続した。大学の講座名として Politik は、カントにいたるまで、Ethik と交換可能なものだった。主権をめぐって従来の政治学からの転換をみせた西欧諸国とは大きな違いである。ところが、その後の発展はさらに別の相違をみせる。すなわち、十九世紀のドイツにおいてこの古き実践哲学の伝統が葬り去られるのに対して、英米ではアリストテレス・スコラ的道徳哲学の遺品として現代まで保持されるのである。

（3） Schleiermacher, Vorlesungenüber Pädagogik aus dem Jahre 1826, nach: Schleiermachers Pädagogische Schriften, hrsg. von. C. Platz, 3. Aufl. Langensalza 1902, 9f.

（4） Schneider (hrsg.), 1967, Xf.

（5） Hennis, Bemerkungen zur wissenschaftsgeschichtlichen Situation der politischen Wissenschaften, 1960, in: Schneider (hrsg.), 1967., 126.

（6） Ranke, Geschichte und Politik, hrsg. von H. Hoffmann, 1942, 118f. ランケの場合、こうした歴史と政治の関係は独自の歴史観によって支えられていた。それは「歴史は自由で自己責任をとる個人の行為の結果の集積というよりも、むしろ個人をこえた真に精神的な潮流（real-geistige Tendenzen）の実現である」というものである。Vgl. Mommsen, Politische Wissenschaft und Geschichtswissenschaft, in: Schneider (hrsg.), 1967, 289.

（7） Ebd., 290.

（8） ただし、国家学の外では、八〇年代、九〇年代に新しい動向もあらわれた。経済学では、歴史学派優勢の伝統のなかからメンガーがあらわれ、八〇年代の前半にいわゆる「方法論争」が彼とシュモラーとのあいだで戦わされた。また歴史学では、九〇年代にランプレヒトの歴史学をめぐって「方法論争」が起こった。しかし、こうした論争において確認できることは、科学的法則性や社会史的経済史的分析に対する批判の大きさが示すドイツにおける歴史学派の影響力の大きさである。国家学・国法学のなかからH・ヘラーなどの新しい動向が生じるのは第一次大戦のあとになってからである。

（9） Neumann, Die Wissenschaft der Politik in der Demokratie, 1950, in: Schneider (hrsg.), 1967, 21.

（10） これらの人物に与えたディルタイの影響、ないしそれらの並行関係という問題は別の論考を必要とする大きな問題である。ここではその関連性を示唆するにとどめたい。ウェーバー（Max Weber, 1864–1920）に関しては類型と理念型、戦士層やキリスト教に対する歴史観に共通性がみられる（Vgl. Thielen, 1999, 456ff., ヴァイス「生の理解と理解社会学」（森岡弘通訳）『思想』八一五号、一九九二年五月号）。ジンメル（Georg Simmel, 1858–1918）に関しては、同じく類型概念が挙げられるが、さらに『序説』第一版でコントやスペンサーの社会学を批判したディルタイが、第二版（一九二二）の付録に載せられた手稿ではさまざまな社会形式に即したジンメルの分析を評価しつつ、しかしそうした形式の自分との相違についてふれていることを指摘しておく（I, 420ff.）。ミード（G. H. Mead, 1863–1931）は一八八九年からドイツに留学し、翌年からディルタイの講義に出席し、彼のもとで博士論文「経験主義的空間概念の批判」の執筆を計画した（これは九一年のミシガン大学招聘のために完成することはなかった）。ミードの社会的自我論にはディルタイの思想契機がみられる（Vgl. Jung, 1995.）。またドイツ出身の文化人類学者フランツ・ボアズ（Franz Boaz, 1858–1942）は英語圏で複数形の文化（cultures）を語るようになった一人であるが、そこにはディルタイの影響があったといわれている（Bulhof, 1980, 175.）。トレルチ（Ernst Troeltsch, 1865–1923）はディルタイの自然科学から区別されるもう一つの学問領域としての精神科学という名を拒否しているが、しかしディルタイに由来する歴史的理性批判を『歴史主義とその諸問題』のなかで遂行しつつ、ディルタイの非キリスト教的普遍史とは異なるが、それと極めて似通った構想を現在的文化総合と普遍史の結合として構想している。（Vgl. Mebust, 1973）。

このトレルチの「現在的文化総合」をもとにマンハイム (Karl Manheim, 1893–1947) は「動的歴史主義」を唱え、「思考の存在拘束性」を相対主義から切り離して、知識社会学を切り開いた。ヤスパース (Karl Jaspers, 1883–1969) は、よく知られているように、フッサールの現象学とならんでディルタイの解釈学を精神医学に導入しただけでなく、その心理学にディルタイの世界観学を利用した。マルティン・ブーバー (Martin Buber, 1879–1965) はディルタイの指導を受けた弟子の一人であり、その葬儀の手配を手伝った一人である (Rickman, 1979, 41. 両者の思想の接触点については、W. Faber, Das dialogische Prinzip Martin Bubers und das erzieherische Verhältnis, Aachen 1966.)。

(11) ヘラー『国家学の危機——議会制か独裁か』(今井弘道他編訳) 風行社、一九九一年 [H. Heller, Die Krisis der Staatslehre, in: Archiv für Sozialwissenschaft und Sozialpolitik, Bd. 55, 1926, 289–316.]

(12) 前掲書、七頁。

(13) 前掲書、八～九頁。

(14) 前掲書、三一頁。

(15) E. Voegelin, The New Science of Politics, Chicago 1952. H. Maier, Die Lehre der Politik an den deutschen Universitäten vornehmlich vom 16.–18. Jahrhundert, in: Oberndörfer (hrsg.), Wissenschaftliche Politik, Freiburg, 1962. W. Hennis, Bemerkungen zur wissenschaftsgeschichtlichen Situation der politischen Wissenschaft, in: Gesellschaft, Staat, Erziehung, 5/1960 1960.

(16) J. Ritter, Zur Grundlegung der praktischen Philosophie bei Aristoteles, in: Archir für Rechts- und Sozialphilosophie 46, 1960; ders., ›Naturrecht‹ bei Aristoteles (res publica Bd. 6), Stuttgart 1961.

(17) T. W. Adorno, H. Albert, R. Dahrendorf, J. Habermas, H. Pilot, K. R. Popper, Der Positivismusstreit in der deutschen Soziologie, Neuwied-Berlin 1969. (『社会科学の論理』(城塚登、浜井修訳) 河出書房新社、一九七九年)

あとがき

本書のような書物が世に出ることができるのは、多くの方々のご指導やお世話があってのことである。本来ならば一人一人のお名前を挙げて御礼申し上げなければならないところだが、ここでは一部の方々にとどめざるをえないことをお許し頂きたい。

東京外国語大学在学中に御指導を頂いた山之内靖先生は、研究者の道を志すことを大学卒業間際に決めた私を温かく励ましてくださった。大学を卒業してから十余年、その間具体的な指導を受けることはなかったが、私の問題意識の大きな部分は、先生のゼミに出席するなかでつくられたと思う。

東京大学大学院法学政治学研究科在学中に御指導を頂いた有賀弘先生は、私に歴史への眼を開いてくださった。ディルタイという研究対象に注目することになったのは先生との対話からであり、先生の鋭い批評眼は私が安易な方向に流れることを押しとどめる碇の役割を果たしてくれたと実感している。

そして、大学院修士課程より博士課程修了まで一貫して御指導くださった佐々木毅先生は、法学政治学研究科に属していながらティリッヒやディルタイなどのいわばお門違いの研究対象を選ぶ私を決して訝るような眼で見ることなく、それどころか持ち前の器の大きさをもってお引き受けくださった上に、作者以上に理解する精神をもって私の課題に理解を示され、適切な助言をされた。厚く御礼を申し上げたい。

本書の元になった論文は、一九九九年三月に東京大学大学院法学政治学研究科に提出した博士学位請求論文(提出時のタイトルは「啓蒙と歴史――ディルタイとドイツ政治思想」)である。上記の佐々木毅先生とともに博士論文審査の労をとられた、平石直昭、海老原明夫、福田有広、苅部直の各先生に御礼申し上げる。

上記の博士論文は六回に分け『国家学会雑誌』に掲載する予定であったが、本書の刊行が決まったために掲載は第一回(第一一三巻九・一〇号、二〇〇〇年)のみとして連載を取りやめた。掲載分は本書の全体の構成にあわせて書き直し、序論と予備的考察として収録した。また、第二章第一節と第三節を一つにまとめたものを「精神の学と道徳政治学」と題して『ディルタイ研究』第一二号(二〇〇〇/二〇〇一)に掲載したが、この部分も本書の構成にあわせて改稿し、収録した。提出から大分時間が経過し、不適切な記述も散見されたので、今回の刊行にあたっては、分量を削減しつつ内容の補充と修正を試みている。特に第四章第二節第四項は、今回新たに書き起こしたものである。

本書の研究をもとにいくつかの研究会・学会にて発表をさせていただいたが、ご質問やご意見をくださった方々に心より感謝申し上げたい。特に、慶應義塾大学法学部鷲見研究室を中心にもたれている政治思想史研究会クオ・ヴァディスでは三回もの発表の機会を頂いた。拙い発表をお聞きくださったメンバーの方々に感謝したい。また、博論のコピーに眼を通して貴重なご意見をくださった京都大学・高橋義人先生に感謝申し上げる。法学政治学研究科に属しながらディルタイという主として哲学や教育学で扱われる人物の思想を理解していくには、地道にディルタイ研究を続けてこられた先学の恩恵なしにはあり得なかった。特に雑誌『ディルタイ研究』の発行を中心に活動してこられたディルタイ協会の方々に感謝申し上げたい。

本書の刊行のために九州大学・森俊洋先生は九州大学出版会をご紹介くださり、九州大学出版会の藤木雅幸氏は原稿の遅れがちな私を寛容に取り扱ってくださった。こうした人と人のつながりがなければ、本書がこのような形で出版されることはなかった。厚く御礼を申し上げる。そして最後に、私の論文執筆に全面的に協力し、全くの門外漢ながら書き上げられた原稿の最初の読者となって種々の誤りを訂正し、感想を述べてくれた妻・麗に、心より感謝したい。

二〇〇一年九月

鏑木政彦

＊本書の研究にあたっては文部省科学研究費補助金「特別研究員奨励費」(一九九六、九七、九八年度)を、また出版にあたっては科学研究費補助金「研究成果公開促進費」(二〇〇一年度)を受けた。

人名索引

A

アドルノ (Adorno, T. W.)　274

アイスキュロス (Aischylos)　169

アルベルトゥス・マグヌス (Albertus Magnus)　55, 56, 102

アレクサンダー (Alexandros)　70, 78n

アルトジウス (Althusius, J.)　218

アーペル (Apel, K.-O.)　7

アクィナス (Aquinas, St. Thomas)　55

アーレント (Arendt, H.)　90

アリストテレス (Aristotelēs)　11, 34, 54, 55, 62, 92, 102, 168, 175n, 176n, 189, 190, 193, 205, 255, 256, 266n, 270, 275n

アスト (Ast, G.A.F.)　74–76

アウグスティヌス (Augustinus)　204, 208

B

バーリン (Berlin, I.)　155

ビスマルク (Bismarck, O.E.L. von)　119, 187, 194

ボアズ (Boas, F.)　272, 276n

ベック (Böckh, A.)　11, 72, 107, 252

ボダン (Bodin, J.)　218

ボルノー (Bollnow, O. F.)　6, 7, 14n, 220n, 234, 235

ボナール (Bonald, L.-A. de)　39n

ブレンターノ (Brentano, F.)　25, 38n, 131, 132, 172n

ブーバー (Buber, M.)　272, 277n

バックル (Buckle, H. T.)　38n, 60–66, 71, 72, 76, 86, 104, 114

バーク (Burke, E.)　39n

ブルクハルト (Burkhardt, J. C.)　16n, 17n, 26–28, 65–67, 70, 72, 76, 104, 158, 223n

C

カッチァトーレ (Cacciatore, G.)　105, 106

カルヴァン (Calvin, J.)　225n

カトー (Cato)　189

チェリーニ (Cellini, B.)　65

チェンバレン (Chamberlain, H. S.)　41n

キケロ (Cicero)　189, 206

コーヘン (Cohen, H.)　100

コント (Comte, A.)　28, 30, 31, 39n, 81, 276n

コンドルセ (Condorcet, M. de)　40n

コールンヘルト (Coornhert, D.)　209, 225n

コペルニクス (Copernicus, N.)　55

D

デンク (Denk, H.)　211, 225n

デカルト (Descartes, R.)　3, 105, 262n

ディドロ (Diderot, D)　53

ディズレイリ (Disraeli, B.)　41n

ドロイゼン (Droysen, J. G.)　12, 26, 27, 28, 38n, 103–110, 123n–125n, 237, 249

E

エビングハウス (Ebbinghaus, H.)

123n, 230, 231, 237, 259n
エンゲルス (Engels, F.)　153
エラスムス (Erasmus, D.)　203, 205, 206, 208, 210
エルトマン (Erdmann, J. E.)　21
エアマース (Ermarth, M.)　268
エウクレイデス (Eukleidēs)　220n

F

フェヒナー (Fechner, G. T.)　24, 30, 140, 142
フェラリス (Ferraris, M.)　249
フィヒテ (Fichte, J. G.)　44, 48, 67, 89, 100, 155, 156, 181
フィッシャー (Fischer, K.)　10
フラキウス (Flacius, M. I.)　73
フレーベル (Flöbel, F.)　181
フーリエ (Fourier, J.-B.-J.)　39n
フランク (Franck, S.)　211–214, 225n
フリードリッヒ大王 (Friedrich der Große)　169, 197

G

ガーダマー (Gadamer, H.-G.)　4, 7, 8, 15n, 89, 90, 111, 234, 248, 249, 261n, 264n, 265n
ゲルバー (Gerber, K.F.W.)　147, 148
ギボン (Gibbon, E.)　67
ギールケ (Gierke, O. F. von)　145, 146, 173n
ゴビノー (Gobineau, J. A. de)　41n
ゲーテ (Goethe, J. W.)　10, 33, 34, 44, 49, 54–60, 78n, 81, 89, 99, 101, 102, 131, 156, 163, 170, 194, 196, 222n, 238, 239, 242
グリーン (Green, T. H.)　174n
グレートイーゼン (Groethuysen, B.)　6
グロートホッフ (Groothof, H.-H.)　8
グロティウス (Grotius, H.)　218
グリュンダー (Gründer, K.)　8
ギゾー (Guizot, F.P.G.)　69

H

ハーバーマス (Habermas, J.)　7, 249
ハーマン (Hamann, J. G.)　48–54, 59, 60, 77n, 78n, 84, 93, 194
ハルナック (Harnack, A. von)　224n
ハリントン (Harrington, A.)　36, 41n
ヘーゲル (Hegel, G.W.F.)　10,19, 20, 26, 27, 36, 48, 55, 66, 71, 81, 83, 85, 86, 98–102, 121n, 180, 253–258, 260n, 265n, 266n, 270
ハイデッガー (Heidegger, M.)　3, 6–8, 14n, 15n, 53, 234 245, 263n, 272
ヘラー (Heller, H.)　272, 273, 276n
ヘルムホルツ (Helmholz, H. von)　12, 22, 23, 102
ヘンニス (Hennis, W.)　154, 274
ヘルバルト (Herbart, J. F.)　24, 95, 230
ヘルダー (Herder, J. G.)　49, 78n, 102
ヘルマン (Herrmann, U.)　8, 151, 224n
ヒス (His, W.)　12
ヒットラー (Hitler, A.)　36
ホッブズ (Hobbes, T.)　34, 217, 218
ホッジス (Hodges, H. A.)　8, 123n
ホメロス (Homēros)　70, 183
ホルクハイマー (Horkheimer, M.)　4
ヒューズ (Hughes, H. S.)　227
フンボルト (Humboldt, F.H.A. von)　55, 102
フンボルト (Humboldt, K. W. von)　10, 156
ヒューム (Hume, D.)　50, 51, 52
ヒューナーマン (Hünermann, P.)　105

フッサール (Husserl, E.) 9, 25, 126n, 259n, 277n
ハックスリ (Huxley, H. T.) 30

I

イナイヒェン (Ineichen, H.) 87, 88
伊藤直樹 259n

J

ヤコービ (Jakobi, F. H.) 49, 78n
ジェイムズ (James, W.) 174n
ヤスパース (Jaspers, K.) 272, 277n
イェーリング (Jhering, R. von) 148, 149, 253, 260n, 268
ヨーアッハ (Johach, H.) 8, 17n, 111, 134, 145
ヨーナス (Jonas, L.) 11, 12, 47

K

カント (Kant, I) 13, 19, 50–52, 67–69, 79n, 82–85, 87–94, 98–102, 105, 109, 110, 131, 161, 162, 166, 175n, 176n, 180, 196, 211, 270, 275n
カールシュタット (Karlstadt, A. B. von) 211, 225n
ケプラー (Kepler, J.) 55, 56
クラウゼ (Krause, K. Ch. F.) 223n
クラウサー (Krausser, P.) 87, 88

L

ラーバント (Laband, P.) 147
ランプレヒト (Lamprecht, K. G.) 276n
ランゲ (Lange, F. A.) 24, 100
ラッサール (Lassalle, F.) 152
ラツァルス (Lazarus, M.) 57, 87, 121n
ライプニッツ (Leibniz, G. W.) 101, 105, 197
レッシング (Lessing, G. E.) 99
レッシング (Lessing, H.-U.) 9, 17n
リーバー (Lieber, H.-J.) 5
リープマン (Liebmann, O.) 100
ロック (Locke, J.) 270
ロアジー (Loisy, A. F.) 41n
ロッツェ (Lotze, H.) 13, 24, 92
ルカーチ (Lukács, G.) 4, 15n, 153
ルター (Luther, M.) 25, 73, 193, 208–210, 224n, 225n

M

マコーリ (Macaulay, T. B.) 64
マッハ (Mach, E.) 32, 40n, 173n
マキアヴェッリ (Machiavelli, N.) 69, 204, 207, 263n
マイアー (Maier, H.) 274, 275n
メーヌ・ド・ビラン (Maine de Biran) 24
メストル (Maistre, J. de) 39n
マックリール (Makkreel, R.) 72, 75, 76, 88, 125n, 232, 239
マルサス (Malthus, T. R.) 152
マンデヴィル (Mandeville, B.) 212
マンハイム (Mannheim, K.) 272, 277n
マルクーゼ (Marcuse, H.) 4
マルクス (Marx, K.) 152, 153, 268
ミード (Mead, G. H.) 272, 276n
メランヒトン (Melanchthon, P.) 193, 197, 275n
メンガー (Menger, C.) 276n
ミシュレ (Michelet, B.K.L.) 21
ミル (Mill, J. S.) 31, 41n, 81, 82, 87, 110–120, 121n, 156–158, 235, 270
ミッシュ (Misch, G.) 6, 7, 14n
三島憲一 119, 120
モルトケ (Moltoke, H. von) 225n
モンテーニュ (Montaigne, M. E. de)

203, 207
モンテスキュー (Montesquieu, C. L. de Secondat) 71, 253
ミュラー (Müller, J.) 12, 22–24, 30, 59, 78n, 96
ミュンツァー (Müntzer, T) 211, 225n

N
ニュートン (Newton, I.) 55
ニーブール (Niebuhr, B. G.) 10, 27
ニーチェ (Nietzsche, F.) 12, 36, 120, 244–248, 263n, 264n
ニッチ (Nitzsch, C. I.) 11, 78n
ノール (Nohl, H.) 221n
ノヴァーリス (Novalis) 77n, 95, 96, 114, 223n

O
大石学 122n
オルト (Ort, E. W.) 54, 172n

P
パルマー (Palmer, R. E.) 8
ペシュケン (Peschken, B.) 4
ペスタロッチ (Pestalozzi, J. H.) 156, 180, 181
ペトラルカ (Petrarca, F.) 203, 204, 207
ポイケルト (Peukert, D.) 36, 37, 41n
プラトン (Platōn) 33, 92, 186, 187, 189, 190, 199, 204, 206, 221n
プレスナー (Plessner, H.) 7
ポリュビオス (Polybios) 189
ポッパー (Popper, K. R.) 274
ピタゴラス (Pȳthagorās) 183

R
ラシーヌ (Racine, J.) 169
ランケ (Ranke, L. von) 11, 27–29, 31, 61, 249, 270, 271, 276n
レデカー (Redeker, M.) 8
リード (Reid, T.) 89
リカード (Ricardo, D.) 152
リッカート (Rickert, H.) 100, 126n
リックマン (Rickman, H.-P.) 8
リクール (Ricœur, P.) 249
リーデル (Riedel, M.) 93, 94, 265n
リッチル (Ritschl, A.) 224n
リッター (Ritter, K.) 102, 256, 257, 274
ローディ (Rodi, F.) 9, 72, 75, 134
ローゼンベルク (Rosenberg, R.) 4
ローゼンクランツ (Rosenkranz, K.) 21
ロータッカー (Rothacker, E.) 7, 124n, 125n
ルソー (Rousseau, J.-J.) 53, 180, 219n

S
サン・シモン (Saint-Simon, C. H.) 30, 39n
齋藤智志 77n
シェフレ (Schäffle, A.) 155
シェリング (Schelling, F.W.J.) 33, 34, 48, 74, 76, 77n, 81, 99, 100
シェーラー (Scherer, W.) 46
シール (Schiel, J.) 125n
シラー (Schiller, J.C.F.) 99, 101, 194, 196
シュレーゲル (Schlegel, A. W. von) 77n
シュレーゲル (Schlegel, F. von) 77n, 252
シュライエルマッハー (Schleiermacher, F.D.E.) 8, 10, 11, 46–49, 67, 72–76, 77n, 99, 107–110, 130, 194, 211, 235, 250, 252, 270, 260n

シュロッサー (Schlosser, F. Ch.)　67–72, 76
シュミット (Schmitt, C.)　272
シュモラー (Schmoller, G. von)　276n
シュネーデルバッハ (Schnädelbach, H.)　19, 21, 28, 38n, 103, 105, 244
ショーペンハウアー (Schopenhauer, A.)　77n, 163
シュンペーター (Schumpeter, J. A.)　272
セネカ (Seneca)　204, 206, 209, 214
シェイクスピア (Shakespeare, W.)　169
シジウィック (Sidgwick, H.)　174n
ジンメル (Simmel, G.)　272, 276n
スキナー (Skinner, B. F.)　30
スメント (Smend, R.)　272
スミス (Smith, A.)　212
スマッツ (Smuts, J. Ch.)　32
ソクラテス (Sōkratēs)　185, 186, 207–209, 214
スペンサー (Spencer, H.)　30, 276n
スピーゲルバーク (Spiegelberg, H.)　132, 172n
シュタイン (Stein, Freiherr. von)　226n
シュタインタール (Steinthal, H.)　121n
シュトラウス (Strauss, L.)　274
ジューフェルン (Süvern, J. W.)　196

T
高橋義人　222n
ティーレン (Thielen, J.)　215
ツキディデス (Thūkȳdeidēs)　69, 270
トックヴィル (Tocqueville, A.C.H.M.C. de)　158
テンニエス (Tönnies, F.)　145, 173n
トライチュケ (Treitschke, H. von)　119
トレンデレンブルク (Trendelenburg, A.)　11, 25, 38n, 55, 61, 62, 92, 149
トレルチ (Troeltsch, E.)　215, 225, 272, 276n
トヴェステン (Twesten, K.)　11

U
ウーゼナー (Usener, H.)　12, 129

V
ヴィーコ (Vico, G. B.)　71
フィルヒョウ (Virchow, R.)　56
フェーゲリン (Voegelin, E.)　274
ヴォルテール (Voltaire)　67, 68, 204

W
ヴァーグナー (Wagner, R.)　169–170, 176n
ヴァイツ (Waitz, Th.)　262n
ウェーバー (Weber, M.)　261n, 262n, 272, 276n
ヴィルマン (Willmann, O.)　25
ウィリー (Willy, B.)　36
ヴィンケルマン (Winckelmann, J. J.)　47
ヴィンデルバント (Windelband, W.)　230–234
ヴィントシャイト (Windscheid, B.)　173n
ヴォルフ (Wolff, Ch.)　270
ヴント (Wundt, W.)　23

Y
ヨルク (Yorck von Wartenburg, P.)　13, 109, 130, 148, 230–236, 240, 249

Z
ツヴィングリ (Zwingli, H.)　209, 210

巻末資料 I　参考文献

一次資料――本研究にあたって参照することのできたもののみを記す。その他の資料については，Lessing, 1984, 359ff. および SP, 380ff. を参照されたい。

a）全集

Dilthey, W., Gesammelte Schriften Bd. I～XXI, Vandenhoeck & Ruprecht in Göttingen.

*1999 年に Bd. XXIII が刊行されたが，本研究では参照することはできなかった。出版年や編者に関しては，巻末資料 II を参照のこと。

b）単行本

Das Erlebnis und die Dichtung. Lessing, Goethe, Novalis, Hölderlin, Leipzig 1906, Göttingen 1970 (15. Aufl.).

Briefwechsel zwischen Wilhelm Dilthey und dem Grafen Paul Yorck von Wartenburg 1877–1897. Hrsg. von Sigrid von der Schulenburg, Halle 1923.

Von deutscher Dichtung und Musik. Aus den Studien zur Geschichte des deutschen Geistes. Hrsg. von Herman Nohl und Georg Misch, Leipzig und Berlin 1933.

Der junge Dilthey. Ein Lebensbild in Briefen und Tagebüchern 1852–1870. Zusammengestellt von Clara Misch, 1933.

Wilhelm Dilthey. Schriften zur Pädagogik. Besorgt von Hans-Hermann Groothoff und Ulrich Herrmann, 1971.

二次資料（年報・雑誌）

Dilthey-Jahrbuch für Philosophie und Geschichte der Geisteswissenschaften, hrsg. von F. Rodi in Verbindung mit O. F. Bollnow, U. Dierse, K. Gründer, R. Makkreel, O. Pöggeler und H.-M. Sass, Bd. 1 1983, Bd. 2 1984, Bd. 3 1985, Bd. 4 1986–87, Bd. 5 1988, Bd. 6 1989, Bd. 7 1990–91, Bd. 8 1993, Bd. 9 1995, Bd. 10 1996, Bd. 11 1998.

日本ディルタイ協会『ディルタイ研究』第 1 号～第 11 号（2000/2001）

理想「特集　ディルタイと現代」『理想』666 号，2001 年

二次資料(単行本，モノグラフ)

A

Acham, K., Diltheys Beitrag zur Theorie der Kultur- und Sozialwissenschaften, in: Dilthey-Jahrbuch, Bd. 3, 1985.

アントーニ『歴史主義から社会学へ　近代ヨーロッパ思想の展開』(讃井鉄男訳) 未来社，1959 年 [Carlo Antoni, Dallo storicismo alla sociologia, Firenze 1940.]

同『歴史主義』(新井慎一訳) 創文社，1973 年 [Carlo Antoni, Lo Storicismo, Edizioni Radio Italiana 1957.]

アンツ「個性の解釈学——ヴィルヘルム・ディルタイの解釈学的立場とそのアポリア」，ヘンドリック・ビールス編『解釈学とは何か』(竹田純郎・三国千秋・横山正美訳) 山本書店，1987 年 [Birus, H. (hrsg.), Hermeneutische Positionen, Göttingen 1986]

Apel, K. O., Transformation der Philosophie, Frankfurt a. M. 1976.

Aris, R., History of Political Thought in Germany. From 1789 to 1815, London 1936.

有賀弘『宗教改革とドイツ政治思想』東京大学出版会，1966 年

アーレント『全体主義の起源 2. 帝国主義』(大島通義・大島かおり訳) みすず書房，1972 年 [H. Arendt, The Origins of Totalitarianism. Part Two: Imperialism, New York 1951.]

同『カント政治哲学の講義』(浜田義文監訳) 法政大学出版局，1987 年 [H. Arendt, Lectures on Kant's Political Philosophy. Edited and with an Interpretive Essay by Ronald Beiner, Chicago 1982.]

Ash, M. G., Gestalt Psychologie in German Culture 1890–1967. Holism and the Quest for Objectivity, Cambridge 1995.

麻生建『解釈学』世界書院，1985 年

B

Bauer, W., Wertrelativismus und Wertbestimmtheit im Kampf um die Weimarer Demokratie, Berlin 1968.

Bambach, C. R., Heidegger, Dilthey, and the Crisis of Historicism, Cornell University Press 1995.

Beiser, F. C., Enlightenment, Revolution, and Romanticism. The Genesis of Modern Political Thought, 1790–1800, Harvard University Press 1992.

バーリン『ハリネズミと狐』(河合秀和訳) 岩波文庫，1997 年 [Isiah Berlin, The Hedgehog and the Fox, London 1954.]

同『自由論』(福田歓一他訳) みすず書房，1971 年 [Ders., Four Essays on Liberty, London 1969.]

同『ヴィーコとヘルダー，理念の歴史：二つの試論』(小池銈訳) みすず書房，1981

年 [Ders., Vico and Herder. Two Studies in the History of Ideas, London 1976.]
同『北方の博士　J. G. ハーマン，近代合理主義批判の先駆』(奥波一秀訳) みすず書房，1996 年 [Ders., The Magus of the North. J. G. Hamann and the Origin of Modern Irrationalism, London 1933.]

Berlin, I., The Sense of Reality. Studies in Ideas and their History, London 1996.

Bodammer, T., Philosophie der Geisteswissenscaftften, Freiburg/München 1987.

ボルノー『ディルタイ――その哲学への案内』(麻生建訳) 未来社，1977 年 [Bollnow, O. F., Dilthey: Eine Einführung in seine Philosophie, Leipzig 1936.]

同「ディルタイと現象学」(高橋義人訳)『思想』，716 号，1984 年

同『ディルタイとフッサール』(高橋義人訳) 岩波書店，1985 年

ボークス『動物心理学』(宇津木保・宇津木成介訳) 誠信書房，1990 年 [R. Boakes, From Darwin to Behaviorism: Psychology and the Minds of Animals, Cambridge 1984.]

Boring, E. G., A History of Experimental Psychology, Appleton-Century-Crofts 1950.

Borsche, T., (hrsg.), Klassiker der Sprachphilosophie, München 1996.

Brandt, R., Die italienische Renaissance in der Geschichtsauffassung Diltheys und seiner Vorläufer, in: Il Rinascimento nell'Ottocento in Italia e Germania: atti della Settimana di studio 14.–18. settembre 1987.

Brüggen F., Strukturen pädagogischer Handlungstheorie. Dilthey, Geisteswissenschaftliche Pädagogik, Mead, Habermas, Erlanger Schule, Freiburg/München 1980.

Bulhof, I. N., Wilhelm Dilthey. A Hermeneutic Approach to the Study of History and Culture, The Hague/Boston/London 1980.

D

Diwald, H., Wilhelm Dilthey. Erkenntnistheorie und Philosophie der Geschichte, Göttingen 1963.

Droysen, J. G., Historik Bd. 1, Historisch-kritische Ausgabe von P. Leyh, 1977.

Dumont, L., German Ideology. From France to German and back, Chicago 1994. [L'Idéologie allemande, France-Allemagne et retour, 1991.]

土橋寶「若きディルタイと形態学」『モルフォロギア』第 6 号，1984 年

同『ゲーテ教育学研究』ミネルヴァ書房，1996 年

E

Ermarth, M., Wilhelm Dilthey: The Critique of Historical Reason, University of Chicago Press 1978.

F

Faulenbach, B. (hrsg.), Geschichtswissenschaft in Deutschland, München 1974.

フェルマン『生きられる哲学——生活世界の現象学と批判理論の思考形式』(堀栄造訳) 法政大学出版局, 1997 年 [F. Fellmann, Gelebte Philosophie in Deutschland. Denkformen der Lebensweltphänomenologie und der kritischen Theorie, Freiburg/München 1983.]

Fellmann, F., Symbolischer Pragmatismus. Hermeneutik nach Dilthey, Reinbek bei Hamburg 1991.

Ferraris, M., History of Hermeneutics, Humanities Press 1996 [Storia Dell'emeneutica, Milan 1988].

舟山俊明・伊藤直樹「ディルタイ解釈のカノンを超えて」『理想』664 号, 2000 年

G

Gadamer, H.-G., Wahrheit und Methode, Tübingen 1960 (1. Aufl.), 1990 (6. Aufl.), in: Gesammelte Werke Bd. 1. [『真理と方法』I (轡田収他訳), 法政大学出版局, 1986 年]

Groothof, H.-H., Über Diltheys Entwurf einer "wissenschaftlichen Pädagogik", in: Vierteljahresschrift für wissenschaftliche Pädagogik (Neue Folge der Ergänzungshefte, H. 4: Pädagogik als Wissenschaft), 1966.

Ders., Wilhelm Dilthey. Zur Erneuerung der Theorie der Bildung und des Bildungswesen, Hannover 1981.

H

Habermas, J., Zur Logik der Sozialwissenschaften, Tübingen 1967.

Ders., Erkenntnis und Interesse, Frankfurt a. M. 1968.

Hamilton, P., Historicism, London and New York 1996.

Hammerstein (hrsg.), Deutsche Geschichtswissenschaft um 1900, Stuttgart 1988.

Harrington, A., Reenchanted Science. Holism in German Culture from Wilhelm II to Hitler, Princeton University Press 1996.

Heidegger, M., Sein und Zeit, 8. Aufl., 1957 (1927).

Ders., Holzweg, in: Martin Heidegger Gesamtausgabe I. Ableitung Bd. 5. [マルティン・ハイデッガー『杣径』(茅野良男, ハンス・ブロッカルト訳) ハイデッガー全集, 第 5 巻, 創文社, 1988 年]

Hegel, G.W.F., Philisophische Enzyklopädie für die Oberklasse (1808ff.), in: Texte zur Philosophischen Propädeutik, 1840, Suhrkampf Werke 4. [ヘーゲル『哲学入門』(竹市健人訳) 岩波文庫, 1952 年]

Ders., Grundlinien der Philosophie der Rechts, 1821, Suhrkamp Werke 7.

Ders., Enziklopädie der philosophischen Wissenschaften, 1830, Suhrkamp Werke

8-10.

Hennis, W., Politik und praktische Philosophie. Eine Studie zur Rekonstruktion der politischen Wissenschaften, Neuwied am Rhein 1963.

Herrmann, U., Pädagogik Diltheys. Ihr wissenschaftstheoretischer Ansatz in Diltheys Theorie der Geisteswissenschaft, Göttingen 1971.

Hodges, H. A., Wilhelm Dilthey. An Introduction, New York 1944.

Ders., The Philosophy of Wilhelm Dilthey, London 1952.

Homann, A., Diltheys Bruch mit der Metaphysik, Freiburg/München 1995.

Horkheimer, M., Psychologie und Soziologie im Werk Wilhelm Diltheys, in: Kritische Theorie Bd. II, 1968.

ヒューズ『意識と社会　ヨーロッパ社会思想 1890～1930』(生松敬三・荒川幾男訳) みすず書房，1970 年，129 頁 [Stuart Hughes, Consciousness and Society, New York 1958.]

Huschke-Rhein, R. B., Das Wissenschaftsverständnis in der geisteswissenschaftlichen Pädagogik: Dilthey, Litt, Nohl, Spranger, Stuttgart 1979.

I

Iggers, G. G., The German Conception of History, Wesleyan University Press 1968.

イッガース『ヨーロッパ歴史学の新潮流』(中村幹雄他訳) 晃洋書房，1986 年 [Georg G. Iggers, New Directions in European Historiography, Wesleyan University Press, 1975.]

同『20 世紀の歴史学』(早島瑛訳) 晃洋書房，1996 年 [Ders. Geschichtswissenschaft im 20. Jahrhundert. Ein kritischer Überblick in internationalen Zusammenhang, Göttingen 1993.]

Ineichen, H., Erkenntnistheorie und geschichtlich-gesellschaftliche Welt, Frankfurt a. M. 1975.

伊藤直樹「『記述的分析的心理学』と『比較心理学』」『ディルタイ研究』第 7 号，1994 年

J

ジェイ『弁証法的想像力，フランクフルト学派と社会研究所の歴史　1923-1950』(荒川幾男訳) みすず書房，1975 年 [Martin Jay, The Dialectical Immagination. A History of the Frankfurt School and the Institute of Social Research. 1923-1950, Boston 1973.]

同『マルクス主義と全体性』国文社，1993 年 [Ders., Marxism and Totality. The Adventures of a Concept from Lukács to Habermas, Barkley and Los Angeles, 1984.]

Johach, H., Handelnder Mensch und objektiver Geist. Zur Theorie der Geistes- und Sozialwissenschaften bei Wilhelm Dilthey, Meisenheim am Glan 1974.]

Jung, M., From Dilthey to Mead and Heidegger: Systematic and Historical Relations, in: Jounal of the History of Philosophy 33: 4 October 1995.

Ders., Dilthey zur Einführung, Hamburg 1996.

K

鏑木政彦「根源とユートピア――初期パウル・ティリッヒの政治思想」『思想』831号，1993年

同「精神科学と共通感覚」『理想』666号，2000年

Kahan, A. S., Aristocratic Liberalism. The Social and Political Thought of Jacob Burckhardt, John Stuart Mill, and Alexis de Tocqueville, Oxford 1992.

加藤新平『法哲学』有斐閣，1976年

茅野良男『ディルタイ』有斐閣，1955年

河本英夫『自然の解釈学――ゲーテ自然学再考』海鳴社，1984年

同「社会的行為としての科学――ドイツ実証科学形成の制度史1822～1849」（佐々木力編『科学史』弘文堂）1987年

同「シェリングの自然哲学」（『講座ドイツ観念論』第4巻，弘文堂）1990年

川中子義勝『ハーマンの思想と生涯』教文館，1996年

岸田達也『ドイツ史学思想史研究』ミネルヴァ書房，1976年

北明子『メーヌ・ド・ビランの哲学』勁草書房，1997年

Kloppenberg, J. T., Uncertain Victory, Oxford University Press 1986.

Kluback, W., Wilhelm Dilthey's Philosophy of History, New York 1956.

Krausser, P., Kritik der endlichen Vernunft. Wilhelm Diltheys Revolution der allgemeinen Wissenschafts- und Handlungstheorie, Frankfurt am Main 1968.

コッカ『歴史と啓蒙』（肥前栄一・杉原達訳）未来社，1994年 [Jürgen Kocka, Geschichte und Aufklärung, Göttingen 1988.]

Kon, I. S., Der Positivismus in der Soziologie, Berlin 1968.

Koslowski, P., The Theory of Ethical Economy in the Historical School, Springer-Verlag 1994.

Kreissl, N., Das Rechtsphänomen in der Philosophie Wilhelm Diltheys, Basel 1970.

Kusch, M., Psychologism. A Case Study in the Sociology of philosophical Knowledge, London/New York 1995.

L

Landgrebe, L., Wilhelm Diltheys Theorie der Geisteswissenschaften, in: Jahrbuch für Philosophie und phänomenologische Forschung, Bd. 9, 1928.

リーヒー『心理学史』(宇津木保訳) 誠信書房，1986 年 [T. H. Leahey, A History of Psychology: Main Currents in Psychological Thought, Englewood Cliffs, N. J. 1980.]

Lessing, H.-U., Die Idee einer Kritik der historischen Vernunft, Freiburg 1984.

レッシング「ディルタイとヨハネス・ミュラー――感覚生理学から記述的心理学へ」(舟山俊明訳)『ディルタイ研究』第 6 号，1993 年 [H.-U. Lessing, Dilthey und Johannes Müller. Von der Sinnesphysiologie zur deskriptiven Psychologie, in: M. Wagner/B. Warig-Schmidt (hrsg.), Johannes Müller und die Philosophie, Berlin 1992.]

Lieber, H.-J., Geschichte und Gesellschaft in Denken Diltheys, in: Kölner Zeitschrift für Soziologie und Sozialpsychologie, 17, 1965.

レーヴィット『世界と世界史』(柴田治三郎訳) 岩波書店，1959 年

同『ヤーコプ・ブルクハルト――歴史の中の人間』(西尾幹二・瀧内槇雄訳) ちくま学芸文庫，1994 年 [Karl Löwith, Jacob Burckhardt. Der Mensch in mitten der Geschichte, 1936 (1966)]

Lübbe, H., Politische Philosophie in Deutschland. Studien zu ihrer Geschichte, Basel 1963. [リュッベ『ドイツ政治哲学史』(今井道夫訳) 法政大学出版局，1998 年]

Lukács, G., Die Zerstörung der Vernunft, Berlin 1955, Werke Bd. 9.

M

Maier, H., Politische Wissenschaft in Deutschland, München 1969.

真壁宏幹「後期ディルタイにおける「生そのもの」の概念――生の「極め難さ」がもつ音楽的性格について」『ディルタイ研究』第 2 号，1988 年

牧野英二「カントとディルタイ」『ディルタイ研究』第 8 号，1995 年

Makkreel, R., Dilthey. Philosopher of the Human Studies, Princeton University Press 1975. [『ディルタイ』(大野篤一郎他訳) 法政大学出版局，1993 年]

Marcuse, H., Wilhelm Dilthey, in: Das Problem der geschichtlichen Wirklichkeit, in: ders, Schriften, Bd. I, 1978.

増永洋三『フランス・スピリチュアリスムの哲学』創文社，1984 年

McDonald, L., The early Origins of the Social Sciences, McGill-Queen's University Press 1993.

Mebust, J. L., Wilhelm Dilthey's Philosophy of History and its Influence on Wilhelm Herrmann and Ernst Troeltsch, Michigan 1973.

マイネッケ『歴史主義の成立』(菊盛英夫，麻生建訳) 筑摩書房，1968 年 [Friedrich Meinecke, Die Entstehung des Historismus, München 1936.]

三木清「ディルタイの解釈学」1928 年 (『三木清全集』第 2 巻，岩波書店)

Misch, G., Lebensphilosophie und Phänomenologie. Eine Auseinandersetzung

der Diltheyschen Richtung mit Heidegger und Husserl, Bonn 1930.
Ders., Vom Lebens- und Gedankenkreis Wilhelm Diltheys, Frankfurt a. M., 1947.
三島憲一「歴史なき時代の歴史意識へ」『思想』604 号，1974 年
同「経験と反省——歴史なき時代の歴史意識へ」『思想』620 号，1978 年
同「現象学と哲学的解釈学」(『講座現象学』第 3 巻，弘文堂) 1980 年
同「市民文化への批判的視点」『思想』688 号，1981 年
同「精神科学における生活世界の隠蔽と開示」『思想』712，717，726 号，1983/1984 年
同「ディルタイとニーチェ」(河上倫逸編『ドイツ近代の意識と社会』ミネルヴァ書房，1987 年)
水野建雄『ディルタイの歴史認識とヘーゲル』南窓社，1999 年
モルトマン『希望の神学』(高尾利数訳) 新教出版，1968 年 [Jürgen Moltman, Theologie der Hoffnung, München 1964.]
Mommsen, H., Zum Verhältnis von politischer Wissenschaft und Geschichtswissenschft in Deutschland, in: Vierteljahrshefte für Zeitgeschichte, 10. Jg. 1962.
Mosse, M., The mystical Origins of National Socialism, in: Journal of the History of Ideas, 22, 1961.

N

長島隆「シェリングの有機体論」『モルフォロギア』11 号，1989 年
西村皓『ディルタイ』牧書店，1966 年
西村皓・牧野英二・舟山俊明編『ディルタイと現代』法政大学出版局，2001 年
西村稔『知の社会史——近代ドイツの法学と知識社会』木鐸社，1987 年
新田義弘『現象学と近代哲学』岩波書店，1995 年
同『現代哲学: 現象学と解釈』白菁社，1997 年
野田宣雄『教養市民層からナチズムへ』名古屋大学出版会，1988 年
Nohl, H., Die Deutsche Bewebung. Vorlesung und Aufsätze zur Geistesgeschichte von 1770–1830, hrsg. von Bollnow und Rodi, Göttingen 1970.

O

Oexle, O. G., Geschichtswissenschaft im Zeichen des Historismus. Studien zu Problemgeschichten der Moderne, Göttingen 1996.
岡本英明「ディルタイ遺稿束 C89 について——その教育学をめぐる問題点」『九州大学教育学部紀要』第 27 集，1981 年
尾形良介『ディルタイ研究』理想社，1970 年
大石学「中期ディルタイにおける「倫理学」の構図——「内的経験」から「社会倫理学」へ」『ディルタイ研究』第 6 号，1993 年

オルテガ『ヴィルヘルム・ディルタイと生の理念』(佐々木孝訳) 未来社，1984 年 [Ortega y Gasset, Guillermo Dilthey y la idea de la vida, 1933/34]

Orth, E. W. (hrsg.), Dilthey und der Wandel des Philosophie des Philosophiebegriffs seit dem 19. Jahrhundert, Freiburg/München 1984.

Ders., (hrsg.), Dilthey und die Philosophie der Gegenwart, Freiburg 1985.

オルト「ディルタイとフッサール現象学——相対主義によって哲学がうけた挑戦」(塚本正明訳)『思想』825 号，1993 年

同「カッシーラーとディルタイ——ゲーテの根本現象をめぐって」(嶋田洋一郎訳)『思想』906 号，1999 年

Owensby, J., Dilthey and the Narrative of History, New York 1994.

P

Päggler, O., Dilthey und die Phänomenologie der Zeit, in: Dilthey-Jahrbuch, Bd. 3, 1985.

Palmer, R. E., Hermeneutics. Interpretation Theory in Schleiermacher, Dilthey, Heidegger and Gadamer, Evanston 1969.

Peschken, B., Versuch einer germanistischen Ideologiekritik. Goethe, Lessing, Novalis, Tiek, Hölderlin, Heine in Wilhelm Diltheys und Julian Schmidts Vorstellungen, Stuttgart 1972.

Peukert, D., Die Weimarer Republik, Frankfurt a. M. 1987.

Plantinga T., Historical Understanding in the Thought of Wilhelm Dilthey, University of Toronto Press, 1980.

R

リード『魂から心へ——心理学の誕生』(村田純一他訳) 青土社，2000 年 [E. Reed, From Soul to Mind: The Emergence of Psychology, from Erasmus Darwin to William James, Yale University Press, 1997.]

Rickman, H. -P., Meaning in History. Wilhelm Dilthey's Thought on History and Society, London 1961.

Ders., Wilhelm Dilthey. Pioneer of the Human Studies, London 1979.

Ders., Dilthey Today. A Critical Appraisal of the Contemporary Relevance of His Work, Greenwood Press 1988.

Riedel, M., Verstehen oder Erklären? Zur Theorie und Geschichte der hermeneutischen Wissenschaften, Stuttgart 1977.

Ders., Einleitung, in: Wilhelm Dilthey, Der Aufbau der geschichtlichen Welt in den Geisteswissenschaften, Frankfurt a.M. 1981.

リーデル『ヘーゲル法哲学』(清水正徳，山本道雄訳)，福村出版，1976 年 [M. Riedel, Studien zur Hegels Rechtsphilosophie, Frankfurt a. M., 1969.]

同『解釈学と実践哲学』(河上倫逸編訳) 以文社, 1984 年

Ringer, F. K., The Decline of the German Mandarins. The German Academic Community, 1890–1933, Harvard University Press 1969. [リンガー『読書人の没落』(西村稔訳) 名古屋大学出版会, 1991 年]

Röde W., Der Weg der Philosophie. Bde. II, München 1996.

Rodi, F., Morphologie und Hermeneutik. Diltheys Ästhetik, Stuttgart 1969.

Ders., Zum gegenwärtigen Stand der Dilthey-Forschung, in: Dilthey-Jahrbuch. Bd. 1, 1983.

Rodi und Lessing (hrsg.), Materialien zur Philosophie Wilhelm Diltheys, Frankfurt a. M. 1984.

ローディ「ディルタイ, ガーダマーと「伝統的解釈学」」(大野篤一郎訳)『思想』716 号, 1984 年

ローゼンベルク『ドイツ文学研究史』(林睦實訳) 大月書店, 1991 年 [Rosenberg, R., Literaturwissenschaftliche Germanistik. Zur Geschichte ihrer Probleme und Begriffe, Berlin 1989.]

Rohls, J., Protestantische Theologie der Neuzeit. Bde. II, Tübingen 1997.

Rothacker, E., Einleitung in die Geisteswissenschaften, Tübingen 1920.

Rütsche, J., Das Leben aus der Schrift verstehen. Wilhelm Diltheys Hermeneutik, Peter Lang 1999.

S

齋藤智志「宗教的思索に対する生の哲学の寄与」『ディルタイ研究』第 7 号, 1994 年

同「ディルタイにおける神秘主義」学習院大学哲学会編『哲学会誌』18 号, 1994 年

Sauerland, K., Diltheys Erlebensbegriff, Berlin/New York, 1972.

シュネーデルバッハ『ヘーゲル以後の歴史哲学』法政大学出版局, 1994 年 [H. Schnädelbach, Geschichtsphilosophie nach Hegel-Die Probleme des Historismus, Freiburg/München, 1974.]

Schnädelbach, H., Philosophie in Deutschland. 1831–1933,Frankfurt a. M. 1983.

Ders., Vernunft und Geschichte, Frankfurt a. M. 1987.

Schneider, H. (hrsg.), Aufgabe und Selbstverständnis der politischen Wissenschaft, Darmstadt 1967.

シュルツ『現代心理学の歴史』(村田孝次訳) 培風館, 1986 年 [D. Schultz, A History of Modern Psychology, 3rd edition 1981.]

四日谷敬子『個体性の解釈学』晃洋書房, 1994 年

Smith, W. D., Politics and the Sciences of Culture in Germany, 1840–1920, Oxford 1991.

Sontheimer, K., Antidemokratisches Denken, München 1968.
Spiegelberg, H., The phenomenological Movement, 2 v., London 1960 (1st. ed.), 1982 (3rd. ed.). [スピーゲルバーク『現象学運動』(立松弘孝監訳) 世界書院，1986年]
Stegmaier, W., Philosophie der Fluktuanz. Dilthey und Nietzsche, Göttingen 1992.
Stern, F., The Politics of Cultural Despair, University of California Press 1961.
スウィンジウッド『社会学思想小史』(清野正義訳) 文理閣，1988 年 [Alan Swingewood, A short history of sociological thought, London 1984.]

T

高橋義人「ディルタイ解釈学の形態学的視座」『思想』1984 年 2 月号
同「ディルタイ・コントラ・フッサール」(ボルノー『ディルタイとフッサール』(高橋義人訳) 岩波書店) 1986 年
同『形態と象徴』岩波書店，1988 年
同「ゲーテと反近代」(『講座ドイツ観念論』第 4 巻，弘文堂) 1990 年
同「世紀転換期におけるゲーテ・ルネサンス——ディルタイ，ヘッケル，カッシーラー」『現代思想』1994 年 2 月号
Thielen, J., Wilhelm Dilthey und die Entwicklung des geschichtlichen Denkens in Deutschland im ausgehenden 19. Jahrhundert, Würzburg 1999.
知念英行『カントの社会哲学——共通感覚論を中心に』未来社，1988 年
Troeltsch, E., Der Historismus und seine Probleme. Gesammelte Schriften von Ernst Troeltsch 3. Bd., Tübingen 1922.
Ders., Die Soziallehren der christlichen Kirchen und Gruppen. Gesammelte Schriften von Ernst Troeltsch Bd. 1, Tübingen 1923.
塚本正明『現代の解釈学的哲学——ディルタイおよびそれ以後の新展開』世界思想社，1995 年
Tuttle, H. N., The Dawn of Historical Reason. The Historicity of Human Existence in the Thought of Dilthey, Heidegger and Ortega y Gasset, New York 1994.

U

宇賀博『「社会科学」から社会学へ』恒星社厚生閣，1976 年
同『アソシエーショニズム』人文書院，1995 年

V

Viereck, P., Metapolitics: The Roots of the Nazi Mind, New York 1965.

W

渡辺二郎『芸術の哲学』放送大学教育振興会，1993 年

Wehler, H.-U., Moderne deutsche Sozialgeschichte, Köln 1966.

ヴェーラー編『ドイツの歴史家』全 5 巻(ドイツ現代史研究会訳)未来社，1982～85 年 [H.-U. Wehler (hrsg.), Deutsche Historiker, Bd. 1–5, 1971/72.]

Westphal O., Welt- und Staatsauffassung des deutschen Liberalismus, München 1964 (1919).

White, H., Metahistory. The historical Imagination in Nineteenth-Century Europe, Baltimore & London 1973.

ウィリー『19 世紀イギリス思想史』(松本啓訳) みすず書房，1985 年 [Basil Willey, Nineteenth Century Studies. Coleridge to Matthew Arnold, London 1949.]

Windelband, Geschichte und Naturwissenschaft, 1894, in: Präludien, Bd. 2, Tübingen 1921.

Wirkus, B., Deutsche Sozialphilosophie in der ersten Hälfte des 20. Jahrhunderts, Darmstadt 1996.

Wittkau, A., Historismus, Göttingen 1992.

Y

矢崎光圀「法・国家の柔構造的把握をめぐる一系列——尾高とディルタイ」，大阪大学法学部創立 30 周年記念論文集『法と政治の現代的課題』大阪大学法学部，1982 年

Z

Zöckler, C., Dilthey und die Hermeneutik, Stuttgart 1975.

ツヴァイク『昨日の世界 I』(原田義人訳) みすず書房，1973 年 [Stefan Zweig, Die Welt von Gestern: Erinnerungen eines Europaers, Berlin 1944.]

巻末資料 II ディルタイ略年譜

――主要論文，全集の発刊を中心に――

1833 11月19日，ヴィースバーデン近郊のビープリッヒに牧師の子として生まれる。

1858 Johann Georg Hamann. (Bd. XI)* *括弧内は全集の巻数。

1860 Das hermeneutische System Schleiermachers in der Auseinandersetzung mit der Älteren protestantischen Hermeneutik. (Bd. XIV)(いわゆる受賞論文)

1864 De principiis ethices Schleiermacherei. Diss. Phil. Berlin 1864. (Bd. XIV)(博士号取得) / Versuch einer Analyse des moralischen Bewußtsein. (Bd. VI)(教授資格論文)

1865 Grundriß der Logik und des Systems der Philosophischen Wissenschaften. Für Vorlesungen, Berlin 1865. (Bd. XX)

1867 バーゼル大学員外教授就任。

1868 キール大学教授就任。

1870 Leben Schleiermachers, 1. Band. 1. Auflage. (Bd. XIII)

1871 ドイツ帝国成立。ブレスラウ大学教授就任。パウル・ヨルク・フォン・ヴァルテンブルクとの親交はじまる。

1875 Über das Studium der Geschichte der Wissenschaften vom Menschen, der Gesellschaft und dem Staat. (Bd. V)(七五年論文)

1882 ベルリン大学教授就任。

1883 Einleitung in die Geisteswissenschaften, 1. Band. (Bd. I)(『序説』)

1887 プロイセン学士院会員に就任。 / Die Einbildungskraft des Dichters. Bausteine für eine Poetik. (Bd. VI)(『詩学』)

1888 Über die Möglichkeit einer allemeingültigen pädagogischen Wissenschaft. (Bd. VI)

1890 Beiträge zur Lösung der Frage vom Ursprung unseres Glaubens an die Realität der Außenwelt und seinem Recht. (Bd. V)

1891 Auffassung und Analyse des Menschen im 15. und 16. Jahrhundert. (Bd. II)

1894 Ideen über eine beschreibende und zergliedernde Psychologie.

(Bd. V)

1895 『比較心理学について』を学士院にて報告。

1896 エビングハウスからの批判を受ける。/ [Über vergleichende Psychologie.] Beiträge zum Studium der Individualität. (Bd. V)

1897 ヨルク死去。

1900 フッサール『論理学研究』第1巻公刊。/ Die Entstehung der Hermeneutik. (V)

1905 フッサール，ディルタイを訪問。/ Die Jugendgeschichte Hegels. (IV)

1906 Das Erleben und das Dichtung. 1. Auflage.

1910 Der Aufbau der geschichtlichen Welt in den Geisteswissenschaften (VII)

1911 Die Typen der Weltanschauung und ihre Ausbildung in den metaphisischen Systemen. (VIII) / フッサール『厳密学としての哲学』の中でディルタイを批判。/ 10月1日，南チロルにて死去。

1914 第一次世界大戦勃発。/ Gesammelte Schriften Bd. II: Weltanschauung und Analyse des Menschen seit Renaissance und Reformation. Hrsg. von Georg Misch.

1918 ドイツ，降伏。

1921 Gesammlte Schriften Bd. III: Studien zur Geschichte des deutschen Geistes. Hrsg. von Paul Ritter. / Gesammelte Schriften Bd. IV: Die Jugend Geschichte Hegels und andere Abhandlungen zur Geschichte des deutschen Idealismus. Hrsg. von Herman Nohl.

1922 Leben Schleiermachers, 1. Band. 2. Auflage, vermehrt um Stücke der Fortsetzung aus dem Nachlaß des Verfasser, hrsg. von Hermann Mulert, Berlin / Leipzig. / Gesammelte Schriften Bd. I: Einleitung in die Geisteswissenschaften. Hrsg. von Bernhard Groethuysen.

1924 Gesammelte Schriften Bd. V: Die geistige Welt. Einleitung in die Philosophie des Lebens. 1. Hälfte: Abhandlungen zur Grundlegung der Geisteswissenschaften. Hrsg. von Georg Misch. / Gesammelte Schriften Bd. VI: Die geistige Welt. Einleitung in die Philosophie des Lebens. 2. Hälfte: Abhandlungen zur Poetik, Ethik und Pädagogik. Hrsg. von Georg Misch.

1927　フッサール『存在と時間』公刊。/ Gesammelte Schriften Bd. VII: Der Aufbau der geschichtlichen Welt in den Geisteswissenschaften. Hrsg. von Bernhard Groethuysen.

1931　Gesammlete Schriften Bd. VIII: Weltanschauungsanalyse. Abhandlungen zur Philosophie der Philosophie. Hrsg. von Bernhard Groethuysen.

1933　ヒトラー首相就任。/ Von deutscher Dichtung und Musik. Aus den Studien zur Geschichte des deutschen Geistes. Hrsg. von Herman Nohl und Georg Misch. / Der junge Dilthey. Ein Lebensbild in Briefe und Tagebüchern 1852–1870.

1934　Gesammlete Schriften Bd. IX: Geschichte und Grundlinien des Systems. Hrsg. von Otto Friedrich Bollnow.

1936　Gesammelte Schriften Bd. XI: Vom Aufgang des geschichtlichen Bewußtseins. Jugendaufsätze und Erinnerungen. Hrsg. von Erich Weniger. / Gesammelte Schriften Bd. XII: Zur preußischen Geschichte. Hrsg. von Erich Weniger.

1958　Gesammelte Schriften Bd. X: System der Ethik. Hrsg. von Herman Nohl.

1960　ガーダマー『真理と方法』公刊。

1966　Gesammelte Schriften Bd. XIV: Leben Schleiermachers. 2. Band.

1970　Gesammelte Schriften Bd. XIII: Leben Schleiermachers. 1. Band. Gesammelte Schriften Bd. XV: Zur Geistesgeschichte des 19. Jahrhunderts. Hrsg. von Ulrich Herrmann.

1972　Gesammelte Schriften Bd. XVI: Zur Geistesgeschichte des 19. Jahrhunderts. Aufsätze und Rezensionen aus Zeitungen und Zeitschriften 1859–1874. Hrsg. von Ulrich Herrmann.

1974　Gesammelte Schriften Bd. XVII: Zur Geistesgeschichte des 19. Jahrhunderts. Aus „Westermanns Monatsheften“: Literaturbriefe, Berichte zur Kunstgeschichte, Verstreute Rezensionen 1867–1884. Hrsg. von Ulrich Herrmann.

1977　Gesammelte Schriften Bd. XVIII: Die Wissenschaften vom Menschen, der Gesellschaft und der Geschichte. Vorarbeitung zur Einleitung in die Geisteswissenschaften (1865–1880). Hrsg. von

Helmut Johach und Frithjof Rodi.

1982 Gesammelte Schriften Bd. XIX: Grundlegung der Wissenschaften vom Menschen, der Gesellschaft und der Geschichte. Ausarbeitungen und Entwürfe zum Zweiten Band der Einleitung in die Geisteswissenschaften (ca. 1870–1895). Hrsg. von Helmut Johach und Frithjof Rodi.

1990 Gesammelte Schriften Bd. XX: Logik und System der philosophischen Wissenschaften. Vorlesungen zur Erkenntnistheoretischen Logik und Methologie (1864–1903). Hrsg. von Hans-Ulrich Lessing und Frithjof Rodi.

1997 Gesammelte Schriften Bd. XXI: Psychologie als Erfahrungswissenschaft. Erster Teil: Vorlesungen zur Psychologie und Anthropologie (ca. 1875–1894). Hrsg. von Guy van Kerckhoven und Hans-Ulrich Lessing.

1999 Gesammelte Schriften Bd. XXIII: Allgemeine Geschichte der Philosophie: Vorlesungen 1900–1905. Hrsg. von Gabriele Gebhardt und Hans-Ulrich Lessing.

著者紹介

鏑木政彦（かぶらぎ・まさひこ）

1965年，福島県生まれ。
1989年，東京外国語大学外国語学部ドイツ語学科卒業。
1999年，東京大学大学院法学政治学研究科博士課程修了。法学博士。
現在，九州大学大学院比較社会文化研究院助教授。

［論文］
「根源とユートピア――初期パウル・ティリッヒの政治思想」『思想』No. 831 (1993年9月)
「政治的ニーチェ――「自然」の政治学のアポリア」『思想』No. 912 (2000年6月)

ヴィルヘルム・ディルタイ
――精神科学の生成と歴史的啓蒙の政治学――

2002年2月15日　初版発行

著　者　鏑木政彦
発行者　福留久大
発行所　(財)九州大学出版会
〒812-0053　福岡市東区箱崎7-1-146
九州大学構内
電話　092-641-0515（直通）
振替　01710-6-3677
印刷・製本　研究社印刷株式会社

ISBN 4-87378-714-9